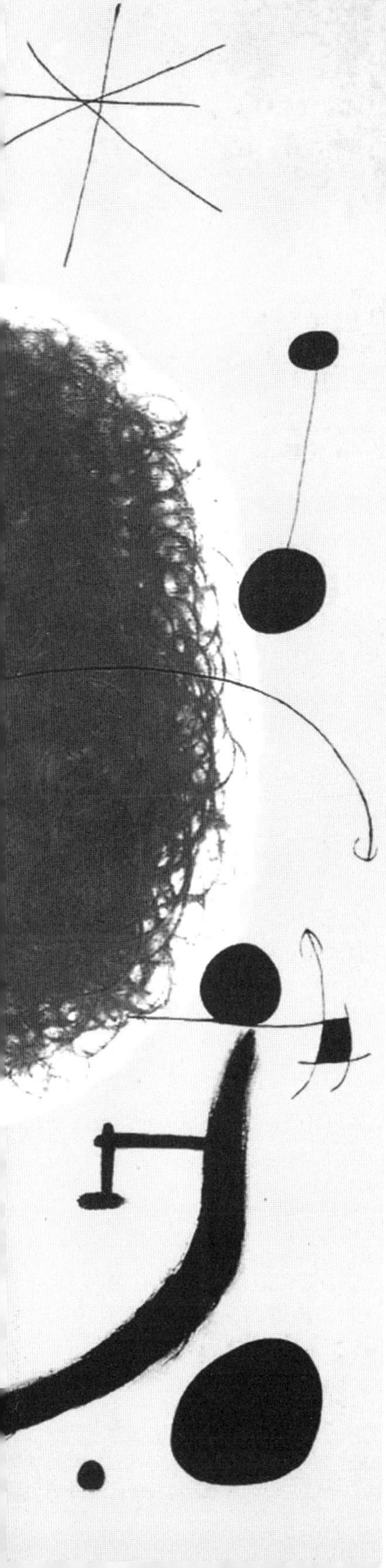

有效的疗法
认知行为治疗丛书

主　编　王建平
副主编　张　宁　孙宏伟

孩童厌学 治疗师指南

When Children Refuse School:
A Cognitive-Behavioral Therapy Approach (2nd Edition)

[美] 克里斯托弗·A·科尼（Christopher A.Kearney）
安妮·玛丽·阿尔巴诺（Anne Marie Albano）　著
彭勃　译

中国人民大学出版社
·北京·

图书在版编目（CIP）数据

孩童厌学：治疗师指南/父母自助手册/（美）科尼，（美）阿尔巴诺著；彭勃等译.
北京：中国人民大学出版社，2009
（有效的疗法——认知行为治疗丛书/主编王建平）
ISBN 978-7-300-11473-6

Ⅰ. 孩…
Ⅱ. ①科…②阿…③彭…
Ⅲ. 学习-心理学
Ⅳ. G442

中国版本图书馆 CIP 数据核字（2009）第 216104 号

有效的疗法——认知行为治疗丛书
主编 王建平 副主编 张宁 孙宏伟
孩童厌学：治疗师指南/父母自助手册
［美］克里斯托弗·A·科尼
安妮·玛丽·阿尔巴诺 著
彭勃 王晓菁 付丹丹 译
Haitong Yanxue：Zhiliaoshi Zhinan/Fumu Zizhu Shouce

出版发行	中国人民大学出版社		
社　　址	北京中关村大街 31 号	**邮政编码**	100080
电　　话	010－62511242（总编室）		010－62511770（质管部）
	010－82501766（邮购部）		010－62514148（门市部）
	010－62515195（发行公司）		010－62515275（盗版举报）
网　　址	http://www.crup.com.cn		
经　　销	新华书店		
印　　刷	天津中印联印务有限公司		
规　　格	160 mm×230 mm　16 开本	**版　　次**	2010 年 1 月第 1 版
印　　张	27 插页 2	**印　　次**	2024 年 11 月第 5 次印刷
字　　数	390 000	**定　　价**	59.80 元

版权所有　侵权必究　印装差错　负责调换

总 序

当人们遇到问题时，首先会自助，想办法自己解决。然而，事情并不总是那么幸运，很多时候需要借助于外力的支持和帮助，在自助的同时求助。对于求助者来说，最重要的是找到针对自己问题的最适合的解决方法、最好的帮助者或者机构；对于助人者来说，最重要的是获得科学的、实用的、有效的治疗方法，并将其灵活地、个人化地、具体化地应用于求助者。“有效的疗法——认知行为治疗丛书”正是基于这样一个理念来做的。

丛书主编戴维·H·巴洛（David H. Barlow）是国际最著名的临床心理学家之一，既有很扎实的理论和研究基础，又有丰富的临床实务经验，是认知行为治疗（CBT）方面的国际顶尖领军人物，其相关著作被翻译成多国文字，在国际临床心理学领域具有广泛和深远的影响。在他的组织和指导下，在某一疾病治疗方面具有丰富经验的优秀的认知行为治疗师都参与了这套丛书的编写。因此，丛书中每本书的作者均为相关方面的杰出学者和治疗师，每本书都是他们的学术成果和临床经验的积累。

这套丛书按照问题或者疾病编排，每一种疾病都从两个角度提供帮助：助人者和自助者，即“治疗师指南”和“自助手册”，以期治疗师和来访者共同努力，协同作战，这将会收到意想不到的效果。

此套丛书根据患者和临床工作者的需要，还在不断地增编和更新中。目前这套丛书已经有 48 种，有的已经出了第三版。我们首批翻译出版了其中的 17 种，以后将会继续跟进。

作为这套丛书的引进者和中文译本的主编，我不敢说熟悉这套丛书的每一位作者，但知道绝大多数，部分很熟悉，他们都是值得信任的专家和治疗师。我有幸在巴洛教授的邀请和资助下于 2006 年 9 月至 2007 年 8 月在波士顿大学临床心理中心（Center for Anxiety and Related Disorders, Boston University）进修访问。这个中心是巴洛教授创立和发展起来的，已经有 20 多年的历史，在美国的临床心理学领域以及民众中享有很高的声誉，每天都有大量的求助者，有些人甚至要排队等两三个月。我就是在这个中心第一次接触到这套丛书的。在这里，不论是临床工作者还是来访者都是人手一册。看到这套丛书如此广受欢迎，我当时就萌生了将其翻译成中文，介绍给我国的治疗师和求助者的想法。接下来的工作特别是与来访者的互动一再证明，这套书的确像原作者前言中所写的那样，只要选对了适应症，将是非常实用、非常好用、非常有效的。它不仅对来访者有用，对咨询师和治疗师有帮助，对学习心理咨询与临床心理的学生也是非常有用的。

看到这套丛书顺利出版了，我非常高兴，这凝聚着所有参与者的心血，反映了所有参与者对我国心理咨询治疗事业的热情，也表明了所有参与者对我国民众心理健康的关注和爱心。在此，我首先感谢我三年美国之行的第一位导师戴维·H·巴洛的邀请、支持和指导；其次感谢丛书的两位副主编张宁教授和孙宏伟教授，以及我们所指导的研究生的努力工作；最后我要感谢中国人民大学出版社为这套丛书的出版所做的一切。感谢也祝贺我们大家的精诚合作！相信来访者和临床工作者一定会从此套丛书中受益匪浅。

由于时间等原因，翻译过程中难免有错误和用词不当之处，还望使用者谅解；更重要的是非常欢迎使用者（临床工作者和来访者）提出宝贵的意见、建议和批评。我的联系方式是：wjphh@bnu. edu. cn，我会尽快答复您，您的反馈对我们的工作是一个促进。感谢每一位参与的人。

王建平　教授

2009 年 12 月 3 日于北京师范大学

前 言

几年来，医疗保健事业取得了惊人的发展，但也有很多过去已被广为接受的精神卫生和行为医学的干预策略正在受到质疑：它们不仅没有带来益处，甚至可能还有伤害。而另外一些干预策略经过当今最好的实证检验证明是有效的。随之，把这些干预策略更多地推荐给民众的呼声四起。最近的几项发展推动了这场革命。第一，我们对心理病理和生理病理都有了更加深入的理解，使我们能发展出新的、针对性更强的干预策略。第二，研究方法学取得了长足的进步，降低了内部效度和外部效度受到的影响，使研究结果可更加直接地适用于临床情境。第三，各国政府、医疗保健系统和决策者都认为医疗保健质量必须改善，这种改善应该是建立在循证基础上的，而确保医疗保健质量得到改善符合公共利益（Barlow，2004；Institute of Medicine，2001）。

当然，对于各国临床工作者来说，主要的障碍是能否获得新的、有循证基础的心理干预方法。研讨会和书籍在帮助那些认真负责的治疗师熟悉这些最新的心理卫生保健措施并将其应用到病人身上等方面作用有限。而“有效的疗法——认知行为治疗丛书”就是专门把这些令人兴奋的新的干预方法介绍给临床一线的治疗师的。

这套丛书中的“治疗师指南”和“自助手册”介绍了评估和治疗具体问题的详尽步骤以及各种诊断。本套丛书超脱于其他书籍和手册，还提供类似于督导过程的辅助材料，来指导治疗师在其临床过程中如何实施这些步骤。

在我们新兴的医疗保健系统里，越来越多的人认识到：循证实践为医疗保健专业人员提供了最负责任的行动计划。所有行为保健专业人员都深切希望为他们的病人提供尽可能好的诊疗，而这套丛书的目的就是消除人们在知识传播和掌握信息方面的差距，使之成为可能。

本书针对那些拒绝上学的儿童和青少年，教父母如何帮助孩子来克服各种各样拒绝上学的行为。拒绝上学是一个很广泛的问题，现今全美国有高达 28% 的学龄青少年拒绝上学。很多家长都清楚拒绝上学对孩子和家庭所带来的严重后果，但是他们不确定如何去解决这些问题。和那些只适合一部分儿童的传统治疗方法不同，认知行为疗法（CBT）对所有类型的儿童都适用。本书列出了为那些因特定理由而拒绝上学的儿童量身定做的个体治疗组合。孩子拒绝上学主要有四个典型的理由：为了逃避学校相关的焦虑、为了避免学校里负面的社交或评价情境、为了获得父母或其他重要之人的注意，或者是为了获得学校之外的实质利益，这些利益使得逃学比上学更有意思。在有经验的临床专家的支持下，父母可以帮助他们的孩子成功地返回学校。

戴维·H·巴洛（David H. Barlow）
马萨诸塞州波士顿市

作者简介

克里斯托弗·A·科尼（Christopher A. Kearney），博士，是内华达大学拉斯维加斯校区的心理学教师和孩子拒绝上学及焦虑障碍临床中心主任。他发表过很多关于儿童和青少年拒绝上学行为和焦虑障碍的文章，也出过好几本相关的书籍，如：《青少年拒绝上学行为：评估和治疗的方法》、《让您的孩子对上学说“Yes”：孩子拒绝上学的家长指南》、《青少年的社交焦虑和社交恐惧：特点、评估和心理治疗》、《儿童期行为障碍案例集》、《儿童青少年恐惧和焦虑治疗从业者指南：认知行为疗法》。同时，他的另外两本书也即将由牛津大学出版社出版：《帮助拒绝上学的孩子及他们的父母：给学校专业人员的指导》和《沉默并不是金：帮助害羞孩子的策略》。科尼博士也是下列期刊的编委会成员：《行为疗法》、《儿童青少年临床心理学》、《异常心理学》、《心理病理学和行为评估》、《焦虑障碍》、《赌博研究》。基于他的研究和临床工作经验，科尼博士还和全国各学区都有紧密联系，为各学区提供帮助孩子更自如地上学的策略。

安妮·玛丽·阿尔巴诺（Annc Maric Albano），博士，是哥伦比亚大学精神病学专业临床心理学副教授，纽约州精神病研究所的副教授，哥伦比亚大学焦虑及相关障碍临床研究中心主任。阿尔巴诺博士 1991 年在密西西比大学获得临床心理学博士学位，其后在纽约州立大学奥尔巴尼分校的恐惧和焦虑障碍临床研究中心完成了博士后研究。她是儿童青少年临床心理学和认知疗法基金学术委员会委员，还是行为和认知治疗协会已当选的主席。阿尔巴诺博士主持美国国家心理健康研究所授权的多中心联合临床实验项目“儿童青少年焦虑多模式治疗研究”，同时还主持了美国国家心理健康研究所发起的里程碑式的项目“青少年抑郁治疗研究”。两个项目都探究了认知行为疗法、药物疗法、合并治疗以及安慰剂治疗在青少年中的相对有效性。此外，阿尔巴诺博士还承担了青少年社交恐惧症的认知行为集体治疗项目。她和帕奇西亚·迪巴托罗（Patricia Dibartolo）博士共同合作撰写了关于拒绝上学行为方面的治疗指南和父母自助手册，还和温迪·西尔维曼（Wendy Silverman）博士合作撰写了《儿童焦虑障碍会谈安排》，这两本书都纳入了“有效的疗法——认知行为治疗丛书”中。阿尔巴诺博士不但进行相关的临床研究、督导心理学和精神病学博士后的研究进展和临床工作，还参与认知行为疗法诊断和治疗方面的资深临床学家培训工作。

目 录

CONTENTS

第一章
引言

治疗计划的背景信息和目标

本书提出的治疗计划是为青少年拒绝上学行为而设计的，它基于一个拒绝上学行为的功能模型，此模型依据引发不上学行为的原因而将学生分为不同类型。对为避免引发负面情感的学校刺激而拒绝上学的学生，我们采用基于孩子的心理教育、身体控制练习、渐进性暴露于正常教室环境和自我强化等方法。这一治疗组合用于减少不愉快的生理症状，使孩子融入各种学校设施和情境，逐渐增加孩子的上学时间。

对为逃避令人苦恼的社交和/或评价情境而拒绝上学的孩子，我们使用基于孩子的心理教育、身体控制练习、认知重建、渐进性暴露于正常教室环境和自我强化等方法。这一治疗组合和第一个功能条件下的治疗方法类似，但是增加了认知重建这一步骤，这是因为很多为逃避令人苦恼的社交和/或评价情境而逃学的孩子年龄更大，认知水平更高。通过角色扮演进行的社交技巧训练也可能运用到对这种情况的拒绝上学孩子的治疗中。这一治疗组合着重减少在学校相关的关键情境中的社交焦虑和表现焦虑，建立和提升孩子的社交/应对技巧，从而逐渐增加孩子的上学时间。

第三类拒绝上学的孩子是为了吸引其他重要之人的注意，针对此类问题，基于家长的治疗方法包括：修正家长的命令，建立规则的日常作息，奖励上学行为，惩罚不上学行为，减少过量的寻求再确认行为（reassurance-seeking）和在特定条件下强制孩子上学等。这一治疗组合依赖于以父母为基础的技巧，通过突发性事件管理重建父母的控制地位。当然，逐渐回到学校也是需要强调的。

还有一类孩子拒绝上学是因为能在学校外获得切实的利益，以家庭为基础的治疗方法包括突发性事件协议、沟通技巧训练、护送孩子上学并监督孩子在校学习情况、拒绝同伴技巧训练。这一治疗组合依赖于以家庭为基础的技巧来增加上学的刺激物，减少孩子不上学时的社交或其他活动，提升解决问题、谈判和沟通的技巧。监督和逐步回到学校也是值得重视的。

前两种治疗组合主要是以孩子为基础的，第三种治疗组合是以父母为基础的，第四种则在家庭基础上开展。尽管几种治疗方法在包含的成分上不尽相同，但是每个治疗组合的主要目标都是重新引导孩子进入学校环境，帮助他们以最小的痛苦达到全面的上学状态。

问题聚焦

拒绝上学行为指的是孩子自发地拒绝上学和/或难以整天坚持在课堂学习的表现。问题性旷课曾经有过很多种定义方式，诸如逃学（过失性旷课）、学校恐惧症（基于恐惧的旷课）和拒绝上学（基于焦虑的旷课）等名词都经常被使用，但是都没法概括所有的不上学问题。“拒绝上学行为”就是这样一个拱顶性或伞状概念，它表示一个孩子没有保持和年龄相符合的上学功能或应对学校压力源的能力。拒绝上学行为指的是年龄从 5 岁到 17 岁的孩子，他们：

- 一段时间完全不上学。
- 上学，但是在一天中会离开学校或缺席某些特定课程。
- 迟到（慢性迟缓）。
- 上学，但伴随激烈的早晨不当行为，如发脾气或拒绝离家，导致旷课。
- 在校表现出不寻常的痛苦，以此向父母或他人请求以后不上学。

由此可见，拒绝上学行为是一个多维概念，它不仅包含长期不上学的行为，也包括那些很少不上学却是在胁迫下上学的行为。此外，很多有拒绝上学行为的孩子经常表现出波动的上学模式。举个例子来说，也许有个孩子周一整天都不上学，周二很晚到校，周三早上还能顺利上学，下午却逃课，周四相当正常，能在学校安心学习一整天，而周五却因为一个重要的考试而被迫上学。

我们发现最初期的拒绝上学行为往往会自然得到缓解，因此实质性的拒绝上学行为被定义为：至少持续两周以上或持续时间稍短但严重影响了家庭日常功能的不上学行为。短期拒绝上学行为指的是持续时间在两周到一年之间，并且大部分时间都存在不上学问题。长期拒绝上学行为则是持续时间超过一年，也就是至少跨越两个学期的拒绝上学行为。

我们对拒绝上学行为的定义排除了一些特定的人群，对这些人群的干预方法并不在本书之列。基本的排除标准包括下列各种情况：

- 生理疾病如哮喘导致的不能上学情况。
- 父母故意让孩子不上学导致的退学情况。
- 家庭或社会条件限制了孩子的生活，如无家可归或为逃避虐待等造成的不上学情况。
- 精神问题或其他困难，如学业失败、学习障碍、抑郁、双相障碍、多动症、品行障碍、精神分裂、发育性障碍、物质滥用和缺乏动机等导致的无法上学情况。
- 复杂的家庭功能失调问题，如极度悲观和缺少父母监督导致的不上学情况。
- 学校存在言语或身体威胁或学风差，包括欺侮、师生冲突、疏忽学生的课程要求或其他违法问题导致的不上学情况。

高达28%的美国学龄青少年在某一时段表现出了拒绝上学行为，而这一问题在某些学校和某些地区则更为严重。此外，许多孩子显现出内在或外在的障碍，而拒绝上学行为是这些障碍的关键因素。一般而言，拒绝上学行为在男孩和女孩中间的比例是相近的，它在不同社会经济阶层的家庭中都同样出现。大部分拒绝上学的孩子年龄在10～13岁之间，还有两个出现问题的高峰年龄段是5～6岁和14～15岁，都是进入新学校的年龄。然而，任何年龄的孩子都可能出现拒绝上学行为。

拒绝上学行为的一个特点是异质性：它们有着各自的典型行为特征。常见的内在表现主要包括：广泛性焦虑和社交焦虑、社交退缩、抑郁、恐惧、疲劳以及身体不适症状（特别是肚子疼、头疼、恶心、颤抖）。常见的外在表现则有：发脾气（哭泣、尖叫、乱打）、言语和身体攻击、反复寻求确认、纠缠、拒绝移动、不服从和从学校或家里逃离等。许多孩子综合表现出内在和外在的问题。

如果不对拒绝上学行为进行治疗，它会带来很严重的短期或长期不良后果。短期后果包括孩子压力显著增大、学业成绩下降、社会疏离、犯罪危险增加、家庭冲突增多、严重的家庭日常功能破坏、潜在的儿童虐待和缺乏管教以及经济支出增加。长期的后果包括：由上大学机会减少而带来的经济困扰、职业和婚姻问题、药物滥用和犯罪行为问题、社会心理功能减低、经常陷入焦虑和抑郁状态等。这些问题的危险又会导致孩子们更长时间的不上学行为。由此可见，拒绝上学行为是教育工作者、健康专家及心理健康专家所面临的一个常见而又苦恼的问题。

治疗计划和实证基础的发展

对拒绝上学行为的传统治疗方法将在后面的章节大致呈现，不得不说明的是，这些方法的主要缺点在于不能很好地运用到所有具有拒绝上学行为的个体身上。相反，我们的治疗方案是为所有不同的个体量身订制的，在运用治疗方法的时候考虑到了个体的独特性。

常见的儿童心理临床治疗技术和本书中介绍的治疗技术涉及系统脱敏[①]、认知重建、自我强化、模仿和角色扮演、突发性事件管理、突发性事件协议和沟通技巧训练等。使用这些技术治疗儿童心理病理问题的效果评价并不是本书的目的（参见Mash&Barkley，2006）。而且，对使用这些方法治疗孩子拒绝上学行为的效果评价已经在其他文章中讨论过（参见 Kearney，2001，2005）。

① 本书脱敏（desensitization）和暴露（exposures）两词常并用、混用。翻译时均遵照原书用词，未作统一。——译者注

本书的指导程序也在拒绝上学行为的功能性、规范性模型的特定背景下得到了验证。相关的研究不仅包括初步的未控制研究，也包括说明性及非说明性治疗的控制研究（Chorpita，Albano，Heimberg&Barlow，1996；Kearney，2002a；Kearney，Pursell&Alvarez，2001；Kearney&Silverman，1990，1999)。控制研究表明，功能模型中的核心评量［拒绝上学行为评估量表（修订版)］（见第二章）能精确地预测哪种特定的治疗方法能有效治疗特定的拒绝上学行为个体，而哪种非说明性的治疗方法则是无效的。

尽管本书提出的治疗程序对于有心理问题和拒绝上学行为的孩子表现出很强的实用性，但是功能模型仍然在不断地发展。因此，我们提醒临床医生在使用我们的方法时要尤为谨慎。此外，临床医生也可以考虑我们推荐的附加治疗方法，如对学习障碍个体或教室不当行为个体恰当地选取药物治疗、家庭治疗或教育干预等方法。

孩子拒绝上学行为的认知行为疗法

本书提出的治疗程序在本质上是认知行为疗法，其基本的目的就是修正认知（适合的）和行为，在确保孩子们不痛苦的基础上加强他们的上学表现。一些程序也和家庭系统观点紧密相关，比如突发性事件协议和沟通技巧训练，但是在实施这些技巧的过程中我们也非常强调行为和问题解决。如果临床医生曾经接受过认知行为治疗方面的培训或有过相关经历和背景知识，他/她在使用本书的治疗程序时可能会觉得非常熟悉和实用。

拒绝上学行为的认知行为治疗模式

本书提及的基本认知行为治疗模式是一种功能性模式。拒绝上学的孩子们可能有很多种不同的行为，这就导致我们对定义、分类、评估和治疗这一问题无法达成一致。然而，我们相信，治疗师在综观千差万别的拒绝上学行为后应重点关注几个稳定的因素。一般而言，孩子们是因为下面的一个或几个原因或功能拒绝上学：

- 为了逃避引发负面情绪的（恐惧、焦虑、抑郁和身体不适等症状）学校相关事物和情境（刺激）。
- 为了逃避学校令人苦恼的社交和/或评价情境。
- 为了获得和博取学校外其他重要之人的关注。
- 为了获得或追求校外的实质利益。

前两种功能指出孩子拒绝上学是因为负强化，或逃离学校的不愉快事物。遭孩子拒斥的常见的学校相关物包括校车、火警、体操馆、操场、走廊和教室等。孩子们经常回避的学校相关社交情境包括和教师、校长交流，和容易表现言语、身体侵犯的同伴交往等。常见的学校相关的评价情境有考试、朗诵会、演奏会、运动会、在他人面前演讲或写作、和他人一同走进教室等。

后两种功能指出孩子拒绝上学是因为正强化，或为了追求学校外的某种利益。许多年龄较小的孩子不上学是为了迫使父母默许他们要求更多的身体亲近或关注。这一功能有时和分离焦虑相关联。此外，年龄较大的孩子和青少年往往通过拒绝上学获得一些实质性的利益，如在家看电视、睡觉、运动、购物、赌博、和朋友一起参加社交活动以及使用毒品等。对这些孩子而言，不上学远比上学快乐得多。许多治疗师也许更愿意治疗正强化拒绝上学行为的孩子，然而，其实任何类型的拒绝上学行为都是很具破坏性的。

大约有三分之一的孩子不上学是因为两种或更多的原因。举个例子来讲，有些孩子刚开始的时候是因为在学校活动中遇到挫折了，所以待在家里不上学。然后，这些孩子可能意识到不上学的好处，这样得到负强化或正强化后拒绝上学。相反，有些孩子则是因为得到正强化而长期待在家里，但是要重新回到学校时，需要面对新的班级、老师和同学，这会让他们感到焦虑，从而导致持续的拒绝上学表现。

相比于单一原因拒绝上学的孩子而言，由于多种原因拒绝上学的孩子需要更复杂的治疗策略。治疗策略可能是多种治疗方法的组合，持续的时间也会更长。对于这些孩子来说，一个组合的治疗策略也是很关键的，因为他们可能已经持续很长时间没有上学。这种长期的拒绝上学行为往往对单一的治疗方法比较拒斥。因为孩子们拒绝上学的原因不止一种，所以在学习本书的过程中需要将各部分联系起来，针对你的来访者组合运用不同的方法。

治疗方案的利弊

本书提及的治疗方案能囊括各种拒绝上学行为的治疗，而不仅仅是针对焦虑引起的拒绝上学行为。方案中的治疗方法也是儿童临床心理学家常用的一些得到较好实证支持的方法。同时，这些方法也根据个体的特点进行了谨慎的设计与安排，同时都伴随有后续的评估过程（参见第二章）。

对使用本书描述的治疗方案的一个重要警告是：方案可能不能完全照搬至一些有特殊问题的个体，比如有明显的症状表现的孩子，有共病诊断的孩子，家庭或婚姻功能失调家庭的孩子，或有生理疾病及残疾的孩子。举个例子来说，对于有明显焦虑、抑郁、注意力缺失、多动症或精神疾病的孩子来说，精神疾病方面的治疗是必需的。此外，如果孩子的基本行为问题不是拒绝上学行为，如果孩子的拒绝上学行为是基于某种合理的威胁或身体不适症状，那么本书提供的治疗方法可能不太适合。如果共病问题已经初步得到解决或者父母和学校老师已经完全准备好进行更多的治疗，本书提供的治疗程序可能会更有效果。治疗前的思考将在本书第三章做更为深刻的讨论。

我们的治疗程序一般是针对典型的拒绝上学行为的个体来描述的，因此，你会发现面对你自己的来访者时可能需要对治疗方法做些调整。无法预料的情况总是存在，因此我们在提供治疗程序时尽量地做到弹性、灵活。同样，当你将之运用到你的治疗中时也需要灵活。例如，有些案例可能会比我们列出的案例更快地解决问题，而有些案例可能要更长时间。总之，你在运用本指南的时候仅仅当它为“指南”，当你遇到特殊的问题时就特别需要你的创新！

作为治疗师，你可以调整本书中的治疗程序以适应自己的风格，适应孩子的认知发展状况，适应相关的家庭问题及其他有关的因素。然而，通常来讲，本书的治疗方案是基于认知行为/家庭系统方法的，如果你对此不是特别熟悉，那么额外的阅读、培训和结构化督导会对你和你的来访者有很大的帮助。认知行为/家庭系统方法应用到了本书的所有方面，特别是第五章的认知重建技术部分。

值得注意的是，不要将本方法和其他方法“混合”，比如增加精神动力学的方法或其他理论取向的元素，这将会导致孩子和父母的混乱，同时也偏离了本方案和治疗程序的实证基础。此外，治疗程序也不适宜应用于团体形式。尽管我们鼓励灵活使用治疗方案，但是过分地不遵照治疗程序也会导致效果大打折扣。

其他可选择的治疗方法

心理健康专家和教育工作者在治疗拒绝上学行为时所采取的传统方法往往是单一的，基本包括如下方法：

- 使用心理动力学方法增加父母和孩子之间的距离，降低分离焦虑和/或提高孩子在教室里的自尊。
- 针对孩子学校相关的特定恐惧事物进行系统脱敏的行为疗法。
- 强制孩子上学。
- 以家庭为基础的治疗技术，如沟通技巧训练及家庭成员内部的书面或口头协议。
- 抗抑郁和抗焦虑药物治疗。
- 住院治疗或社区治疗以解决孩子的长期拒绝上学行为。

这些单一的治疗方法对某些特定的拒绝上学行为比较有作用，但是无法应对所有的拒绝上学行为。例如，增加父母和孩子之间的距离、提高孩子自尊的治疗方法可能对有分离焦虑和家庭结构混乱的孩子最为有效。然而，对于没有这种问题的年龄大些的孩子及青少年来说，这些方法可能作用不大。系统脱敏的方法则只对那些恐惧学校某一特定事物而不上学的孩子有效，这一方法也只是应用到很少一部分孩子的治疗中。强制上学的方法也许对年龄小的孩子或是刚刚开始拒绝上学的孩子作用比较明显，而对那些年龄大的孩子或表现长期拒绝上学行为的孩子则效果不佳。以家庭为基础的技巧，如沟通技巧训练和协议等方法要求所有家庭成员的言语投入，因此，年龄小的孩子可能无法发挥作用。药物治疗也只是对部分孩子有用，而不能帮助所有孩子，而且，药物治疗有较大的副作用，父母一般不太愿意选择这种方法。最后，住院治疗或社区治疗的效果变化更大，它也许能更为有效地帮助长期拒绝上学的孩子，但是其效果严重依赖于父母的支持程度。

正因为不同的治疗方法仅仅是在某些情况下效果较好，我们就需要发展一种全面而综合的评估和治疗方法来应对孩子的拒绝上学行为。这一方法应该能解决所有孩子的拒绝上学行为问题，很容易被治疗师操作，也拥有有效的治疗元素。下面我们将总体地描述满足这些标准的方法。

规范的评估和治疗方法

我们发展了一种评估和治疗所有拒绝上学行为问题的规范方法。我们相信依照拒绝上学的不同原因（或持续的变量和功能），可以将拒绝上学行为分为四组。这些原因包括：逃避引发负面情绪的学校相关刺激，逃避令人苦恼的社交和/或评价情境，寻求他人的关注，追求校外获得的实质利益。

描述性和实验性的功能分析程序会在第二章进行详细讨论，它可以用来对特殊的个体进行概念化并将他/她分到一个或多个原因组里。一旦孩子的拒绝上学行为被归类为某一个组，就可以对他/她进行特定的治疗，治疗方法针对各组原因而不同。如果某一个孩子的拒绝上学行为原因有多个，那么会施予组合的治疗。总之，我们认为这些规范的治疗方法是解决不同类型拒绝上学行为问题的最佳策略。接下来，我们将简要地概括介绍针对某一原因的特定治疗方法。

拒绝上学行为特定案例的特殊信息

由于拒绝上学行为经常被相关的问题所混淆，临床医生也许会关心本书提供的治疗师指导方法是否真的合适。下面，我们将列举一些在筛查过程中你可能会提出的问题，这些问题的答案也许能让你更清楚地认识我们的指导方法是否有用。

孩子是否刚刚开始拒绝上学？

对这一问题的回答相当关键，它决定着是否要使用本书提到的治疗方法。如果一个孩子的拒绝上学行为只是在两周之内偶尔发生，问题很可能不久就不再出现了（自我纠正拒绝上学行为）。在这一案例中，如果问题行为持续出现，你可以要求家长在一周之内回电话，或者在一周之后安排会谈。在很多类似的情况中，孩子们都能重新回到学校学习，因此不再需要这种会谈。

然而，本书提出的治疗程序仍然有可能适用于刚刚开始表现出问题的孩子，比如孩子至少在刚开始的一周内每天都拒绝上学，并严重到导致家庭冲突或影响家庭日常生活。在这种情况中，或者对那些已经持续两周以上不上学的孩子而言，本书提供的指导方法会更实用和有价值。

孩子的主要行为问题是什么？

对孩子主要行为问题的描述是筛查过程的必要部分，也可以帮助你确定我们提供的治疗方法是否恰当。父母可能会纠结于这一问题，因此要询问他们孩子是否有其他行为表现比拒绝上学行为更严重。其实，确认差异化的诊断或其他问题可以解释孩子目前的症状：

- 对于为避免引起负面情绪的学校刺激而拒绝上学的孩子而言，其他可能的诊断包括惊恐障碍、广场恐惧症、广泛性焦虑障碍、特殊恐惧症、抑郁和自杀行为。
- 对于为逃避令人苦恼的社交和/或评价情境而拒绝上学的孩子而言，常见的可能诊断或问题包括社交焦虑障碍、抑郁和自杀行为。
- 对于为吸引其他重要之人的注意而拒绝上学的孩子而言，常见的可能诊断或问题包括分离焦虑障碍、对立违抗障碍或对父母的命令不服从。

- 对于为获得学校外实质利益而拒绝上学的孩子而言，常见的可能诊断或问题包括品行障碍行为（如偷窃、纵火、侵犯）、物质滥用和动机缺乏。

值得注意的是，上述所有的问题都可能出现在任何一种拒绝上学行为中。每种拒绝上学行为最常见的共病障碍都列在上面。另外，其他问题也可能出现在各种拒绝上学行为中，包括注意力缺陷和多动障碍、学习障碍或学业失败、广泛性发育障碍。

如果这些行为问题是存在拒绝上学行为孩子的主要表现，那么本书提供的治疗师指导方法可能就只是部分有用了。我们说“部分有用”是因为解决拒绝上学行为有时是解决其他问题的第一步。拒绝上学行为往往是一个紧急的问题，也是父母希望最先解决的问题。例如，许多有对抗问题的孩子的父母都希望从着重治疗违抗上学命令的问题开始。对于那些整个治疗计划的第一步是让孩子重返校园的案例来说，本书描述的治疗程序会很有帮助。

许多父母就像处于“黑暗”中一样，他们对孩子的问题感到迷惑不解，非常的挫败，因此也无法提供关于孩子的主要行为问题的详细信息。此外，父母们普遍存在的错误在于他们仅仅强调外部问题（如不服从命令、不做作业）而忽视内部问题（如焦虑、抑郁）。因此，安排一个正式的评估会谈，更为集中地询问各种问题是非常必要的。同时，在征得同意后联系其他能提供更多信息的人，如，熟悉孩子问题的教育专家、医疗专家和其他心理卫生专家。

哪些其他因素可以解释拒绝上学行为？

在许多拒绝上学行为的案例中，存在其他因素或变量能解释这一行为问题。前面提到的一些诊断排除标准可以为筛查过程提供一些指导。例如，孩子的拒绝上学行为是不是生理疾病，如哮喘、疼痛、失眠、糖尿病、感染或感觉运动障碍等问题所导致的直接后果？如果是这样，那么我们会建议家长对孩子进行身体检查。此外，在治疗的全过程中，如果觉得必要和合适

的话，一定要咨询医疗专家。

拒绝上学行为的另一个可能原因是辍学，即父母故意让孩子不上学。在这种情况下，父母往往希望保持现状，所以治疗师一般很难碰到这种个案。然而，我们需要了解这种状况以防万一碰到类似情况。辍学的常见原因有：父母焦虑，父母需要有一个“放心的”人选作为一种补充的经济资源（如工作和照看弟妹），掩饰自己虐待孩子的行为，担心孩子在学校被离异的配偶带走，担心孩子在同伴团体中的安全问题和抱怨学校、老师的教学质量等。在处理辍学问题的时候，一般对父母和/或他人的干预是必要的，而这种干预的方法可能包括本书没有提供的程序。

一些家庭问题也使得我们提供的指导方法的使用受到局限。举个例子来说，如果一个孩子经常离家出走而不上学是为了避免性虐待，那么让他/她重新上学就不是一个最紧急的问题。另外，许多孩子不上学是因为他们已经被家长赶出了家门。在处理这些情况时，一个更为宽广的治疗视角就是很必需的。

孩子的年龄？

了解孩子的确切年龄是很重要的，原因至少有三个。第一，许多父母希望运用本书提供的指导方法来治疗年龄小于 5 岁的孩子的一些不上幼儿园或不参加活动的行为。这样的问题可能和学龄儿童的拒绝上学行为类似，但是我们的指导方法并不一定适合解决学龄前儿童的问题。如果你希望用本书的方法来帮助那些年龄非常小的孩子，一定要根据孩子的实际情况对治疗程序进行修改并谨慎地使用这些方法。

第二，孩子的年龄可能是他/她为什么拒绝上学的一个重要预测因素，虽然这一预测并不一定准确。一般来讲，5～11 岁的孩子拒绝上学往往是为了避免负面情绪的产生和/或获得其他重要之人的关注。相反，年龄在 12～17 岁的青少年拒绝上学则通常是为了逃避令人苦恼的社交或评价情境，或者为了获得实质利益。尽管这并不一定适合每一个拒绝上学的孩子，并且许多孩子不上学也有多重原因，但是了解孩子的年龄能帮助你对拒绝上学行为的原因作出初步的判断，然后在正式评估（见第二章）会谈中询问更多细致的问题以做出进一步诊断。

第三，了解孩子的年龄也能帮助你对治疗方向形成一个最初的概念。例如，一些更加依赖于言语内容的治疗方法，如认知疗法，可能更适合于青少年，而对年龄小的儿童来说不太适合。相反，强制上学的方法对 6 岁的孩子更容易实施，而对 16 岁的少年则很困难。同样，这也是有例外情况的，但是了解孩子的年龄并对他们的认知水平有初步的估计能帮助你更好地形成有效率也有效果的治疗计划。

孩子的拒绝上学行为是否特别严重?

对于那些拒绝上学问题特别严重的孩子来说，我们的指导方法可能不太适合。这些孩子大多数可能：(1) 有非常强烈的负面情绪以致任何返回学校的方法都不可能实施，(2) 有严重的犯罪行为，和/或(3) 不上学已经超过一年。在应对这些情况时，可能需要一些其他的方法。例如，面对极端焦虑的孩子，最开始可以使用药物治疗来控制焦虑症状，并减轻暴露于学校环境所带来的紧张感。而在面对有犯罪行为的孩子时，可以采取住院治疗的方法来控制爆发性行为或在门诊治疗前形成良好的上学行为模式。如果遇到的孩子已经长时间不上学，可以考虑一些其他的方案，如部分时间学习、夜校、考试奖励、自学、家教和假期学习方案等。

来访者不符合定义标准

如果你的来访者并不符合我们定义的拒绝上学行为的标准，那么，理所当然其他的治疗方法可能会更合适。然而，本书中提供的许多治疗方法都是可以直接用来治疗其他问题的。例如，身体控制练习、暴露疗法和认知重建练习能运用到广泛性焦虑或社交焦虑的治疗中。另外，突发性事件管理和突发性事件协议程序能用来应对家庭冲突或孩子不服从问题。不过，本书的治疗方法都是精心设计用来治疗孩子的拒绝上学行为的。

药物治疗中的孩子

如果孩子目前因为一些直接和拒绝上学行为有关的情况（如焦虑或抑郁），或者并不相关的情况（如注意缺陷和多动障碍或双向障碍）而正接受药物治疗，本书提供的治疗方法仍然可以使用。在治疗过程中，我们强烈建议你经常咨询为孩子开处方的医生或精神科医生。在很多情况下，治疗必须扩展到让孩子带着症状生存的状态。我们的治疗方法也可以嵌入到一个更广范围的治疗方案中。

治疗师指南大纲

本书为你提供了评估和治疗孩子拒绝上学行为方法的大致框架。在书中，并不是所有的治疗程序都会极尽可能地详细讨论，但是最关键的信息都会提供给你以指导临床过程。第二章描述了我们推荐的评估方法和治疗安排方法。第三章介绍了咨询会谈的各个方面，包括总结评估结果和推荐治疗方法。第三章还包括了每个治疗阶段的关键点介绍。

第四章到第七章介绍了为四种不同原因的拒绝上学行为设计的治疗计划，其中包括案例对话、争议问题解决和对特殊境况的讨论。第四章介绍的治疗计划可以治疗因避免引发负面情绪的学校刺激而产生的拒绝上学行为。第五章的治疗计划主要应对为逃避令人苦恼的社交和/或评价情境而拒绝上学的孩子。第六章的治疗计划可以帮助为了获得其他重要之人的注意而拒绝上学的孩子。第七章介绍的治疗计划主要针对希望通过不上学获得实质利益的孩子。最后，第八章讨论了治疗倒退和复发的相关问题，也为存在长期拒绝上学行为的孩子推荐了治疗方法。

第四章到第八章还包含了与治疗拒绝上学行为相关的特殊主题讨论，这些主题都和拒绝上学行为的原因有关联。尽管了解这些主题可能只是在应对该章节出现的拒绝上学行为时最为有价值，但是我们仍然建议你全面了解这些主题。第四章谈及的特殊主题有：有严重痛苦感受的孩子的药物治疗，家庭教育，什么情况可以让孩子不上学，孩子不愿乘坐校车，周日傍晚的焦虑，逐步增加上学行为等。第五章包括的特殊主题有：惊恐发作，课外活动，完美主义，被嘲弄和体育课等。第六章的特殊主题有：父母放弃工作陪伴孩子，在家不上学的孩子和早晨上学迟到。第七章谈及的主题有：504 计划和个性教育计划，选择性的学校教育，通知警察和起床困难。第八章还对一些特殊环境进行了讨论，如父母在孩子上学前去工作，家庭中有多个孩子拒绝上学，孩子广泛性发育障碍问题，孩子因不上学而做出违法行为等。一些其他的建议，如孩子转学等也在第八章有所介绍。

父母自助手册和自我指南的使用

父母自助手册也对本指南中的治疗程序进行了描述。孩子的家长可以使用父母自助手册和有资格的治疗师联合推进治疗过程。我们建议你提供给来访者一份父母自助手册，这样他们就能为评估和治疗过程做更好的准备，并且能更有动力地完成治疗的家庭作业。同时，为防止你的来访者有些特殊的问题，我们也建议你熟悉父母自助手册中的评估和治疗程序。

为存在亚临床形式拒绝上学行为的孩子的父母所写的一本自我指南也已经出版（Kearney，2007）。《让您的孩子对上学说“Yes”：孩子拒绝上学的家长指南》概略地描述了本书及父母自助手册中的许多治疗程序，也许对完成了治疗方案的来访者而言是特别有用的参考书。它是根据其作用来设计的，可以帮助孩子和父母在治疗完成后防止复发。另外一本为教育工作者设计的书也即将面世，这本书对于那些经常就拒绝上学行为问题咨询学校管理人员的临床医生来说可能是非常有价值的。

本章对评估拒绝上学行为的过程进行了总的概括。一般来讲，对拒绝上学行为孩子的正式评估的目的在于获得三个关键问题的答案。

行为问题有哪些？

确切查明孩子目前的拒绝上学行为表现是什么（参见第一章的常见表现示例），同时了解这些行为的严重性。关于严重性，主要就是弄清楚孩子实际上学的频率，如果不上学，那么他/她白天都做些什么。如果孩子是由于焦虑而拒绝上学，确定哪些元素是最严重的：是行为回避，认知偏差还是生理反应？此外，了解孩子拒绝上学行为的历史也是很重要的，比如，在过去几天、过去几周、过去几个月中的不上学情况。要全面了解这种情况，需要询问孩子本人、父母和孩子的相关教育专家、医疗专家、心理健康专家等，这样才能获得问题的不同视角，有利于更好地理解孩子的问题。

在此过程中，其他一些重要因素也需要确认。例如，拒绝上学行为发生的背景就需要弄清楚。许多直接的因素会影响拒绝上学行为和其治疗过程。这些因素包括：危机事件、人格和文化因素、健康和发育问题、共病情况、学校因素（如，学校老师的支持水平、学校暴力和人员构成）、父母态度和教养方式、家庭成员的观点和动机、家庭应激源和资源等。另外，更多外围的因素也有明显的影响，如家庭冲突和其他动力因素、离婚、学业表现不良、同伴关系不佳、父母心理疾病、宗教、营养、家庭经济状况、就业情况和教育程度等。最后，与来访者及家庭讨论其行为问题也有利于建立良好的咨访关系，这一过程对促进来访者认同和坚持后续治疗非常关键。

什么促使问题持续发生？

你也需要确定是什么因素使得拒绝上学行为持续发生，从本质来说，就是要确定拒绝上学行为的主要原因是什么。在最初的正式评估过程中，探察到底是孩子自身的因素还是父母及其他家庭成员相关的因素影响了拒绝上学行为。例如，是否家庭关系很亲密和健康但是孩子却有特殊恐惧问题？或者，是否父亲或母亲或其他家庭成员在不经意间或是故意通过关注、同情或贿赂而鼓励了孩子的拒绝上学行为？本章的后半段将详细介绍确定这些因素的程序。

最好的治疗方法是什么？

这一问题是正式评估后需要回答的最重要的问题。评估拒绝上学行为的原因能帮助你形成对拒绝上学行为功能类型的假设，这一假设又能帮助你确定使用的治疗方法。需要记住的是，在我们的模型中，拒绝上学行为的功能类型是很重要的一部分，它是设计治疗方案的基础。本章将介绍针对各种特殊功能类型的拒绝上学行为而特别设计的治疗方法。

通过功能分析对拒绝上学行为进行评估的重要性

评估拒绝上学行为及其维持因素有不同的方法。例如，我们可以使用自由回答的临床方法和访谈，但是可能会出现有许多行为表现无法确认的状况。我们也可以使用严格的诊断方法，但是许多有拒绝上学行为的孩子存在共病诊断的问题。因此，我们怎样做才能更有效率也更有效果地进行评估和回答上述的三个问题呢？

评估拒绝上学行为个体的一种较好策略就是功能分析。描述性和实验性的功能分析能有效率和有效果地用来确定是什么因素引发了拒绝上学行为和该怎样进行治疗。我们提供了对拒绝上学行为进行功能分析的清晰、规范和有效的步骤，这种方法将直接帮助你触及拒绝上学行为的核心。

评估会谈和推荐评估方式

本节包含两个部分。第一部分描述了回答上述第一个问题“行为问题有哪些”的程序，讨论有关访谈、儿童自评量表、父母和教师评测量表等问题。第二部分基于功能分析描述了回答上述第二、第三个问题的程序，即：什么促使问题持续发生？最好的治疗方法是什么？本部分讨论：（1）使用描述性程序（如问卷）来首先确定拒绝上学行为的维持因素；（2）使用实验性程序，通过观察来确认这些维持因素是否存在。之后，本部分还将讨论如何选择治疗方法。

评估行为问题的程序

访谈

在评估行为问题时，大多数治疗师都会使用某种类型的访谈。因此，一些有效而可靠的基于系统的临床观察的访谈应运而生，包括“*DSM-IV* 焦虑障碍访谈表：儿童版和父母版”（Silverman & Albano，1996）。这一访谈表包括儿童和父母两个版本，能对各种问题进行诊断评估。因此，通过这种访谈能获得关于各种问题的信息，从而确定拒绝上学的孩子所面临的各种困难。事实上，这一访谈调查表包含专门针对学校相关问题的部分，能帮助你解决上面提到的问题。此外，访谈中的等级在实施本书的一些治疗程序时也是有帮助的。

当然，许多治疗师可能更偏好于根据自己的风格而选择结构性不太强的访谈方法。如果你是这种类型的治疗师，我们建议你在访谈时尽量问到下面的问题（此外，还需要根据来访者的特殊情况询问其他问题）。尽管下述问题主要是针对父母而提的，但是答案应尽可能地来自多人（包括孩子），只要你访谈的人了解你的来访者的情况即可。

您的孩子因为对学校的某些事物感到苦恼或心烦而拒绝上学的行为多久发生一次？问题如下：

- 您的孩子是否比同龄的大多数孩子对学校更感到心烦？
- 哪些学校相关的事物或情境是孩子想回避的？（特别是校车、教室中的物品、课间、活动间隙、操场、咖啡厅、体育馆、走廊、灭火器）
- 孩子是否告诉过您他/她近期的负面生活事件，或您有没有注意到他/她的行为有突然的改变？
- 孩子有没有告诉过您或您有没有发现一些与上学相关的特殊情绪或生理症状？都有些什么？
- 这些问题是每天都发生还是只在上学日发生？

您的孩子因为想逃避学校的社交和/或评价情境而拒绝上学的行为多久发生一次？问题如下：

- 您的孩子会比同龄的大多数孩子更希望逃避这些情境吗？
- 学校哪些社交或评价情境是孩子逃避的？（特别是在他人面前写作或演讲，和陌生人见面，和同伴交往，在朗诵会、测验和运动竞赛中的表现，处于人群中或接近人群）
- 孩子有没有告诉过您最近的负面社交或评价事件，或您有没有注意到他/她的社交行为有突然的改变？
- 孩子有没有告诉过您或您有没有注意到他/她有一些由社交或评价情境引发的特殊情绪或生理症状？都有些什么？
- 这些问题主要在社交或评价情境中出现还是在学校相关的情境中出现？

您的孩子因为想要获得您或者其他重要之人的关注而拒绝上学的行为多久发生一次？问题如下：

- 您的孩子是否比大多数同龄孩子表现出更多寻求注意的行为？

- 为了获得您的关注，孩子表现出了哪些特殊的行为（特别是黏人、反复寻求确认、拒绝移动、发脾气、打电话、抗议、言语要求关注、引发内疚行为，或为了和您在一起而逃学）？
- 孩子有没有告诉过您最近的负面生活事件，或您有没有注意到他/她突然改变了对您的行为？
- 孩子有没有告诉过您或您有没有注意到他/她在和您交流或离开您时会有特别的情绪或生理症状？都有些什么？
- 这些问题主要发生在日常情境中还是发生在学校相关的情境中？

您的孩子因为想要获得学校外的实质利益而拒绝上学的行为多久发生一次？问题如下：

- 您的孩子是否比大多数同龄孩子更希望从学校外获得实质利益？
- 哪些特殊利益是他/她离开学校可以得到的？（特别是和朋友待在一起、物质滥用、在家看电视或玩游戏、骑脚踏车、逛商店或娱乐场所）
- 孩子有没有告诉过您最近的负面生活或学校事件，或您有没有注意到他/她的行为有突然的改变？
- 孩子有没有告诉过您或您有没有发现他/她去上学或离开学校时表现的特殊情绪或生理症状？都有些什么？
- 孩子追寻实质利益的行为主要发生在日常情境还是上学的时候？

您的孩子不上学是不是上述提到的多种原因共同导致的？如果是，哪个原因是最主要的？

一般来讲，在应对拒绝上学行为时，先访谈孩子，再访谈父母。在许多案例中，如果先访谈父母或他人，孩子往往已经被贴上“不良影响”的标签或被父母和学校相关人员指责。有时这是对的，然而有时不是。先访谈孩子有几个好处：第一，你会传达这样的信息，即孩子提供的信息和父母提供的资料一样重要和有价值，这有助于你和孩子建立良好和信任的关系。第二，首先对孩子进行访谈会让孩子感到你不是帮他/她父母一起来对付他/她。在评估和治疗初期，需要优先考虑的是，让孩子明白你不是另一个让他/她上学的权威。然而，你也必须明确让孩子上学的确是一个重要的治疗目标。因此，在治疗过程中，你最好向大家解释清楚你会促进每个人（包括孩子）对存在的问题的合理认识。第三，这样的访谈顺序能帮助你立即和孩子讨论保密问题，并告诉他/她哪些信息你必须告诉其他人。在治疗开始的阶段做到这一点对所有孩子都是很重要的，对那些为追求实质利益而拒绝上学的孩子尤其重要。

儿童自评量表

已经有很多研究者编制了专门用来评测孩子拒绝上学行为的自评量表，然而，大多数都是评测内在问题，很难涉及所有相关的行为表现，尤其是外在问题。正因为如此，我们建议你把父母和教师的报告作为另外一种收集信息的途径。下面，我们将罗列一些常用的评估拒绝上学行为的儿童自评量表：

- 负面情绪自陈问卷（Negative Affect Self-Statement Questionnaire，NASSQ）（Ronan，Kendall，& Rowe，1994）：该量表是针对广泛性焦虑和抑郁情绪的自我评定量表。它包括儿童版（适合于7～10岁儿童，14个项目）和青少年版（适合于11～15岁青少年，39个项目）。该量表非常适用于评估为了逃避引发负面情绪的刺激而拒绝上学的孩子。
- 儿童抑郁量表（Children's Depression Inventory，CDI）（Kovacs，1992）：该量表有27个项目，用于评测孩子最近表现的抑郁症状，它最适合于评估因负强化而拒绝上学的孩子，同时也可用来了解抑郁是否是孩子拒绝上学行为的根本原因。
- 儿童焦虑表现量表（修订版）（Revised Children's Manifest Anxiety Scale，RCMAS）（Reynolds & Paget，1983）和儿童状态特质焦虑量表（State-Trait Anxiety Inventory for Children，STAIC）（Spielberger，1973）：这两个量表主要用来评测广泛性焦虑、情境焦虑或生理焦虑，也可以评估担忧和注意力集中困难。这两个量表也比较适用于评估因负强化而拒绝上学的孩子。

- 儿童恐惧调查表（修订版）（Fear Survey Schedule for Children-Revised，FSSCR）（Ollendick，1983）：该量表有 80 个项目，用来测查孩子的一般性恐惧。大多数拒绝上学的孩子并没有特殊的恐惧表现，但是这一量表适合于那些有特殊恐惧表现的孩子。这一量表中的学校相关项目特别值得注意。
- 日常生活压力源量表（Daily Life Stressors Scale，DLSS）（Kearney，Drabman，& Beasley，1993）：该量表包含 30 个项目，主要测查孩子在日常生活事件中的痛苦感。该量表包含早晨和学校相关的事件，对于因负强化和为引起他人关注而拒绝上学的孩子而言，这些项目特别值得注意。
- 儿童社交焦虑量表（修订版）（Social Anxiety Scale for Children-Revised，SASC-R）（La Greca & Stone，1993）：这一 22 个项目的量表主要用以测查孩子感受到的负面社交评价状况，对于因逃避令人苦恼的社交/评价情境而拒绝上学的孩子而言很适合。
- 儿童多维焦虑量表（The Multidimensional Anxiety Scale for Children，MASC）（Stallings & March，1995）：该量表有 45 个项目，测查生理焦虑、危害回避、社交焦虑及分离焦虑，特别适用于评估因负强化而拒绝上学的孩子。
- 青少年自我评估（Youth Self-Report，YSR）（Achenbach & Rescorla，2001）：该量表包含 118 个项目，要求孩子对内在和外在的行为问题进行自我评定。本量表适用于11～18 岁的青少年，可以用来评估青少年的拒绝上学行为。

父母和教师评测量表

我们也可以使用父母和教师评测量表来获得关于儿童行为和家庭因素方面的信息。有关拒绝上学行为的最常用的父母和教师评测量表如下：

- 儿童行为核查表（Child Behavior Checklist，CBCL）（Achenbach & Rescorla，2001）和康纳斯父母评测量表（Conners Parent Rating Scale，CPRS）（Conners，1997）：

这两个量表要求父母对孩子的内在和外在行为进行评测，问题包括焦虑、抑郁、身体不适症状、多动、侵犯、不服从、寻求注意和社会问题等。

- 家庭环境量表（Family Environment Scale，FES）(Moos & Moos，1986)：该量表包含 90 个项目，主要测查家庭动力方面的特点，如亲密度、冲突、情感表达和独立性。本量表测查的一些因素和拒绝上学行为的原因有关（参见 Kearney & Silverman，1995)。一般来讲，和正常家庭相比，那些不上学孩子的家庭往往会表现得更没有独立性、有更多冲突、更分裂、人与人之间也更孤立。
- 教师评测表（Teacher Report Form，TRF）(Achenbach & Rescorla，2001）和康纳斯教师评测量表（Conners Teacher Rating Scales，CTRS）（Conners，1997)：这两个量表的结构和测查范围和 CBCL、CPRS 相同，不同之处在于，前者是要求对孩子最熟悉的教师或学校工作人员进行评测。

行为观察

如果可能，直接对孩子和家庭早晨的活动进行行为观察也是评估阶段了解信息的方法。行为观察可以帮助你获得另外的信息以确认拒绝上学行为的原因及其维持因素。本书也提供了进行行为观察的示例。

评估拒绝上学行为维持因素的程序

一旦你对拒绝上学行为的情况有了比较清晰的认识，就可以开始着手查明其维持因素。正如前面提到的，这一过程可以通过功能分析来完成。功能分析可以通过两步来进行：描述性功能分析和实验性功能分析。描述性功能分析就是让孩子和父母评测为什么孩子会拒绝上学。实验性功能分析就是直接观察孩子为什么拒绝上学。这些分析的结果能帮助你最终决定到底应该为孩子选择哪种治疗方案。

描述性功能分析

对拒绝上学行为进行描述性功能分析时最好使用拒绝上学行为评估量表（修订版）（School Refusal Assessment Scale-Revised，SRAS-R）（Kearney，2002b，2006）。SRAS-R是有24个项目的量表，它测查了拒绝上学行为四种功能条件的相关影响。每一项目都是从“从不”到“总是”的0～6记分。本量表兼有儿童（SRAS-C）和父母（SRAS-P）版本。

该量表中，测查每一种功能的拒绝上学行为都有6个项目。对于第一种功能的拒绝上学行为（因为负面情绪而拒绝上学），孩子和父母一般都会被问及孩子因为学校相关事物引发的负面情绪而拒绝上学的频率是多少。对于第二种功能的拒绝上学行为（逃避社交/评价情境而拒绝上学），孩子和父母都会被问及孩子因为和他人交往困难或在他人面前表演困难而拒绝上学的频率是多少。在第三种功能的拒绝上学行为（为获得他人关注而拒绝上学）中，孩子和父母往往会被问及孩子为了和父母待在一起而拒绝上学的频率是多少。在最后一种功能的拒绝上学行为（为了获得实质利益而拒绝上学）中，孩子和父母一般会被问及孩子为了获得校外更多的娱乐而拒绝上学的频率是多少。附录提供了SRAS-R量表。

为了进行描述性功能分析，建议要求孩子和父母分别完成SRAS-C和SRAS-P。这一过程只需要几分钟。年龄过小的孩子可能需要你将题目读给他/她听。如果可能，理想的状况是要求孩子、父亲和母亲都完成SRAS-R量表。

完成量表后，将每一功能的项目得分相加。SRAS-C和SRAS-P的各功能项目如下：

- 项目1、5、9、13、17和21（第一功能）。
- 项目2、6、10、14、18和22（第二功能）。
- 项目3、7、11、15、19和23（第三功能）。
- 项目4、8、12、16、20和24（第四功能）。

然后，将上述四个总分分别除以6（或者除以每个部分作答的项目数）。例如，如果一个孩子的四个总分如下：

- 第一功能项目总和为18，那么平均分为3.00。

■ 第二功能项目总和为 12，那么平均分为 2.00。
■ 第三功能项目总和为 36，那么平均分为 6.00。
■ 第四功能项目总和为 6，那么平均分为 1.00。

按此方法分别对孩子、父亲和母亲的问卷进行评分。完成后，计算 SRAS-R 各版本量表每种功能条件下的项目平均分。例如，假定得分如下：

■ SRAS-C 量表儿童自评各功能项目平均分分别为：3.00，3.50，6.00 和 0.50。
■ SRAS-P 量表母亲评测各功能项目平均分分别为：4.00，4.50，5.50 和 1.00。
■ SRAS-P 量表父亲评测各功能项目平均分分别为：3.50，4.50，5.00 和 1.50。

因此，这一个案的得分情况如下：

■ 第一功能总平均分为：3.50 [(3.00+4.00+3.50) /3]。
■ 第二功能总平均分为：4.17 [(3.50+4.50+4.50) /3]。
■ 第三功能总平均分为：5.50 [(6.00+5.50+5.00) /3]。
■ 第四功能总平均分为：1.00 [(0.50+1.00+1.50) /3]。

得分最高的功能被认为是孩子拒绝上学的最主要原因。两种功能分差若在 0.25 之内，说明两种功能类似（在一个治疗研究中，分差在 0.50 之内的两种功能也被认为类似）。在例示的个案中，最高分的功能是第三功能，即获得注意（5.50 分）。另外，从这些分数的情况也可以看出不同功能的相关影响。例如，案例中的孩子也可能因为第一和第二功能（即回避引发负面情绪的学校刺激和逃避令人苦恼的社交和/或评价情境，3.50 分和 4.17 分）而拒绝上学。然而，相对来说，第四功能，即获得实质利益的影响就比较低（1.00 分），它可能不是潜在的因素。请记住：这些都是根据孩子和父母的评测所做的假设。

上述过程是描述性功能分析的要素。当然，如果儿童/父母的 SRAS-R 量表评测结果和访谈信息存在矛盾之处，一定要特别关注。如果存在差异，尽量和相关家庭成员讨论。在某些情况下，重新进行 SRAS-R 量表评测是必需的。如果时间不充分或者无法进行实验性功能分析，那么就必须根据这一描述性过程安排治疗。然而，这样做必须特别谨慎。理想的情况是，应该通过进行实验性功能分析来确保功能性分析的有效性。

拒绝上学行为观察表

孩子姓名：________________ 日期：________________

观察所需物品：秒表、日志记录表

记录者指导：

家访前，先和孩子、父母讨论 0～10 的评定方法。详细讨论负面情绪（如，一般负面情绪，包括焦虑和抑郁）和不服从（如，拒绝服从父母的要求和命令）的大致内容，给每位助手复印一份日志记录表。

在上学日安排时间对家庭进行访问。确定孩子的起床时间（如早上 6：30），确保早 15 分钟到达。使用秒表记录他/她拒绝做上学的准备活动的时间。特别要记录下述事情花费的时间：

1. 拒绝在特定时间起床的言语和生理表现。

起床情境中的言语和生理反抗是指该情境中任何用来抵抗上学的言语、声音和身体的行为。这些行为包括（但不仅限于）：言语和生理的不服从、赖床、把自己锁在卧室里或者拒绝移动。

2. 拒绝穿衣、洗脸和吃饭的言语和生理表现。

这个情境中的言语和生理反抗是指该情境中任何用来抵抗上学的言语、声音和身体的行为。这些行为包括（但不仅限于）：言语和生理的不服从、黏人、尖叫、哭泣、乱扔东西、侵犯行为、把自己锁在房间里、逃跑或拒绝移动。

3. 拒绝上车时的言语和生理表现。

上车情境中的言语和生理反抗是指该情境中任何用来抵抗上学的言语、声音和身体的行为。这些行为包括（但不仅限于）：言语和生理的不服从、把自己锁在车里、尖叫、哭泣、侵犯行为、逃跑或拒绝移动。

4. 拒绝进入学校时的言语和生理表现。

这个情境中的言语和生理反抗是指该情境中任何用来抵抗上学的言语、声音和身体的行为。这些行为包括（但不仅限于）：言语和生理的不服从、黏人、尖叫、哭泣、侵犯行为、逃跑或拒绝移动。

5. 在 0～10 评分表上记录孩子的负面情绪评分和父母对孩子的负面情绪及不服从的评分（0＝没有，2＝轻微，4＝中度，6＝明显，8＝严重，10＝极度）：

a. 在早晨的准备活动中。

b. 直到进入学校教学楼（如果可行）。

联系学校考勤官记录上学日中任何时候孩子缺席的表现。完成记录单的所有其他部分。

行为观察记录单

参与者：＿＿＿＿＿＿＿＿

日期/时间：＿＿＿＿＿＿＿＿

1. 记录起床时言语/生理反抗总时间。

总时间：＿＿＿＿＿＿

2. 记录穿衣、洗脸和吃饭的言语/生理反抗总时间。

总时间：＿＿＿＿＿＿

3. 记录孩子在早晨准备活动中期的负面情绪自评分。

负面情绪评分：＿＿＿＿＿＿

4. 记录父母在早晨准备活动中期对孩子的负面情绪及不服从的评分。

负面情绪评分：＿＿＿＿＿＿

不服从评分：＿＿＿＿＿＿

5. 记录上车时言语/生理反抗总时间。

总时间：＿＿＿＿＿＿

6. 记录进入学校时言语/生理反抗总时间。

总时间：＿＿＿＿＿＿

7. 记录孩子进入学校后的负面情绪自评分（如果可行）。

负面情绪评分：＿＿＿＿＿＿

8. 记录父母在孩子进入学校后对孩子的负面情绪及不服从的评分（如果可行）。

负面情绪评分：＿＿＿＿＿＿

不服从评分：＿＿＿＿＿＿

9. 记录孩子缺席上学日的总时间。

总时间：＿＿＿＿＿＿

10. 记录孩子上学日的反抗和缺席的总时间。

总时间：＿＿＿＿＿＿

11. 记录起床和放学之间的总时间。

总时间：＿＿＿＿＿＿

12. 计算反抗/缺席时间与总时间（即起床和放学之间的总时间）的比例。

比例：＿＿＿＿＿＿

实验性功能分析

实验性功能分析的主要特征就是在不同环境下观察孩子和家庭的行为。例如，你可以假定孩子拒绝上学是为了获得父母的关注。在这一个案中，可以比较孩子在母亲陪伴，或你或他人陪伴的上学路上有哪些不同的行为表现。如果孩子的行为表现有显著差异（如，由母亲陪伴时上学没有问题，而由他人陪伴时总是发脾气），这样，你的假设可以得到支持。下面介绍一些在评估过程中常用的示例场景。

如果你初步判断孩子是因为避免引发负面情绪（如，恐惧、害怕、焦虑、抑郁、身体不适症状）的学校刺激而拒绝上学，可以比较孩子在一般环境和下述环境中的行为差异：

- 当特定环境不存在时上学（如，不用全天上学、没有体育课、无须和同伴一起吃午餐、不用去操场）。
- 去一个和学校类似的大楼（如，繁忙的办公大楼）。

如果你认为孩子是为了逃避令人苦恼的社交和/或评价情境而拒绝上学，可以比较孩子在一般环境和下述环境中的行为差异：

- 当特定环境不存在时上学（如，没有背诵任务、没有口头报告、没有运动会、没有社交）。
- 上学时不用和别人一起或只和少数几个人一起。

如果你认为孩子是为了引起其他重要之人的关注而拒绝上学，那么可以比较孩子在一般环境和下述环境中的行为差异：

- 有父母陪伴上学和去教室。
- 被允许随时和父母取得联系并被父母带走。

如果你认为孩子拒绝上学是为了获得实质性的利益，可以比较孩子在一般环境和下述环境中的行为差异：

- 如果上学，获得更多奖励。
- 如果不上学，课外活动被严格禁止或受到惩罚。

如果孩子的现状和在相比较的情境中有显著的差异，这表明孩子已经表现出了某种功能的拒绝上学行为。你应该密切监控的特殊行为包括：

- 逃避行为，如黏人、拒绝移动、逃跑和/或不服从命令。
- 生理表现，如胃疼、头疼、腹部疼痛、颤抖和恶心呕吐。
- 认知歪曲或关于学校的不舒服感的言语。
- 内在行为或外在行为的突然变化。
- 请求结束观察和回家。
- 家庭冲突增加，特别是随之而来的孩子社交活动减少。
- 父母行为的显著变化。
- 老师报告孩子学校行为的差异。

倘若进行正式的行为观察不可行，在办公室里仔细观察孩子的关键行为也可以帮助确认孩子拒绝上学的原因。例如，如果孩子在评估的过程中哭泣、退缩或表现被动，那么他/她可能是由于恐惧学校环境而拒绝上学。如果孩子跟诊所里的工作人员沟通时看上去很紧张，他/她很可能是为了逃避社交/评价情境而拒绝上学。如果孩子很难和父母分开，他/她总是拒绝单独和治疗师对话，那么他/她可能是为了获得父母的关注而不上学。最后，如果一个年龄稍大的孩子总是和父母发生争执、拒绝改变他/她的社交生活方式，那么他/她可能是为了获得校外的实质利益而拒绝上学的。当然，这些初步假设仍然需要其他正式的评估方法来验证。

安排规范治疗

完成描述性功能分析和实验性功能分析后，就可以为个案安排规范治疗方案。规范治疗方案是指基于障碍或问题的某一类型而安排的个性化治疗方案。对于拒绝上学行为而言，规范治疗方案是基于孩子这一行为的主要功能来安排的。

监控日常的拒绝上学行为

完成正式评估后，请继续监控孩子的拒绝上学行为和上学情况。这能帮助你评判家庭完成作业的服从性，增强家庭成员对治疗的认识，注意孩子的行为是否有积极或消极的变化。

特别值得说明的是，请要求你的来访者提供每天评测的日志（附于本章结束部分）。你可以复印日志发给来访者，也可以从本书的官方网站（www. oup. com/us/ttw）下载。同样，日志也可以在父母自助手册上获得。请要求孩子和父母分别填写本日志。这样做可以帮助你考察孩子和父母评测的差异，也能再次给孩子传达这样的信息：他/她提供的信息和父母提供的信息同样重要。此外，告诉父母不要影响孩子的评测，即使孩子看起来对此并不认真或评测的结果和父母的差异很大；并且要求父母每天都提醒孩子完成评测表格。告诉孩子如果对评测有任何疑问，可以立即联系你获得帮助。

评测是在0～10的范围内进行的，0代表没有，10代表极度。评测是针对孩子的焦虑（紧张、不安）、抑郁（悲伤、不快乐）和痛苦（一般恐惧感或失落感）进行的。另外，父母还对孩子的不服从（不服从父母命令）和破坏日常家庭功能的行为进行评测。父母还需要列举孩子的行为问题和记录孩子不上学的时间。如果孩子或父母发现有其他重要的事件，也可以写在日志的最前面或最后面。

简单地指导来访者填写日志。你可以给他们展示一个样本日志用以告诉他们如何填写。此外，要求父母和孩子在晚上完成日志。在来访者离开之前，询问他们是否有问题，如果有请及时给予解答。嘱咐家庭成员在记录中碰到任何问题都可以联系你，同时要求他们下次务必带来完成的日志。一般来讲，咨询会谈应该在随后的5～7天内开始，如果孩子情况比较糟糕，咨询会谈可以更早开始。

联系学校工作人员

在征得父母同意后，你可以和学校工作人员联系以获得更多的信息。能给予帮助的学校工作人员包括教师（包括科任教师，如体育教师）、学校心理师、指导顾问、校长、主任、学校考勤官、护士、图书管理员或其他工作人员。在治疗过程中你可以经常和他们保持联系。可以从他们那里获得的重要补充信息包括：

- 课程时间表、成绩、作业和要求完成的补充作业。
- 学校老师和同学对孩子的看法和态度。
- 让孩子重新回到学校的时机和程序。
- 孩子重新回到学校的潜在阻碍。
- 对孩子拒绝上学行为的确认。
- 孩子在校的一般社交行为或其他行为。
- 学校的大致情况，如储物柜、咖啡厅、图书馆和其他设施的位置。
- 治疗程序有效性的反馈。
- 学校纪律程序和孩子联系父母的程序。
- 适用的或个性化的教育计划。
- 关于缺课、操行或离开学校区域的规则。
- 选修课。
- 学校以前或目前给予父母的关于处理孩子拒绝上学行为的建议（如家教、药物治疗、强制上学）。

许多父母、孩子和学校之间已经发生了很多摩擦，他们可能不愿意你和学校工作人员合作。然而，和学校工作人员合作对于治疗孩子的拒绝上学行为往往很关键。举个例子来说，学校工作人员能协助治疗师促使孩子重新回到学校并让他/她愿意待在学校。如果碰到父母和学校冲突的情况，尽量说服父母允许你作为他们的调解者。在任何情况下，在治疗过程中应尽量和学校相关人员建立紧密的工作关系。

联系医疗专家

征得父母同意后，尽可能地和家庭医生取得联系以获得其他有用的信息。如果孩子有身体不适症状或其他健康问题影响了上学，那么你应该经常和孩子的医生联系，询问相关情况。这样的咨询可以帮助你确认孩子的生理症状是真实的、焦虑引发的，抑或是夸大的、只是孩子吸引他人注意力的行为。如果孩子有一些更严重或复杂的生理问题，那么咨询一些医疗专家如肠胃专家也是必需的。对于任何拒绝上学的孩子而言，在使用本书提供的治疗方案之前必须排除基本的生理疾病的影响。

对于某些孩子来说，可能你还需要咨询儿童精神医学专家。这些孩子可能有严重的焦虑症状，有注意力缺陷和多动障碍（ADHD）的共病表现，或有比较复杂的临床症状表现。在某些情况中，药物治疗可能会促进本治疗程序的推进，因为它们能降低孩子的焦虑感从而使他/她能更好地完成行为暴露。或者如果孩子有注意力缺陷和多动障碍，药物治疗能帮助孩子更集中精力完成治疗程序。

评估和确定治疗方案的示例

下面简单描述一个示例。这是一个 9 岁的男孩，他在过去三个月内有间断性不上学表现。基本的行为问题包括哭泣、黏人、央求父母允许他不上学、从教室逃跑。随着时间的推移，这些不上学行为问题逐渐严重起来，他已经有四个星期没上学了。他的父母带他来寻求治疗，他们不敢强制他上学。不上学的时候，孩子在家和妈妈一起玩游戏、看电视，或者在附近骑自行车。

使用 SRAS-R 量表和上述的程序进行了描述性功能分析，孩子、母亲和父亲使用 SRAS-R 量表获得的不同功能的项目平均分分别为 1.50、2.00、5.00 和 5.17。这一结果表明孩子拒绝上学是为了获得他人的关注并且获得实质利益（第三和第四功能）。

实验性功能分析支持了初步假设。如果孩子知道妈妈坐在学校办公室，他随时都可以接触妈妈时，他愿意上学；而如果是治疗师坐在学校办公室，孩子就不愿意上学。此外，如果孩子不被允许继续他每天的游戏，他就会发脾气。根据上述情况，我们安排了规范治疗方案。治疗方案包括父母在突发性事件管理方面的训练、孩子和父母制订协议等方法。

孩子日志

你的姓名：____________________

请你每天在以下项目上打分。0＝没有，2＝轻微，4＝中度，6＝明显，8＝严重，10＝极度（对于年龄较小的孩子：0＝一点也不，2～3＝有一点，5＝一些，7～8＝较多，10＝非常多）。

日期	焦虑	抑郁	痛苦
______	______	______	______
______	______	______	______
______	______	______	______
______	______	______	______
______	______	______	______
______	______	______	______
______	______	______	______
______	______	______	______
______	______	______	______

请列举上次会谈后你在家或学校表现出的任何问题：

____
____
____
____
____
____
____
____
____
____
____

家长日志

您的孩子的姓名：________________

请您每天给孩子的行为打分。0＝没有，2＝轻微，4＝中度，6＝明显，8＝严重，10＝极度。

日期	焦虑	抑郁	痛苦	不服从	破坏
____	____	____	____	____	____
____	____	____	____	____	____
____	____	____	____	____	____
____	____	____	____	____	____
____	____	____	____	____	____
____	____	____	____	____	____
____	____	____	____	____	____
____	____	____	____	____	____
____	____	____	____	____	____
____	____	____	____	____	____

请列举上次会谈后孩子在家或学校表现出的任何具体问题：

请列出自从上次会谈以来，孩子缺课的时间：

第三章

咨询会谈和治疗会谈的一般程序

本章总体概括了我们推荐的治疗程序，特别为家庭提供了总结评估结果的建议和治疗方案建议。本章还探讨了每个治疗阶段需要注意的一般问题。

咨询会谈

讨论上周情况

每次咨询会谈时都应该和孩子及父母分开进行交谈，先从孩子开始。告知每个家庭成员咨询师会注意保密，如果必要，告诉他们保密的有限性，之后，先从过去几天的情况谈起。你可能希望从孩子或父母那里获得一些反馈，了解孩子的情况是否发生了变化，因为孩子的拒绝上学行为情境可能已经发生了变化，并且经常会发生巨大的变化。例如，你可以了解到一些情况：缺课的时间、孩子行为的突然变化、父母对孩子行为的反应、负面情绪水平、学校和家庭活动情况以及家庭成员之间的互动等等。

如果孩子的拒绝上学行为或家庭情况发生了很大变化，那么你可以重新进行一些评估工作（如，访谈、问卷、观察等，即在第二章提到的相关工作）。事实上，如果你对其中一个家庭成员进行再访谈，那么就可以让另一个来完成 SRAS-R，以便于你了解孩子的拒绝上学行为的原因是否有所变化。一个常见的变化就是孩子之前的拒绝上学行为本来是单一原因，而现在变成了多个原因。出现这种情况的原因可能是父母允许孩子待在家里不上学，他们能获得更多的关注和一些实质性利益。倘若在评估到咨询会谈间孩子的拒绝上学行为发生了重大变化，那么原来确定的治疗方案则可能不再适用而需要根据实际情况进行修改。如果情况变化不大，你可以继续按下面的步骤推进你的治疗程序。

讨论日志

和家庭成员讨论日志是一个重要的工作，原因有二。第一，日志能很好地显现家庭参与治疗的动机水平。如果家庭成员忘记填写日志，或记得马虎潦草、不完整，我们就可以知道他们对改变这种行为没有太多的兴趣或愿望。如果真是这样，你应该和家庭成员一起来回顾完成日志的程序，并确认他们完成这一任务没有问题。之后，再和他们讨论动机和服从的问题。对于摇摆不定、不遵守治疗程序和约定的来访者而言，直接的、指导性的方法是比较有效的。最后，注意澄清家庭成员在日志上记录的内容和他们表达的内容之间的矛盾之处。

第二，讨论日志对评估第二章所列的变量的发展趋势和推进治疗是很重要的。从日志上，我们可以直接看出孩子的焦虑、抑郁、痛苦、不服从命令及破坏家庭日常功能的变化趋势。例如，拒绝上学的孩子在星期日和星期一晚上的焦虑水平可能特别高，因为这个时候是新的一周的开始。这就提示你治疗需要在某些时间点集中进行。

有时，你也可能要细致地确认孩子行为进步的真实性。有些孩子可能会伪造分数来立即结束治疗（“看到了吗？我好了！”），这样他/她可以维持现状。因此，你应该认真比较孩子和父母的评测，并详细了解孩子的上学情况。当然，也有可能孩子能自动修正自己的拒绝上学行为，这样的孩子占到拒绝上学的孩子的三分之一。

拒绝上学行为的突然恶化也是需要密切关注的，也许这些孩子需要提前安排治疗。例如，如果家庭正经历某种危机，那么治疗就应该更密集、更及时。在有些情况下，这种评测表现的情况恶化可能反映了某一家庭成员对治疗的担心。由于孩子认为父母正对他们的不上学行为采取铁腕措施进行控制，所以焦虑水平往往上升，这些都表现在日志中。最后，日志中手写的意见也是不容忽视的，你应该对之进行深入探究，因为他们写下来的事件通常都非常重要，这些意见往往描述了家庭的冲突，特别是恼人的拒绝上学行为以及家庭成员对这一行为的感受。

讨论评估结果

讨论完日志后，你可以分别和孩子、父母讨论评估结果。如果可行的话，下述各方面的情况是需要进行讨论的：

- 访谈信息和诊断信息。
- 问卷及正式评测信息，包括量表与子量表所传达的特殊方面的情况。
- 行为观察信息。
- 关于拒绝上学行为功能的信息。
- 孩子和父母报告之间的矛盾。
- 教师或学校相关人员的报告。
- 从学校获得的其他信息，包括学业状况。
- 从不同途径获得的其他信息，如医疗信息。
- 其他你认为和拒绝上学行为相关的信息，包括危机事件情况、家庭成员情况、个体期望、生活史、环境、人际关系和目前应激源及应对资源等信息。

当你向家庭成员描述完评估获得的信息后，首先要总结不同人（如孩子、父母、老师、学校咨询师及精神科医生）对孩子拒绝上学行为的不同观点，重点关注并总结那些最能帮助理解孩子问题的信息和观点。然后，将这些信息和观点结合其他途径如访谈、问卷、观察等获得的信息综合进行分析。最后，提出你对孩子拒绝上学行为的总体看法，并回答第二章提出的三个问题。在这一过程中，你尤其要向家长描述清楚下面三个方面的情况：你认为孩子拒绝上学行为的最主要原因是什么，促使孩子拒绝上学行为存在的维持因素是什么，你对治疗目标、预期情况及治疗时间的设想是怎样的。

在这一过程中，千万要注意对孩子及家庭不能流露出任何责备的态度，而应该向他们强调拒绝上学行为有着多方面的本质。有时，家长会询问拒绝上学行为的病因学情况，可能试图对孩子的行为加以指责。然而，深入地讨论病因学是很困难的，也不会有什么结果。当然，如果孩子拒绝上学行为的原因非常清晰（如源于学校欺侮行为），并且和治疗关系非常大，那么这样的病因是可以传达的。如果病因非常不清晰（这种情况很常见），那么过度讨论病因学情况可能会潜在地阻碍治疗，此时，你可以鼓励家长跳过病因来看问题，让他们更关注如何应对目前拒绝上学行为的维持因素。

在你和来访者沟通上述方面的情况时，注意收集来访者的反馈，也许他们有和你不一样的看法。请记住：很多来访者可能很难和你讨论一些有关孩子拒绝上学行为的个人问题，或者他们很难接受这样的事实，即要想治疗孩子的拒绝上学行为，必须先改变他们自身的行为。另外，因为你将会和来访者讨论大量的情况，所以应不时地询问他们是否还有其他问题。如果来访者对你提供的信息不太认同或需要增加一些信息，这个时候你应该在提出的治疗方案中保持足够的灵活性。

提供治疗基本原理

完成评估结果讨论后，你就可以为来访者提供治疗基本原理了。一般来讲，这一工作你可以最早开始，如遇特殊情况，也可以放到后面。下面是给孩子提供的一般治疗原理，当然，语言必须符合孩子的认知发展水平，也要特别适合你的来访者。下面的治疗基本原理适合于为了逃避引发负面情绪的学校刺激或社交/评价情境而拒绝上学的孩子：

> 我们刚才已经讨论过，有时，你上学会遇到一些麻烦。到现在为止，你为减少负面情绪而采取的行动就是不上学。可能你已经发现，不上学这种方式在短时期内的确可以让你无需再面对学校的麻烦，但是，从长远来看，这种方式只是让你的问题变得更糟糕。此外，你也可能已经意识到你现在已经不再喜欢学校。事实上，这样的想法和情绪很可能导致你持续地回避学校。
>
> 在过去的生活中，你已经学到一些应对学校情境中负

面情绪的方法。现在我要教给你的是一些不同的方法，希望你能够在遇到问题时不再是不去上学，而是有些其他的应对技巧。你需要练习如何来面对负面情绪和应对困难情境。首先，你也许会发现我要你做的事会让你感觉到有比以前更强烈的负面情绪。事实上，的确如此，如果你仍然感觉和以前一样我都会很惊奇。然而，为了帮助你取得进步，你必须经历这些负面情绪，让你自己首先处于困难之中。你越是按照我们的方法推进治疗，你就能越快取得进步。

本书也提供了给家庭成员，尤其是父母的治疗原理样本。同样，语言也必须符合每个家庭成员的认知发展水平及来访者的具体情况。下面的治疗原理样本适合为了获得关注和实质利益而拒绝上学的孩子的父母：

我们刚才已经讨论过，孩子上学有时候会遇到一些麻烦。到现在为止，家庭为减少孩子的不上学行为所采取的行动有：家庭冲突、为该怎么做感到迷惑，或者忽视、放弃。大家可能都已经发现，在短时期内忽视或放弃可能会让家庭变得平静，但是从长远来看，它只会让情况变得更糟糕。此外，你们也可能注意到家庭成员正在以一种你们都很讨厌的方式相处。事实上，这种冲突很可能会导致孩子持续的拒绝上学行为。

在过去的生活中，你们已经学到一些应对孩子不服从或学校情境中的其他问题的方法。现在我要教给你们的是一种不同的应对方法，希望你们能有一些其他的技巧去应对问题，而不只是争吵和迷惑。（××先生和太太，）你们需要练习如何面对孩子的消极行为、如何应对困难情境。此外，家庭还需要练习特定的解决问题的技巧。首先，你们可能会意识到我要求你们做的事情会给你们带来更强烈的负面情绪。事实上，的确如此，如果你们仍然感觉和以前一样我都会很惊讶。然而，为了使家庭取得进步，每个人都必须十分努力地应对困难情境。你们越是按照我们的方法推进治疗，你们就能越快取得进步。

还有一些针对特定功能的拒绝上学行为的治疗原理，我们也列举如下。如果孩子是为了避免引发负面情绪的学校刺激而拒绝上学，在治疗原理中说明心理教育、身体控制练习、逐步暴露于学校环境以及自我强化等能够帮助孩子：

- 减少不愉快的生理症状。
- 学会应对不适情境的方法。
- 更容易重返校园。

如果孩子拒绝上学是为了逃避令人苦恼的社交和/或评价情境，在治疗原理中说明心理教育、角色扮演、现场暴露练习和认知重建能帮助孩子：

- 形成从他人处请求积极反馈的社交技巧。
- 降低干扰上学的社交焦虑。
- 改变阻碍上学的负面思维模式。

如果孩子拒绝上学是为了获得他人关注，在治疗原理中说明父母突发性事件管理训练能帮助：

- 教会父母应对孩子不服从命令的方法。
- 转变父母的注意力，使之朝向积极行为，如上学。
- 促进父母对发生在家里的事件能更好地掌控。

如果孩子拒绝上学是为了追求实质利益，在治疗原理中说明家庭突发性事件协议能提供帮助：

- 提供解决问题的方法，减少家庭冲突。
- 增加对上学行为的奖励。
- 减少对不上学行为的奖励。

如果孩子的拒绝上学行为是由上述两种或三种功能导致的，那么我们需要确定两种或更多的治疗方法，并告知额外的治疗基本原理。如果恰当的话，也许还可以增加一些其他的治疗成分，本书介绍了其中的一部分。此外，家庭成员应该用他们自己的话解释治疗原理以确认他们已经理解。当然，让家庭成员对治疗过程提出问题，征得他们对治疗的同意也是必需的。

治疗前考虑

除了讨论拒绝上学行为的表现、功能原因、治疗方法及治疗原理外，我们还需要关注治疗成功的一些调节因素。调节因素是指一些影响治疗结果的个体因素，有时是消极的。例如，前面提到过的动机水平就是一个关键的治疗调节因素。对于孩子来说，其他一些重要的治疗调节因素包括：

- 气质/性格（如，敌对性、敏感性、改变的动机或反应、内向或外向）。
- 自尊、自我效能感和自律水平（如，延迟满足的意愿、坚持治疗）。
- 社交状况（如，受欢迎的、被忽视的、被拒绝的）及与学校同伴之间的种族融洽程度。
- 认知和学业水平（如，语言表达能力、智力水平、学习成绩）。
- 身体状况（如，肥胖、高、爱运动）。
- 共病问题或障碍（如，注意力缺陷和多动障碍、攻击行为、学习障碍、逃学）。
- 出生顺序和同胞状况。
- 创伤性生活事件。
- 对治疗和治疗师的态度（如，讨论的意愿）。
- 在治疗期间破坏治疗程序的意愿（如，拒绝完成家庭作业、增加隐蔽性拒绝上学行为）。

对于家长或家庭成员而言，重要的治疗调节因素包括：

- 家庭教养风格及家长和孩子的关系（如，权威型、独裁型、纵容型、紊乱型）。
- 单亲或双亲家庭。
- 婚姻冲突或家庭冲突状况。
- 家庭互动状况（如，纠缠、矛盾、孤立、分离）。
- 家长精神疾病状况（尤其是焦虑、抑郁和物质相关的障碍）。
- 家庭经济状况和时间资源。
- 对治疗计划的乐观或悲观期望和水平（包括接受治疗计划的程度）。
- 家庭成员沟通和解决问题技巧的水平。
- 文化因素（如，文化程度、语言差异、种族认同、对治疗师的不信任）。

- 在会谈期间妨害治疗程序（如，故意让孩子维持在家看护弟妹的角色）。

其他可能影响治疗的因素包括：

- 学校有关工作人员的合作程度、其他学校因素。
- 学校有关工作人员坚持说服家庭成员实施更快的治疗（如，强制孩子上学、药物治疗），或者不是按照治疗要求指定的方法进行治疗。
- 来访者由家庭推荐或是由其他机构如法庭推荐。
- 治疗师时间和资源的限制（如，不能每天和家庭取得联系或定期跟家庭会面）。
- 学校受害者。

上述最后一条“学校受害者”是指：孩子们觉得他们如果上学就会成为学校的受害者。例如，许多孩子成为偷窃、财产损坏、威胁和/或肉体伤害的受害者。另外一些孩子则要面对不喜欢的老师或不公平的规则。此外，美国学校还存在学校暴力和枪击事件。这些情况都会以不同方式引发或影响拒绝上学行为。例如，一个孩子担心在学校受到伤害或担心学校的危险情境，他/她就可能拒绝上学。孩子也可能夸大学校危险来胁迫父母允许他们不上学。最后，学校的危险程度可能会导致父母将孩子领回家，而无论孩子是否觉得受到了威胁。

如果校园伤害或其他治疗前的顾虑因素持续存在，那么你应该建议来访者对治疗计划做些改变。例如，如果来访者的确面临校园伤害，那么你应该调查学校情况是否有所改变或是否采取了其他干预措施。如果学校相关人员不愿协助促使孩子重新回到校园，那么父母可能需要承担更多的治疗责任。如果是单亲家庭的孩子，父亲或母亲由于工作忙而没法进行父母训练程序，一定要联系其他可能起作用的人（如朋友、邻居、前配偶）。在治疗过程中，请尽量保持灵活，当环境发生变化时，切记根据来访者的情况对治疗程序作出适当的调整。另外，有些来访者有时会特别严格地依照父母自助手册来推进治疗，此时，你应该鼓励他们灵活一点。

上述这些是最常见、最重要的治疗调节因素。针对每个来访者，你还需要考虑那些独特的调节因素。如果你的来访者存在这种重要的调节因素，一定要把你的考虑告诉他们，立即解决这些问题，同时，还要根据来访者情况改变或拓宽治疗程序。

其他考虑

应对麻烦的来访者

众所周知，临床实践中常常会有很多来访者难以应对。这种情况在拒绝上学行为人群中绝不例外，甚至问题更多，因为在治疗过程中“危机”气氛常常出现。我们发现大家可能会遇到的最难处理的问题有：（1）缺乏改变目前状态的动机（尤其是孩子缺乏动机），（2）拒绝和治疗师互动，（3）不完成作业和日志。

当然，你可以依据自己的治疗风格来解决不同来访者的问题。但是，我们强烈建议你在治疗周内保持和家庭成员的频繁联系。在一些更麻烦的情况中，你可以每天和家庭成员联系，以此来提升咨访关系，确保他们愿意参与治疗，进行评定，并建立信心和提升治疗动机。有时，简化治疗方案也是必要的。总之，如果能建立家庭和治疗师之间的紧密联系，家庭成员会更愿意付出努力解决问题。

安排治疗会谈

为来访者家庭提供一个大致的治疗时间表。本书设计的治疗过程包括 8 次会谈，大约 4 周或 8 周时间，你需要向来访家庭解释这只是一个平均治疗时间，有些人需要的时间可能稍短，有些人则更长。如果可能，每周安排两次会谈，至少每周一次。当然，治疗时间的长短依赖于很多因素，包括上面提到的调节因素。和家庭成员充分地讨论这些因素，适当地调整预期的治疗时间。

此时，如果能和家庭讨论他们的每周时间安排是很好的，这样你们可以安排比较规律的治疗会谈。请记住，很多来访者可能要求将治疗会谈安排在下午比较晚的时间段或晚上，尤其是在治疗的后面阶段，孩子的情况好转时，他们白天在上学。将会谈安排在周末也可以考虑，但是如果安排在工作日，可以帮助我们更好地了解孩子在经历有压力的一天后的状况。因此，如果治疗会谈安排在工作日，有些问题可以及时得到解决。

同时，你还需要和来访者讨论，如果他们缺席治疗会谈或者由于其他事情（如，保险公司的事情、家长的工作）耽误了治疗会谈，他们该怎么办。由于拒绝上学行为的成功治疗常常依赖于紧凑的治疗过程，缺席会谈破坏性很大。所以尽量保持规律的治疗会谈安排，如果有缺席，尽可能地补上。

有关治疗会谈和时间的说明

治疗会谈可能超过常规的50分钟，而且这种可能性很大。尽管本书介绍的单次会谈的内容能在50分钟内完成，但是其他的事情很可能会占用或延长会谈时间。可能导致会谈时间延长的情况包括：家庭成员关心的问题、对治疗的疑问、危机事件、治疗依从问题、治疗计划扩展到相关领域的问题等。

在治疗会谈过程中或会谈之间，治疗师对待这类人比其他的人需要更多的灵活性和更频繁的联系。如果你的来访者在一天的不同时间联系你，请不要觉得奇怪，尤其是在早上，家庭准备上班或上学的时间段里。在上学路上他们用手机打电话给你的情况也不会鲜见。因此，你要在开始治疗的时候向他们说明在不同情况下跟你保持联系的规则。

最后，要对“停车场”治疗做好准备。如果孩子拒绝进入治疗室，你就可能被要求到他们的车里进行治疗，这种情况会经常发生。遇到这种情况，应该让孩子表达负面情绪，并提供支持。温柔地劝阻，并告诉他/她今天要讨论的话题可能会有帮助。然而，提供给孩子某种东西，让他/她进入治疗室的方法并不可取，这样其实奖励了孩子的不当行为。如果孩子一直拒绝进入治疗室，让他/她待在车里也比较安全，那么你可以单独和父母进行会谈。这种方式有时能使孩子回到治疗室，因为他们可能觉得无聊，担心父母会提供一面之词，或者焦虑感降低了，或者突然有所改变。

两次会谈间的工作

临近咨询会谈的尾声，应提醒家庭注意：如果要对拒绝上学行为进行治疗，他们需要在治疗会谈之间付出很大的努力。这些努力包括：完成日志、练习治疗技巧、带孩子上学、遵照指示改变家长行为、遵循书面协议。请向来访者强调，成功的治疗和他们付出的努力有很大的关联。这是一个必须在治疗过程中不断向来访者提示的信息。此外，请注意保持和学校有关人员的联系。

安排第一次治疗会谈

在一些紧急的案例中，第一次治疗会谈必须在完成咨询会谈后征得同意立即进行。另外，第一次和第二次治疗会谈一般被安排在同一个星期之内（如周一和周四），它们都在咨询会谈后一个星期之内完成。在不太紧急的案例中，尤其是那些规律上学的孩子或时间并不是关键因素的情况中，第一次治疗会谈可以安排在几天之后。然而，在任何拒绝上学行为的治疗中，治疗都需要尽快开始。

回顾上周情况和反馈

在每次治疗会谈的开始，先和家庭成员讨论过去一周发生的事情。特别要做的是，对家庭情况的变化或孩子拒绝上学行为的变化进行评估，当然还可以评估任何你觉得重要的情况。利用这一时间引出家庭成员可能关注的任何问题或疑问。另外，检查作业完成的情况。如果作业完成情况不好，立即和他们讨论原因。鼓励家庭成员关注孩子的成功，也需要看到他/她的困难。

有时，你也需要对孩子和父母在过去一周的表现给予反馈，仔细聆听他们的话，并及时纠正一些出现的问题。询问是否有人不同意治疗程序，如果有，要和他们一起努力将阻碍移除。

讨论日志

在每次治疗会谈开始时，还需要和孩子、父母回顾他们的日志。讨论过程中，特别要注意评测结果的突然变化、评测的模式、孩子和父母评测之间的差异、笔记或遗漏的评测等情况。这些信息非常重要，它们可以帮助你追踪治疗进展，了解家庭的治疗动机水平，从而根据治疗的实际情况采取最好的行动。如果孩子和父母在填写日志时有困难，应立即解决这一问题。

特定治疗会谈的要点

第一次治疗会谈

在第一次治疗会谈中，应鼓励家庭尽可能地坚持按上学的情况安排作息。这一作息包括：早起、像平常上学那样穿衣服和准备上学、完成家庭作业。如果孩子已经有一段时间不上学了，他/她可能失去了原有的规律作息，每天起床很晚，穿衣服很缓慢，或者像是节假日或周末那样。此时，你应该向孩子和父母强调：恢复原有的规律作息能促进治疗取得进步。你还要提醒孩子治疗计划的目的是帮助他/她回到学校并享受在学校的快乐。即使本周还没有要求孩子上学，也一定要求孩子像平常一样早起并为上学做好充分准备。

和孩子、父母一起回忆原来孩子上学时早晨的作息惯例，比较现在和过去的不同。如果孩子被允许待在家里不上学，他/她可能会睡懒觉，在家穿着睡衣，懒洋洋地挪到厨房吃些东西。晚上，他也可能睡得很晚。如果有必要，还要针对不同情况的孩子，如为了获得关注的孩子（见第六章）或为了获得实质利益的孩子（见第七章），推荐应对方法。这些方法包括教父母奖励孩子的准备上学行为或教父母和孩子签订协议，如果孩子遵守约定的作息，他们可以获得一些权利或奖励。

第二次治疗会谈

在每一个治疗方案中，第二次治疗会谈总是内容最充实的一次，原因有几个。第一，到此时为止，你应该对家庭的治疗动机有比较充分的把握。例如，如果他们前来进行第二次咨询，并且完成了第一次布置的家庭作业，也完成了日志，那么你可以大致估计他们的治疗动机比较强，因而预期也会比较好。第二，你对孩子拒绝上学行为发展趋势的了解也应该比以前更清楚。这种发展趋势可以从日志中了解，这可以帮助你决定治疗推进的速度。最后，此时，你与来访家庭之间的咨访关系也应该达到了比较良好的状态。这样你可以给他们介绍即将进行的比较重要的治疗程序。

随着家庭成员对规范的治疗程序的熟悉，你可能会发现，他们会有很多“改善”治疗方案的主意。有时，这些主意是建设性的，你可以将它们整合到治疗方案中来。例如，父母有时会提出一些极具创意的方法来促进和真正提升对自己孩子的拒绝上学行为的治疗效果。然而，也有一些父母提出的方法并不合理，例如，有些家庭希望保护孩子不受那些会引发焦虑的情境的干扰，他们就建议孩子采取一些回避的行为。然而，回避可能会和本指南提供的暴露程序发生冲突。在这种情况下，你需要根据自己的临床判断做出选择，也要考虑来访者的权利。当然，你和来访家庭都必须明白，为了成功地治疗拒绝上学行为，一些新的解决问题的技巧是完全必要的。总之，我们并不推荐你在治疗过程中严重偏离我们提供的治疗程序而采取一些其他的方法。

第三次和第四次治疗会谈

当治疗进行到第三次和第四次会谈的时候，由于你已经比较熟悉来访家庭及他们的问题，治疗过程也应该开始变得比较成熟了。此外，家庭的治疗动机在此时也会变得更为明显，理所当然，动机也就决定了治疗的范围、速度和方向。同样，此时你仍然要保持和学校有关人员的良好关系，这种关系能帮助孩子更好地回归学校环境。

第三次和第四次会谈常常是整个治疗过程中最“吃力”的时期。在这两次会谈的过程中，孩子可能会开始上学，情况有所好转或者出现其他的结果。因此，如果会谈时间变长，你不要觉得奇怪，有时候会谈可能会需要超过一小时，因为你需要倾听家庭成员的问题，实施治疗程序，如果必要还应调整治疗来适应你的来访者，布置作业以及解决相关问题等。在治疗过程中，你还应该持续为家庭提供支持和反馈，并鼓励他们完成家庭作业。这一阶段放弃治疗的危险也很高，因为家庭成员面临着很艰难的选择，他们必须更加努力才能解决问题。特别要注意的是，有些家庭成员在此时可能开始有些停滞不前，或者他们只是更多地指责而不是改变。因此，如果你能采取一些措施改变他们的这种停滞不前或指责的状态，治疗效果将会大幅提升。你可以采取的措施包括：提供支持、允许家庭成员发泄负面情绪、鼓励他们重新集中于治疗程序。

第五次和第六次治疗会谈

在第五次和第六次治疗会谈中，规范的治疗方案应该更加集中于拒绝上学行为。尽管在适当的时候也应该对一些次要问题进行讨论，但是主要的治疗时间应该用来处理孩子的拒绝上学行为。第五次和第六次会谈描述的治疗程序只有在治疗情况推进得比较好的时候才可以进行。如果孩子已经开始更为规律地上学，那么此时你可以进行第五次和第六次会谈的治疗内容。然而，如果孩子和家庭仍然需要在早期的治疗程序上花费很大力气，那么你应该花更多的时间帮他们把前面的治疗工作做得更扎实。在一些顽固的拒绝上学行为案例中，“返回去”纠正新出现的问题、一直都存在的问题或复发的问题都是必要的。请记住：本书提供的治疗程序是需要灵活把握的，你应该根据来访者的情况适时调整。正如前面提到的，有些来访者可能需要多一些时间，有些则可能会少一些，因此，不必过于拘泥治疗会谈时间的安排。

第七次和第八次治疗会谈

到第七次和第八次治疗会谈的时候，孩子的拒绝上学行为应该已经基本治愈。因此，第七次和第八次会谈应该重点解决尚未处理好的问题、促使孩子全天都上学、扩展解决其他相关问题、设定长期的随访程序、准备结束治疗和/或获得治疗后信息。如果治疗需要更长时间以至于超过八次会谈，那么可以依照本书介绍的技巧和规则安排另外的会谈。那些有比较严重的拒绝上学行为、治疗效果持续减退或轻微复发、有共病问题或家庭功能失调的案例可能更需要扩展治疗会谈。

拒绝上学行为治疗成功有时被定义为孩子至少两周全天上学和/或日常压力明显降低（压力降低超过75%）。当然，每个孩子都是不同的，所以你对治疗成功的定义也应该不同。在有些案例中，要求至少几周甚至是几个月全天上学都是有必要的，这样才能认为是治疗成功。另外，在某些案例中，即使是很小的痛苦都可能引起问题复发。因此，有时候确认治疗成功也需要彻底消除孩子对学校的焦虑感。然而，在其他一些案例中，尤其是长期的拒绝上学行为的案例中，即使是部分时间上学也可认为是治疗成功。

逐步减少治疗会谈

治疗的后期会谈也许会单独安排，这样可以给孩子时间来测试新技能，还可以处理那些对学校不太明显的焦虑。这一时期仍然要适当给予家庭作业，家庭作业的完成情况能反映出治疗会谈的成功与否。会谈可以每两周安排一次或者每月安排一次直到学期结束。这种逐渐减少的会谈能让你以一种有结构、支持性的方式结束治疗关系。尽管你会和孩子一起努力直到最终结束治疗，但是孩子也应该系统地结束治疗，也就是说，他/她应该和治疗师主动说再见，并且讨论他/她将来的计划。

完成治疗

治疗应该在什么时候结束？这一问题可以在你和来访者深入讨论后做出最好的回答。有些父母可能更喜欢孩子一回到学校就马上结束治疗，但是我们强烈反对这种做法。在许多案例中，残留的问题仍然存在，或者孩子可能会在数周以后拒绝上学来“考验”他们的父母。值得父母考虑的一个类似经验是服用抗生素后的反应。这种药常常需要服用十天作为一个疗程，而症状可能早就消失了。如果一个人在症状消失后马上停药，那么很可能会因为治疗不彻底而复发。同样，你和你的来访者也需要进行比较彻底的治疗才能结束。这就包括逐渐减少会谈和预防问题复发。第八章介绍了治疗师可以采取的特殊方法，这些方法可以确保孩子继续保持治疗状态，避免疗效减退和问题复发。

在另外一些案例中，除了拒绝上学行为外，家庭可能还有其他困扰的问题。因此，即使孩子已经回到学校，对这些问题的治疗仍然需要持续。这类案例中，常见的其他问题包括：一般家庭冲突、焦虑、抑郁、动机不足、犯罪行为和违抗行为、学习障碍和多动等。在这些复杂的案例中，延长治疗往往是必要的，这样可以确保孩子不再发生拒绝上学行为，同时也可以解决共病问题。

阅读指导

本指南第四章到第七章讨论了针对不同的拒绝上学行为的治疗方法。如果你的来访者仅仅因为回避学校中引发负面情绪的刺激而拒绝上学，你可以阅读第四章。如果你的来访者仅仅为了逃避令人苦恼的社交和/或评价情境而拒绝上学，你可以阅读第五章。如果你的来访者仅仅为了获得他人关注而拒绝上学，你可以阅读第六章。如果你的来访者仅仅为了获得校外实质利益而拒绝上学，你可以阅读第七章。如果你的来访者由于多个原因拒绝上学，你可以阅读所有与之相关的章节。

值得注意的是，本指南提供的材料可能适合于不同原因的拒绝上学行为，例如，护送孩子上学和忽视孩子反复寻求确认的行为。因此，你应该阅读本书的全部章节，也许你会发现某些特别适合你的来访者的方法。你也可以推荐家庭阅读全部内容，但是提醒他们在使用新方法之前一定要跟你进行讨论。

当你使用本指南来帮助不同的来访者时，请在每次会谈（如，第一次会谈）前再仔细阅读一遍，熟悉本部分的主要内容，并列出需要在会谈中完成的要点。同时，在此过程中你还需要考虑家庭的情况和其他因素的影响。只有这样，你才能更充分、更有效率、更有效果地运用书中的治疗技巧。

第四章
孩子为了逃避引发负面情绪的学校相关刺激而拒绝上学

（对应父母自助手册第四章）

第一次会谈 开始治疗

治疗所需材料

- 焦虑模型
- 焦虑和回避等级表
- 情绪温度计
- 放松和深呼吸脚本
- 放松日志
- 空白磁带

会谈提纲

- 教会孩子识别焦虑
- 和孩子一起建立焦虑和回避等级表
- 教会孩子进行放松训练和深呼吸

拒绝上学行为的产生往往来源于孩子回避那些会引发恐惧、

焦虑、惊恐或抑郁症状的特定学校刺激。对于这样的孩子而言，治疗的主要目的就是改变逃避行为，重建应对方式和促使他们主动上学。对这种情况可采用的治疗方法包括：

- 建立刺激物的焦虑和回避等级表。
- 教授身体控制技巧以降低负面情绪。
- 逐步对焦虑和回避等级表中的刺激进行系统的暴露治疗。
- 逐步促使孩子回到学校。
- 教导孩子通过自我强化应对短暂的负面情绪。

治疗包括训练孩子使用自我控制程序。在治疗实施的过程中，你会教导孩子识别引发负面情绪的和个人相关的物体和情境，并教他们使用特殊的身体控制技巧，防止陷入焦虑情绪之中。这些身体控制技巧也能用来防止焦虑情绪的蔓延。慢慢地，孩子就能学会使用身体控制技巧，进入那些最容易引发焦虑的环境。

大部分的治疗时间你都是和孩子在一起度过的，但是你也应该邀请父母参与每次会谈的最后阶段，这样你可以获得他们的参与并和他们一起对会谈进行回顾。每次会谈都需要布置详细的家庭作业，包括父母的支持和积极参与，这应该成为一项家庭活动。家长在设置情境、给孩子提供不被打扰的家庭时间专注于作业方面是非常有帮助的，因为他们可以排除其他孩子的干扰，也可以将其他孩子纳入到治疗范畴中来。

特殊话题 4.1 有严重痛苦感受的孩子的药物治疗

有些孩子痛苦程度很高，所以药物治疗也许是一种比较适合的治疗方法。如果你认为孩子的痛苦感程度需要药物来控制，请咨询熟悉儿童焦虑、抑郁药物治疗的精神科医生。对那些痛苦感程度较高的孩子，药物治疗也许是有效的，它们能帮助孩子减轻痛苦的生理感受。

关于药物治疗需要谨记：第一，药物可能对某些感到痛苦的孩子无效。例如，那些有轻微或中度痛苦感的孩子的药物治疗效果可能不如那些痛苦感较强的孩子。如果你的来访者的痛苦程度只是轻微或中度，那么本书介绍的心理治疗技巧可能对他们来说更有帮助。第二，药物治疗有副作用。第三，药物治疗能缓和痛苦的生理“感受”，但是无法减轻“思维”和“行为”部分的痛苦。服用药物的孩子可能身体上会感觉好一些，但是仍然会有不想上学的念头或回避上学的表现。

心理教育

最开始的治疗包括帮助孩子理解焦虑的本质和过程。伴随孩子对焦虑的理解，你可以帮助他/她观察自己的焦虑反应，辨别焦虑发生的来源，并使用特殊技巧来应对负面情绪。下面是如何给孩子解释焦虑发生过程的示例。如果孩子特别小或有些特殊的情况，可以对之再进行简化。可以使用活动挂图或白纸向孩子呈现这一模型（图 4.1）。

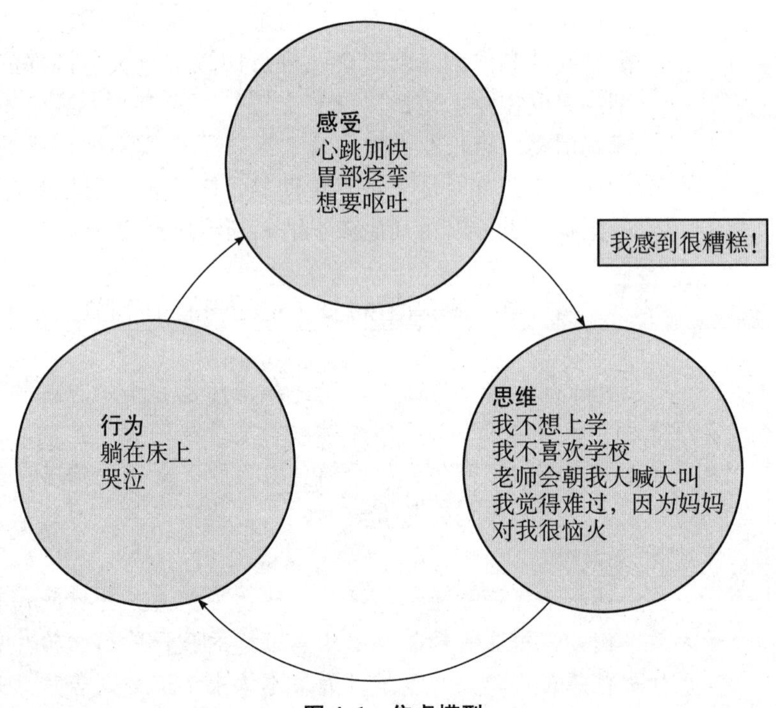

图 4.1　焦虑模型

当你说你觉得害怕（焦虑、不安）的时候，就好像坏事情堆成了一个巨大的球朝你滚过来，你完全没办法阻止它。它就像火车向你压过来！如果以那种方式去想，那么我们就会觉得非常沮丧，觉得根本没法应付我们面对的事情。但是这种沮丧（焦虑）往往是由三个部分组成的。

第一部分就是你感受的东西。所有那些在你身体里的感受都会告诉你：你在害怕。心跳加快、颤抖、手心出汗和胃部痉挛等现象都是你害怕的信号（画一个圈，标记“感受”）。

第二部分就是你对自己说的东西。通常，你会对自己说一些话，如：**让我离开这儿，我害怕，我不行，我想回家，我需要妈妈或其他人帮忙**（画一个圈，标记“思维”）。

最后，第三部分就是当你感到害怕时你所做的事情。通常是这样一些行为：离开这个地方、回避某个地方、尽量离某个能让你感觉更好的人近一些（画一个圈，标记“行为”）。

给孩子介绍完焦虑模型后，询问他们焦虑反应的三个部分的具体情况：我的感受是什么，我在想什么，我的行为有哪些。接下来，和孩子一起明确改变每一个部分要达到的目标。认知行为疗法比较依赖于苏格拉底式的问法，因此要不断询问来访者，让他/她能够成为治疗过程的积极参与者。提问可以引导来访者揭示自己的偏见、信念、行为模式和应对资源。开始的时候，你需要引导提问的过程，但是当这一过程变成来访者习得的反应后，他/她就可以自己来进行这一理性的思考过程。下面呈现的就是一个提问过程的对话。在对话中，C 代表孩子，T 代表治疗师。

案例节选

T：我们一起来看白纸上的三个圆圈。第一个是“我感受的东西”，意味着我们身体里的那些感受。第二个是“我想的东西”，第三个是“我的行为”。想一想最后一次你上学很紧张的情形，你能记得是什么时候的事吗？

C：记得。上周我不得不去上学，但是我不想上学。

T：好的，请想想那次的情况。是在早晨上学之前吗？

C：是的。妈妈把我叫醒了，告诉我赶快穿衣服准备上学。

T：妈妈让你穿衣服的时候，你想了些什么？

C：我不知道。我不想上学。

T：好，你在想一件事情："我不想上学。"我们把这一情况放在这个圆圈里（治疗师在"思维"圆圈里写下"我不想上学"）。接下来发生了什么呢？

C：我仍然躺在床上。然后妈妈过来了，朝我大喊大叫。

T：嗯，我们在这儿写上"躺在床上"（在"行为"圆圈里写）。这就是你不想上学时的行为。妈妈朝你喊叫后还发生了什么事情吗？

C：我开始哭了。

T：（在"行为"圆圈里写下"哭泣"）你哭泣时想了些什么？

C：我不喜欢学校。老师对我大喊大叫我就觉得害怕。

T：（在"思维"圆圈里写下"我不喜欢学校"和"老师会朝我大喊大叫"）当你在想不得不上学，并且担心老师朝你大喊大叫时，你的身体有没有产生一些不同的感受？

C：我觉得难受。感觉像要呕吐那样。

T：嗯，好。你的感受是胃部不适，也许就像胃部痉挛那样？

C：是的。我的心跳也非常快。

T：（在"感受"圆圈里写下"心跳加快"和"胃部痉挛"）这是一个很好的开始，来，我们可以看看当你感到害怕时你的身体有了哪些变化。

接下来，给孩子讲解焦虑的三个部分是如何交互作用而让他/她陷入焦虑情绪无法自拔的：

T：让我们一起来看这三个圆圈。当你躺在床上的时候（指着"行为"圆圈），你在想你不愿意上学，因为你不喜欢学校，老师也会朝你大吼大叫，是这样吗？

C：是的。

T：这有没有让你感觉更好一些以至于你能考虑学校里到底是什么不对劲？

C：没有。

T：你哭的时候胃部痉挛有没有好一点？

C：没有，我觉得更糟糕了。

T：然后，你又对自己说了什么？

C：妈妈一定对我很恼火。我也觉得很难过，因为她朝我大喊大叫。

T：（在“思维”圆圈里写下“我觉得难过，因为妈妈对我很恼火”）现在再来看看这些圆圈。每次当某一个圆圈里发生了一些情况后，另一个圆圈里也会出现一些情况（从一个圆圈向另一个圆圈画箭头，将三个圆圈连起来形成一个链）。因此，当你告诉自己老师会朝你吼叫时，你的胃部痉挛就变得更糟糕了，并且你也就不愿意起床了。然后妈妈进来朝你吼叫，你想着这些，感到很难过。我们看一看，情绪总是由三个部分组成，它们之间也会相互依存而随之变化。

强调焦虑的生理反应的作用，这种生理反应是如何使人的不舒服程度螺旋上升，最终导致回避行为发生。给孩子介绍他/她将学到的应对焦虑的每个部分的技巧。放松和深呼吸可以用来处理焦虑的生理表现；逐步进入焦虑情境的练习可以用来改变回避和逃避行为；自我强化、理性思考、自豪和表扬等可以帮助孩子改变伴随焦虑的消极思维。同时，也告诉孩子你将会帮助他/她慢慢地返回学校，随着时间的推移，治疗的步伐也会逐步加快。此外，你也应该告诉孩子，在治疗过程中你会越来越多地推动他/她上学的行为。

建立焦虑和回避等级表

焦虑和回避等级表（The Anxiety and Avoidance Hierarchy，AAH）是一个列表，上面呈现了会让孩子感到苦恼的事物或情境，这是需要治疗的部分。列表中的事物或情境应该逐级排列，这样治疗就可以先从最容易的项目开始，逐步朝向最难的项目。治疗过程中，大多数孩子都需要经过几个层级的治疗，才能完成对所有事物和情境的挑战。图 4.2 提供了一个七岁孩子 Sandy 的焦虑和回避等级表，这个孩子由于分离焦虑而拒绝上学。另外，我们也提供了一个空白的等级表，你可以复印下来或者从本丛书的网站 www.oup.com/us/ttw 下载。

焦虑和回避等级表

问题：离开家和父母的焦虑引发拒绝上学行为

让我害怕的情境或地方	焦虑评分	回避评分
1. 整天待在学校而不与父母通电话	8	8
2. 整个上午都在学校，并且不给父母打电话或不去见校医	8	8
3. 自己乘校车上学	7	8
4. 放学后等妈妈，她接我迟到了	6	7
5. 在家和看护阿姨一起，但是妈妈没有打电话来了解我的情况	5	5
6. 前一个晚上准备好第二天上学要穿的校服	5	3
7. 在学校补习，妈妈没有陪我	4	2
8. 去学校询问作业有哪些，独自和老师聊天	3	2
9. 在学校吃午餐	3	2
10. 妈妈去买东西时，我独自去补习	3	2

图 4.2　Sandy 的焦虑和回避等级表

要完成焦虑和回避等级表，必须回顾在评估阶段从孩子和父母处获得的信息，并且要注意孩子近期回避的事物或情境。在整合信息的过程中，可以先将每个事物或情境分别写在卡片上，同时准备一些空白的卡片以随时记录之前没有发现的回避物。把这些卡片交给孩子，并要求他/她根据情绪温度计（图 4.3）对事物和情境进行分类。情绪温度计可以帮助孩子辨别焦虑的程度或经历这种情境时的痛苦感。情绪温度计从 0（没有）到 8（非常）评分，基于孩子的评定，我们就可以将最低

焦虑和回避等级表

问题：＿＿＿＿＿＿＿＿＿＿＿＿＿＿＿＿＿＿＿＿

让我害怕的情境或地方	焦虑评分	回避评分
1.		
2.		
3.		
4.		
5.		
6.		
7.		
8.		
9.		
10.		

等级的10个事物或情境组成第一个焦虑和回避等级表。情绪温度计也可以从父母自助手册上复印，或者登录本丛书的网站www.oup.com/us/ttw进行下载。之后，在每次会谈中都可以让孩子来评定他们对这些事物和情境的焦虑水平，这样可以获得反馈，了解孩子的行为变化情况。另外，你还可以要求父母单独完成焦虑和回避等级表，从而获得多方面的信息，对孩子的状态和功能有更全面和细致的把握。在所有的会谈开始时，都可以先和孩子、父母讨论焦虑和回避等级表。

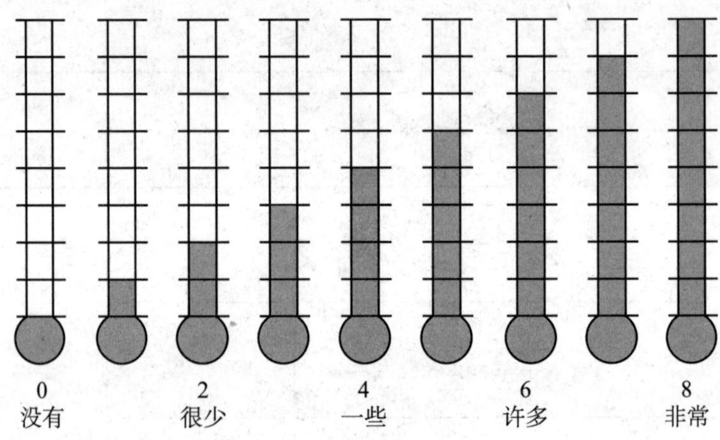

图4.3 情绪温度计

特殊话题4.2 家庭教育

不想上学的孩子往往会要求家长给他们提供家庭教育，这里的家庭教育是指：孩子可以在家学习，由父母、家庭教师或其他成人按照学校课程进行教授。家庭教育的传统对象是有严重疾病的孩子，或一些有其他问题的孩子（该问题导致孩子无法规律地上学）。然而，近期越来越多的父母倾向于选择这种教育方式。

家庭教育有特定的优势，比如可以更好地监督孩子，增加父母和孩子的联系，更好地控制孩子所学的东西。然而，这种方式往往会使孩子和社会团体及同伴隔离，而社会团体能够促进孩子社交技巧的形成，让孩子学会如何在他人面前展现自己、与他人建立友谊。此外，和在学校比起来，孩子在家接受教育的质量也值得考虑。

一般来讲，我们并不推荐声称上学非常痛苦的孩子采用家庭教育的方式。如果孩子想避免这种痛苦，那么采取家庭教育的方式只是强化了他/她的回避行为。更好的解决方法就是练习那些应对痛苦的技巧，这些技巧在本章和第五章都有介绍，它们包括：学会放松、更理性地思考、逐步面对引发痛苦感的情境。当孩子学会应对这些痛苦感时，拒绝上学行为就会好转。

放松训练和呼吸训练

接下来的治疗是要教孩子进行放松训练和深呼吸，使用的脚本如下。理想的操作方法是孩子在家跟随录音磁带播放的指导进行。如果没有录音机，父母可以从父母自助手册中获得放松和呼吸脚本或登录本丛书的网站 www. oup. com/us/ttw 下载脚本。

放松训练主要是教孩子进行一系列肌肉紧张和放松的练习，每一个练习都是为减少生理上的紧张感、促进平静设计的。放松开始时，先让孩子在椅子上或沙发上找一个舒服的姿势坐下。然后，让他/她闭上眼睛或凝视某个物体和集中注意力于房间里某一点。在放松过程中，让孩子集中精力排除紧张感，并感觉到平静和放松。每次，孩子应该将肌肉群分开进行放松，因此，指导孩子每次只对一个特定的肌肉群进行紧张和放松的练习。如果是年龄小的孩子，你应该给他/她示范，让他/她观察和模仿你的动作并利用比喻帮他/她跟随你进行练习。给孩子介绍深呼吸（深吸进胃部或者横膈膜下），延长放松的感觉，使整个放松更为彻底。

整个放松的过程应该持续大约 20 分钟。结束后，父母可以被邀请加入会谈进行讨论和总结。为了促进孩子对治疗模式和程序的理解，可以让孩子告诉父母有关会谈的内容。如果必要，你可以对孩子的总结进行评论和指导，这样可以对整个会谈有更完善的总结。此时，你也可以和父母讨论如何来帮助孩子完成家庭作业，例如，当孩子在进行放松练习的时候，可以鼓励父母忽略一些小事情。

放松脚本（根据 Ollendick 和 Cerny 1981 年的版本修订）

让孩子找一个舒服的姿势坐好，闭上眼睛或者盯着墙壁或天花板的某一个位置。胳膊和腿不要交叉，脱掉鞋子，松开衣物过紧的部分（如，腰带）。

在椅子上尽可能舒服地坐好，在接下来的几分钟里，我会指导你如何放松和绷紧不同的肌肉群。我希望你仔细地听，并按照我说的去做。记住，不要和我交谈，放松自己，集中注意力听我说的每句话。有问题吗？（如果有问题，就给予回答）

好了，把你的脚放在地板上，你的手放在椅子的扶手上（按照要求闭上眼睛或盯着某一处）。尽可能地放松自己。

在这种紧张—放松的过程中，每次肌肉紧张维持大约 5 秒钟左右。

手和胳膊

左手握拳，紧紧握住，在握紧的时候体会手和胳膊上的紧张感。现在，松开拳头，放松。体会一下当你的手和胳膊放松时，你的感觉有多舒适。再来一次，左手握拳，紧紧握住。很好，现在放松，松开拳头。（右手和右胳膊重复同样的过程）

胳膊和肩膀

把胳膊向前伸直，举过你的头顶，现在，原路返回，体会一下肩膀被拉伸的感觉。现在，把胳膊举得再高一些，这一次，让胳膊自然地掉下来，回到身体两侧。好，现在再一次伸直胳膊，把胳膊向前伸直，举过头顶，绷直胳膊，慢慢沿原路往回收。好，现在，胳膊放松，自然落到身体两侧。很好，现在，体会一下肩膀放松的感觉。这一次我们来做一个更大的伸展动作，试试看能不能够到天花板。把双手在身体前方伸直，慢慢举过头顶。绷直胳膊，慢慢沿原路往回收。体会胳膊和肩膀拉伸和紧张的感觉。继续保持绷直的状态，很好。放松胳膊，让胳膊快速掉下来，落到身体两侧，体会放松时的感觉，温暖的、懒洋洋的感觉。

肩膀和脖子

耸起你的肩膀，让肩膀尽量地靠近你的耳朵，使劲低头，让你的脑袋尽量地靠近肩膀。保持住。好，现在放松，体会一下暖洋洋的感觉。再来一次，耸起肩膀，让肩膀尽量地靠近你的耳朵，使劲低头，让你的脑袋尽量地靠近肩膀，使劲。好，现在放松。伸直脖子，放松肩膀。体会一下紧张后再放松的舒服的感觉。再来一次，使劲低头，耸肩，让肩膀靠近你的耳朵，保持住。体会你脖子和肩膀的紧张感。好，现在放松，感觉很舒服，感觉非常好。

下颚

咬紧你的上下牙，用上你脖子肌肉的力量。现在放松，让你的下颚放松下来，感受下颚松开时的舒适感。好，再来一次，咬紧上下牙。很好，现在放松，让你的下颚放松下来。松开下颚的感觉好极了。好，再来一次，紧紧咬住，再紧一点，坚持住，哦，你真的做得非常努力。很好，现在放松。试着让你的整个身体都放松下来，尽可能地放松你的整个身体。

脸和鼻子

皱起你的鼻子，尽可能地让你的鼻子皱起来，使劲让你的鼻子扭在一起。很好，现在放松你的鼻子。现在，再来一次，皱起你的鼻子，使劲，保持住。好，现在你可以放松你的脸。注意到了吗？当你的鼻子皱起来的时候，你的脸颊、嘴巴和你的前额都在使劲，它们也变得紧张起来。所以，当你放松你的鼻子时，你的整张脸也放松了，感觉很好。现在，使劲让你的前额皱起来，保持住，好，放松。现在你可以放松下来，让你的脸完全放松，任何地方都不要皱在一起。你的脸感觉很舒服、光滑和放松。

腹部

现在让你的腹部紧张起来，使劲，不要动，保持住。现在，放松，感觉你的腹部变得柔软，尽可能地放松。感觉好极了。好，再来一次，让你的腹部紧张起来，很好，放松。现在，感觉舒适而放松。感觉一下紧张的腹部和放松的腹部有什么不同。那是我们想要的感觉，舒适、松弛和放松。好，再来一次，紧张起来，再紧张一点，很好，完全地放松。你感觉很好，很放松。

这一次，试着收紧你的腹部，把腹部尽可能地往后背收紧，让腹部变得越平越好。放松，感觉你的腹部变得温暖而松弛。好，再一次收紧你的腹部，让腹部尽可能地靠近后背，让腹部变得很小很紧，保持住。放松，现在，回来，让你的腹部回到原来的位置。你感觉好极了，你做得非常好。

腿和脚

把你的脚趾尽量向下弯，腿部的肌肉也一起使劲，再往下一点，张开你的五个脚趾。现在，放松你的脚。让你的脚趾头放松，感觉很好。放松的感觉非常好。好，现在，再一次弯起你的脚趾，腿部的肌肉也一起使劲，使劲地向下按，坚持住。好，放松你的脚，放松你的腿，放松你的脚趾。放松的感觉真好，没有任何的紧张感。你感觉温暖而舒适。

总结

> 尽可能地放松自己。让你的整个身体感觉柔软，所有的肌肉都放松了。放松练习马上就要结束了。今天过得很好，你非常努力，努力的感觉也非常好。好。晃晃你的肩膀，晃晃你的腿，摇摇你的脑袋，慢慢睁开你的眼睛（如果眼睛是闭着的话）。很好，你做得非常好。你真是一个很棒的放松者。

呼吸训练脚本

让孩子想象乘坐一个热气球旅行，这个热气球的燃料都是由孩子的呼吸来提供的，旅行的目的地没有限制。让孩子用鼻子吸气，用嘴巴呼气，呼气的时候发出"嘶嘶"的声音。你可以通过鼓励孩子想象热气球越来越近的画面来帮助他/她完成这个任务，必要时，也可以让孩子在呼气时慢慢地数数。

看一个例子：

> 想象你正在乘坐一个热气球，你的呼吸能给热气球提供动力。你呼吸得越深，热气球就能去到更远的地方。用你的鼻子吸气，就像这样（示范），用嘴巴又慢又深地呼气。尽量吸进更多的空气，现在，慢慢地从嘴巴往外呼气，发出"嘶嘶"的声音（示范）。如果你愿意的话，呼气时也可以在心里默默地数数。

家庭作业

✎ 在两次会谈之间，每天在家进行放松练习和呼吸练习，如果可能，每天进行两次。父母自助手册提供了放松日志，你可以告诉家长登录本丛书的网站 www. oup. com/us/ttw 下载放松日志。在每次练习后，孩子需要记下他/她碰到的困难，例如无法集中注意力或在练习的时候会睡着。如果孩子年龄太小以至于无法记录或不能独立跟随放松脚本进行练习，那么父母应该询问孩子的困难并帮助孩子在放松日志中记录遇到的困难。

✎ 孩子和父母都必须坚持完成日志。

✎ 鼓励孩子和父母记录在一周当中出现的任何特殊情境和经历。

✎ 鼓励他们每天坚持规则的上学作息，哪怕仅仅只是坚持早晨上学前的作息。这包括早起、穿衣服和准备上学、完成家庭作业。

第二次会谈 强化治疗

会谈提纲

- 回顾上次会谈的家庭作业
- 帮助孩子准备暴露练习
- 从第一次会谈中建立的焦虑和回避等级表中选择较容易的事物或情境进行系统脱敏
- 进行想象脱敏

在第二次会谈中，我们要开始让孩子暴露于那些会引起他/她焦虑的学校相关事物及情境中。系统脱敏是一种治疗焦虑的方法，它通过想象（想象暴露）和真实生活情境（现场暴露）逐步对孩子的焦虑进行脱敏治疗。系统脱敏用来治疗孩子和成人焦虑的有效性早已经被很多研究所证明。想象暴露一般在现场暴露之前进行。对孩子和父母来说，这些现场暴露的练习叫做“看，我能行”（Show That I Can）任务（简称 STIC 任务）。父母支持和参与家庭的 STIC 任务是治疗成功的关键。

系统脱敏准备

如果来访者是青少年，能理解更复杂的概念，请先给他/她解释什么是系统脱敏。

案例节选

T：我来问问你，你会骑自行车吗？或者游泳？滑雪或骑马呢？（提问到发现某项需要技巧的活动为止。）

C：会，我会骑自行车。我大概五六岁的时候就会了。

T：好，告诉我，当你想要骑自行车的时候，你会怎么做？

C：嗯，我会先把自行车从车库里推出来，然后我就骑着它上街或去我朋友家。

T：很好，你得先把自行车从车库里推出来，那么，你在骑自行车的时候，会想些什么呢？

C：没想什么啊。我的意思是，我想的只是我和我朋友可以去玩些什么，比方说，玩电脑游戏。

T：那你会在马路中间骑车呢，还是在人行道上骑车？

C：我会在人行道骑，但是有的时候我得过马路，所以两种情况都有可能。

T：当你骑车的时候，你的手、脚、眼睛会怎么做？

C：没做什么，就是扶着自行车车把，然后就蹬呗，还得看看我该往哪儿走。

T：很好，你刚才告诉我你骑上车，沿着马路一直骑，过马路，看看应该怎么走，但是你脑子里并没想这些。你想的是一会要和朋友玩什么。

C：我想是吧。

T：当然，你现在骑车已经是不需要思考的了，只需要看看应该怎么走。你已经学会了怎么做这些事情，是不是？（孩子点头）所以你不用刻意去想就能很好地完成这些事。但是，你还记得你第一次骑车时的样子吗？是不是曾经很害怕？

特殊话题 4.3 什么情况下可以让孩子不上学

父母常常会问，孩子有什么身体不适症状的时候可以让他们不上学，我们的建议是下列情况应该考虑：

- 体温高达华氏 100 度（37.8 摄氏度）或以上。
- 频繁呕吐。
- 流血。
- 长虱子。
- 严重腹泻。
- 严重流感症状。
- 其他严重的生理疾病如剧烈疼痛。

如果孩子有上述问题，请接受儿科医生的建议。另外，如果孩子出现上述问题，应该让他/她躺在床上或在家完成学习任务。在这种情况出现时，白天最好不要让孩子做太多有趣的事情，因为这可能会导致他/她身体状况好转后不愿意上学。如果孩子因为上述问题已经超过两天不上学，父母最好联系老师获得孩子需要完成的家庭作业，这样孩子可以白天在家完成。

除非孩子出现非常严重的生理疾病，否则家长应该尽力为孩子塑造一种态度促进孩子上学的愿望。轻微的头疼、胃疼或呕吐并不需要让孩子待在家里，这些问题都可以使用处方或非处方药来处理。如果孩子的症状在学校变严重了，他/她可以向学校医务室求助。如果父母期望和鼓励孩子每天上学，那么父母会在促使孩子上学的问题上获得更多成功。总而言之，只有当孩子的问题非常严重时——而不是轻微的问题，如感冒——才应该让孩子待在家里，尤其是对有拒绝上学行为历史的孩子。

使用苏格拉底式的提问方法询问孩子，让他/她回忆第一次骑车或做类似需要技巧的事情时的情况。然后，了解他/她在第一次学骑车的过程中发生的生理感觉、思维和行为，同时也要询问他/她在最初的经历中的反应。注意不要太关注最开始是如何获得这项技能的，而要更多关注发展和掌握这项技能所进行的练习，重点在于告诉孩子持续的练习和反复的学习是获得某种技能、适应某个环境并达到不假思索的程度的关键。然后，询问孩子最开始觉得紧张害怕的原因：

T：为什么你不再害怕从自行车上掉下来？

C：因为我再也没有掉下来过了。而且，如果我真的掉下来的话，我可能会擦伤，但其实也没什么。

T：所以，即使你真的掉下来了，你也知道不会有什么大问题的，对吗？

C：是的，我已经有这样的经验了，大不了爬起来重新上车呗。所以我就不害怕了。

T：很好，对极了。你练习骑车，一步一步地开始，有人会帮助你，你也可以用辅助的轮子。当你感觉舒服和不紧张的时候，你可以把辅助的轮子卸掉，对吗？所以你是通过一步一步的学习来获得更多的技能，而且也变得不紧张了。现在你甚至都想不起来以前学车的时候还紧张过呢。

给孩子介绍逐步的概念，让他/她懂得可以一步步地前进，慢慢地就会不再焦虑了。可以告诉孩子，想象脱敏就是“练习在脑子里思考那些麻烦的情境”。系统脱敏包括训练孩子进行渐进性肌肉放松，然后在谈论孩子焦虑和回避等级表中的焦虑情境和呈现放松情境之间进行交替。当孩子表示在焦虑情境中感到不舒服时，很快让他/她回到放松情境中去。你可以教导孩子，当他/她觉得不舒服时可以举手示意。

构建焦虑情境

从焦虑和回避等级表中选择最容易的情境开始系统脱敏治疗，也就是从第一个情境的想象暴露开始。首先，让孩子思考在那个情境中会发生什么，基于孩子思考和担心的情况，要求他/她在脑子里形成一个场景。此时，你也可以在某种程度上对孩子描述的场景进行一些修饰。通常情况下，父母会对这些场景以及孩子的焦虑程度感到惊讶。然而，请注意这些都是孩子的焦虑，让他们尽量去想象，这样才能发现一些未被察觉的东西。因此，你必须引导孩子思考他/她的焦虑，适时让他/她回到放松场景中以防思考本身带来很多恐惧，还要和他/她讨论场景中哪些是现实的情况。系统脱敏的目的就是慢慢地让孩子听着对焦虑场景的描述，“好像看电影一样”，然后意识到场景本身并不是那么可怕。系统脱敏的另一个目的是让孩子认识到几乎每一个情境都是可以用积极主动的方式来应对的。下面是用 Sandy 的焦虑和回避等级表（见图 4.2）中第八个情境来做样本场景：

大约下午两点后，你和你妈妈正开车前往学校见你的老师。到学校后，你必须自己进去询问老师布置了哪些作业。你已经连续三个星期没上学了，这期间没见过任何同学和老师。最后一次在学校的时候，你觉得胃很难受，感觉像要呕吐一样。离学校越来越近了，你开始觉得有点晕眩，也开始有点出汗。你央求地看着妈妈，希望她打道回府，但是她说你必须问到作业情况。妈妈没法陪着你，因为学校外没地方停车，所以你只能一个人进去。车开到了学校的大门口，有些同学和老师在那里，但是没有你认识的人。你打开车门，此时，你真的觉得要晕倒了，接着，你的胃也开始翻腾，就像坐船时的那种感觉。你走向学校大门，真的觉得在颤抖和出汗。这些感觉有时让你很害怕。如果你很难受怎么办？你回过头去看，妈妈正在缓慢地开车前行，车子已经开离了学校的车道。你走进了大门，此时，你觉得头非常晕，以至于不得不靠着墙才能站稳。一些同学笑着经过你的身边，你觉得非常害怕，连呼吸都变得困难了。如果你晕倒了，没有人来帮你，你该怎么办？如果妈妈只是待在车里怎么办？你沿着大厅走向教室，当你到达教室的时候，几个孩子在排队等着见老师，所以你必须等待。教室里非常热，你感觉快要呕吐了。此时你仍然觉得晕眩，喉咙里好像有股酸味。你真的觉得头晕目眩，希望老师能看到你、帮助你，但是她正在和其他同学交谈。你感觉胃里有东西要出来了：它已经到了嗓子眼！你大声求救，当你大声求救后，你全身都瘫了下来。老师和所有同学都瞪大眼睛看着你，你真的觉得很难受，也很尴尬，想着要是妈妈能陪你进来就好了！

系统脱敏过程中追踪焦虑变化

在系统脱敏过程中，要求孩子使用情绪温度计或其他测评量表来评测他/她的焦虑水平。你可以使用图或表，记录孩子在脱敏过程中焦虑的变化状况，这些图表将会显示孩子在治疗过程中是如何逐步掌控自己的焦虑的。

有些孩子可以自己追踪焦虑水平的变化，记录这一评分可以让孩子即刻获得有关如何控制某一情境的信息。这些评分能表明他们是如何应对惊恐症状、分离焦虑、对特殊物体或情境的恐惧、其他能引发焦虑的环境的。你也可以建议父母将孩子们的评分记录在日志或笔记本上，时刻提醒孩子他/她在治疗中已经取得的进步。

进行想象脱敏

使用磁带录制下述的脱敏程序，这样可以提供给后续治疗过程及家庭练习使用。脱敏开始的时候，要告诉孩子，一旦他/她的焦虑水平达到了不舒服的程度（如，情绪温度计上的水平达到了3或3以上），他/她可以举手示意。为孩子复印一份情绪温度计，让他/她放在膝上。最开始，你应该让孩子做一个放松练习。在开始的几次会谈中，你需要进行完整的放松程序，随着反复的练习，你可以做一些改变：（1）加入呼吸训练，（2）强调整体的放松，和/或（3）着重缓和身体某个部位的紧张感。指导孩子认真听从你的指令，跟随你的声音，并且要求他/她在脑子里想象相关的场景，就好像真实发生过一样。

告诉孩子，你会先让他/她放松，然后你会跟他/她讨论某个具有挑战性的情境。当孩子的焦虑水平引起不舒服时（如，3或3以上），他/她应该举手告诉你并且在情绪温度计上指出不舒服的水平。此时，要求孩子转而想想一些愉快的场景，如沙滩、公园，或一些对他/她来说放松和愉快的地方。一旦焦虑水平下降到0或1，重新开始呈现焦虑情境。这种来来回回的转换必须一直持续下去，直到孩子能够完全应对该情境而不会显示出不舒服的焦虑水平。

随着孩子通过不同情境的进步，要求他/她坚持到焦虑水平达到 4 或 5 时再停下来或举手示意。这样可以帮助他/她形成较强的忍耐力并最终习惯焦虑的场景和感受。随着忍耐力的增强，这种慢慢习惯后的感受就会让孩子不再轻易地发出逃跑或回避的信号，而会让他/她在忍受一定焦虑水平的情况下仍然能尝试挑战新的情境。当然，如果必要的话，你可以将焦虑场景分成更细小的步骤或更不具威胁性的场景。请注意，脱敏的过程最终都应该以放松场景结束。

推进想象脱敏

邀请父母参与会谈，讨论孩子的进步。为了促进他们对脱敏的理解，为父母也录制一部分相关的内容。在会谈中，鼓励孩子给父母解释和展示他/她的进步。询问孩子在练习时他/她的焦虑水平有什么变化，常见的回答是在会谈中他/她的焦虑下降了，随着反复地呈现焦虑情境，他/她的忍耐力也增强了。此时，可以将孩子的焦虑评定画成一条倒 U 型曲线（图 4.4），这样可以更直观地表明脱敏过程中孩子如何习惯焦虑。

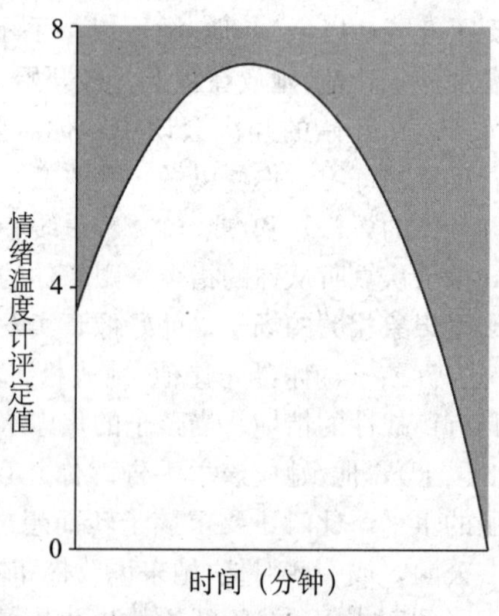

图 4.4 倒 U 型曲线

如果孩子并没有习惯焦虑（如，焦虑水平没有下降），那么你可以表扬他/她在治疗过程中的任何努力或参与的程度。你可以将场景分成更细的步骤或更轻微的场景来进行暴露，注意表扬和鼓励孩子所做的任何一点工作，无论这个努力多么微小。通过表扬孩子的努力，你也为父母做了一个榜样。一般来讲，脱敏在开始的时候进步得很慢，随后进步的步伐会越来越快。因此，如果必要，脱敏可以在一次或两次会谈，甚至更多次会谈中进行。

值得注意的是，你应该给父母和孩子展示孩子的习惯化曲线。这一视觉方式可以为孩子提供额外的反馈，他/她可以了解自己对一个恐惧刺激的反应情况。请注意，这一评测可以使用更为常见的0～100的评分方法（SUDS，主观焦虑评定表）进行，也可以使用0～8记分的情绪温度计来评测。图4.5是Sandy在第一次想象脱敏过程和后来现场暴露中的关于乘坐校车的焦虑评定对比。

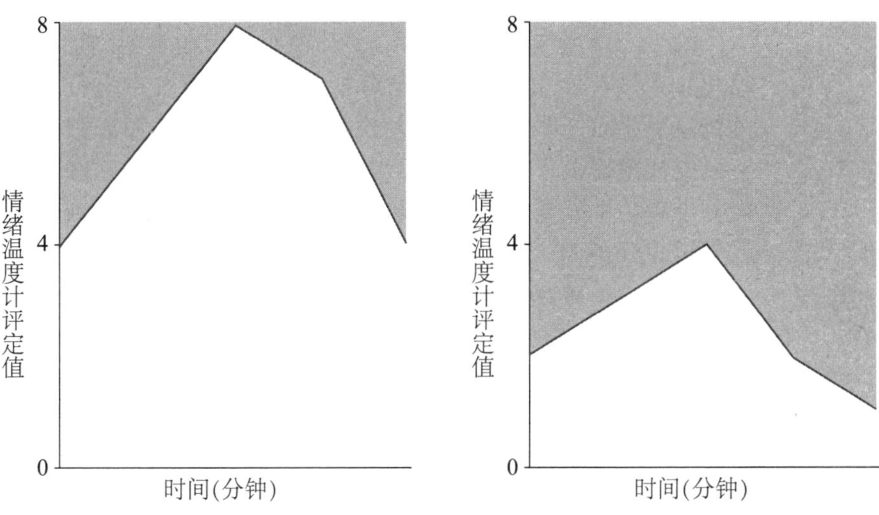

图4.5 Sandy的焦虑评定图

图形展示可以让孩子了解到他/她最初关于乘坐校车时感受的具体信息。在Sandy的例子中，想象暴露练习开始时的焦虑水平接近4，很快就升到非常不舒服的8。然而，Sandy从后来现场暴露的图中看到，她最开始的焦虑水平比4还低，达到的最高焦虑水平也很低，焦虑比之前消散得快。你可以帮助孩子认识到，他们想象的情况经常比实际情况糟糕很多，同时，即使存在焦虑，他们也是可以应对的。

习惯化曲线

下面的图示是不同的习惯化曲线，在解释这些曲线时有一些值得注意的地方。首先，在图 4.4 所示的倒 U 型曲线中，请注意，随着脱敏的推进，有些孩子可能为了讨好治疗师或逃避暴露而给出更低的焦虑评分，面对这种情况，需要通过更多的暴露来了解孩子的想法和行为，从而确定孩子是否有这种表现。第二，波峰和波谷曲线（图 4.6）表明强烈而持续的习惯化过程。在这种情况下，治疗师应该检查孩子的自动思维，这种情况可能表明孩子在脱敏的不同时间里总是担心不良后果的出现，因此，认知重建技巧可能会有一定效果（见第五章）。

第三，缓慢爬升曲线（图 4.7）说明焦虑在不断增加，习惯化过程没有形成。这种情况可能是因为等级表中进行暴露的情境对于孩子来说挑战过大或太复杂，因此要考虑分步进行暴露或考虑孩子是否做好了暴露的准备。如果孩子确实没做好准备，那么要继续教导孩子进行身体控制训练和/或开始认知重建。第四，降至最低点曲线（图 4.8）表明孩子的焦虑下降过快，值得怀疑。这种情况很可能是孩子想逃避暴露。在后续的会谈中，这一曲线可能显示出孩子相当快的习惯化表现，但是他们的焦虑水平仍然很高。针对这种情况，如果可行，应该持续让孩子进行身体控制训练和/或持续进行认知重建工作。最后，稳定状态曲线（图 4.9）表明孩子的焦虑持续保持在比较高的水平，既不升高也不降低。这可能说明暴露的情境太复杂或者孩子只关注焦虑情绪而没有关注情境。如果孩子只关注焦虑情绪，你应该检查他/她的自动思维（见第五章）。

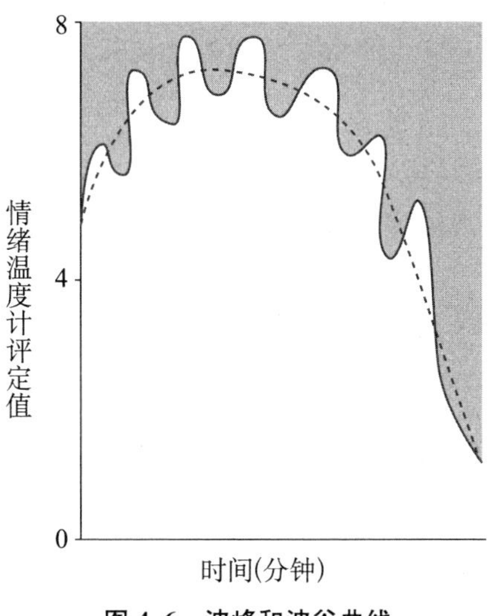

图 4.6　波峰和波谷曲线

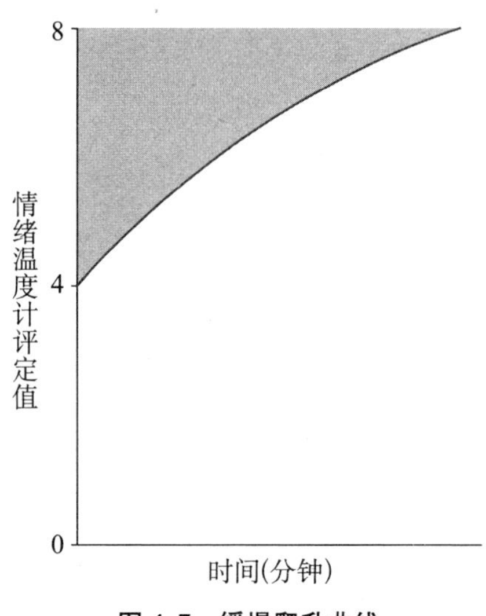

图 4.7　缓慢爬升曲线

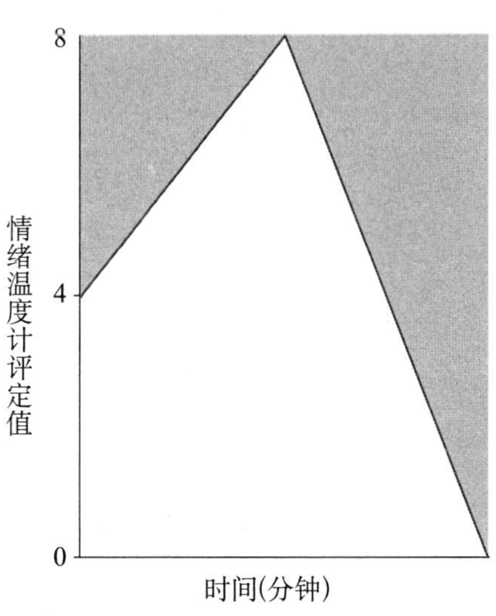

图 4.8　降至最低点曲线

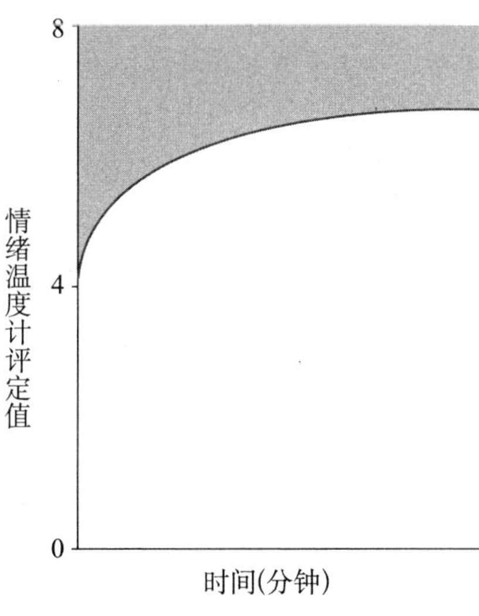

图 4.9　稳定状态曲线

特殊话题 4.4 孩子不愿乘坐校车

许多孩子因为对学校恐惧而拒绝上学，但是有些孩子仅仅只是不愿乘坐校车。如果你的来访者在乘坐校车方面有困难，他/她可能是担心不舒服或担心接近学校。然而，也有些孩子根本说不出为什么不愿乘坐校车。

如果你的来访者存在这样的问题，那么你可以先要求他/她上校车进行小小的尝试。在父母开车送他/她上学之前，让他/她在校车车站等候，车来了后上车然后立即下车，或者让他/她上车，坐一站然后下车，这样仅仅需要大约一两分钟。在这一过程中，孩子需要按照本章详细介绍的方法练习降低焦虑感。另外，要求父母评测孩子在完成每个步骤时的焦虑水平。

当孩子能够完成这些任务时，逐步增加他/她乘坐校车的时间，包括乘坐更长时间或经过更多站以后下车，例如，每几天后增加一站。孩子每成功完成一步，都要对他/她进行表扬。尽量做到这一步：只要父母开车在后面跟随，孩子就能全程乘坐校车上学。

从这时开始，尝试“撤离”。例如，当孩子还剩 5 分钟到学校的时候，父母不再跟随，他们可以开车离开，让孩子单独乘坐校车上学(你可以事先告诉孩子)。一旦孩子能够应对这种情况，父母可以慢慢地增加孩子单独乘坐校车的时间。请务必记住要对孩子单独乘坐校车上学的行为进行表扬，也要求父母对之进行表扬。

家庭作业

第二次会谈后的家庭作业也许需要父母更多的协助，它们包括：

✎ 每天晚上睡觉前，孩子需要坚持使用磁带或放松脚本进行放松训练。

✎ 至少每天一次，孩子需要听脱敏指导的磁带并跟随它进行想象脱敏（STIC 任务）。在此过程中，父母要询问孩子的焦虑评分，并防止其他孩子干扰。鼓励父母在每次想象脱敏完成后和孩子进行沟通，你可以给父母示范如何进行沟通，主要关注在脱敏过程中焦虑是如何减轻的。同时，还要指导父母对孩子尝试和/或完成每次练习进行表扬和鼓励。

✎ 为孩子和父母提供每日作息安排。从本次会谈结束的第二天开始，父母应该在规定到校时间前 90～120 分钟时叫孩子起床，让孩子按学校正常的作息度过一天。孩子应该完成学校布置的作业、读书等等。

✎ 指导孩子和家长坚持完成日志，注意一周内发生的特别情况和出现的特殊情境。

第三次和第四次会谈 治疗成熟期

会谈提纲

- 回顾孩子系统脱敏的进步，并解决遇到的任何问题
- 从焦虑和回避等级表中最简单的情境开始指导孩子进行现场暴露

第三次和第四次会谈将继续着重进行系统脱敏，主要是现场暴露的方法。在现场暴露过程中，孩子会逐步进入到引发焦虑的情境，并运用所学的放松技巧来应对焦虑。父母应该安排现场暴露的时间和地点，并帮助孩子应对该情境。当然，父母参与的程度也取决于你对孩子状况的考虑，如孩子的年龄、发育水平和问题的严重性等。

继续系统脱敏

了解孩子在家听录音磁带进行脱敏练习（STIC 任务）所获得的进步，处理上周遇到的任何问题。如果孩子不能遵守约定完成 STIC 任务，询问他/她是否有困难。有些孩子不做作业是为了避免产生焦虑情绪，如果是这种情况，可以将焦虑情境分解得更细，并教他们更可控制的应对步骤。和孩子一起制订应对策略会增加孩子对治疗的服从，你也可以在脱敏过程中整合一些应对性方法，如“情绪形象方法”。如果孩子在听某个场景

时特别困难，或者无法习惯焦虑情绪，那么可以选择一个孩子最喜欢的运动员或超级英雄，让他们同时面对和处理该情境。下面就是这种脱敏方法的示例：

> 放学后，你在等妈妈来接你，但是她迟到了！你站在学校大门口，其他孩子都被父母接走了，老师也回办公室或开车回家了。天真的有些晚了，你有些担心妈妈是不是碰到了什么意外的事情。如果一些糟糕的事情发生在你身上，你将怎么办呢？你发现天越来越黑，大团的乌云滚滚而来。开始闪电了，接着是雷声。你想先回教室，但是门锁了！妈妈在哪啊？此时，你真的很害怕，觉得自己就要哭了。你在想妈妈一定遇到了可怕的事情，而自己也会被闪电击中。但是，请等一等，你开始想一想："如果是××（孩子喜欢的人的名字），他在这种情况下会怎么做呢？"可以肯定，他也多次遇到过这种情况，可能他也是孤独一个人在校门外等候家人来接他。如果是他在这儿他会哭吗？他会告诉你要怎么做？想象一下他现在就站在你身旁。他说："嗯，你害怕有一些糟糕的事情发生在妈妈身上，但是还有其他原因可能让她迟到吗？"你回答道："嗯，可能堵车了，因为路上总是有很多车。或者，可能她有某个急事耽误了一些时间。"他告诉你说："很好！很好的想法！妈妈可能仅仅是晚了。现在，面对恶劣的天气状况，你该怎么办呢？"现在，请想象你自己对××（孩子喜欢的人的名字）说："哦，我想我可以站在雨棚下面，在门边等妈妈。这样只要妈妈一来我就能看到她，也不会被雨淋到。""做得很好！"××（孩子喜欢的人的名字）说："做几次深呼吸，在门边等妈妈来，她很快就到了。"××（孩子喜欢的人的名字）给了你一个庆祝的手势，你觉得特别自豪！现在，想象一下自己正走向大门，站在雨棚下，安静地等待妈妈。

有些孩子不做 STIC 任务是因为他们预料到完成作业后自己的情况会变好，这样就要更快地回到学校上学。如果是这样，让孩子更关注治疗的目标，并且考察是否有其他因素（如，寻求注意、实质性利益等）影响孩子的不上学行为，如果有，需要先解决这些问题。

随着对焦虑和回避等级表上的项目逐步进行暴露，脱敏治疗持续取得进步。当孩子能完全听完对某一情境的描述，只报告最低水平的焦虑，而且中间不需要转换到中性、放松的场景时，那么这个情境就算通过了脱敏。

向孩子介绍现场脱敏

现场脱敏要求进入和面对真实的场景或活动。首先，要促使孩子思考想象暴露和现场暴露的差异，下面的对话示例告诉你如何向孩子交代这一问题。

案例节选

T：想一想，还记得我们讨论过你是如何学会骑自行车的吗？

C：记得，通过练习学会的。

T：对。而且你在治疗室表现得非常好，在治疗室和家里你都通过想象练习了如何来应对那些会使你心烦的事情。

C：是的，我总是做“看，我能行”，每天我都练习！

T：哦，非常好！让我们再来想想，假设你不知道怎样骑自行车，假如我们现在回到了你学会骑车之前，你能记得那时的情况吗？

C：我记得。

T：好的，现在，假定我给你看一个如何骑车的电影，你一遍遍地看那个电影。但是，你仅仅只是看电影，从来没有真的去尝试过骑车。你觉得会很容易就能跨上车然后骑着走吗？

C：不，我肯定得练习。如果不练习的话，我上去肯定就会左右摇摆，很快就会跌倒。

T：好！所以呀，看电影也许能让你知道自行车该如何骑，也能告诉你在骑车时要考虑些什么，但是你必须得一次又一次地练习，才能真的学会骑车。

C：是的，必须得练习才能学会。

T：嗯，我们的治疗也跟骑车一样。我们已经通过想象进入到了那些让你害怕的场景，而且你也已经做了很多努力来学习如何在那些场景中让自己不害怕。但是我们还需要帮你真的进入那些场景，实地去进行练习。你能理解我的意思吗？

C：也就是说我必须实实在在地去乘坐校车？

T：嗯，最终是这样的。但是首先，我们只会练习那些你已经在治疗室和通过磁带完成了想象暴露的场景。当然，我们也会到校车或其他让你感到害怕的情境中进行暴露，但是我们会一步步来，就像我们做想象暴露治疗一样。开始的时候我们都会进行想象暴露，然后我们再到现场暴露。放轻松，每次都只有一个步骤，而且爸爸妈妈都会在那儿帮助你。

进行第一次现场脱敏

在进行现场脱敏的最开始，要让孩子从焦虑和回避等级表中挑选出最容易的一个情境并在情境中进行角色扮演，角色扮演要尽可能地和现实情况相同，要求孩子付诸行动并积极面对引发焦虑的情境。例如，如果孩子对单独上学或单独在家感到焦虑，那么，设置这样一个情境：让孩子单独在某个治疗室等待一段时间。在开始进行角色扮演时，设置可能会引发孩子轻微焦虑的场景，鼓励他/她使用放松和深呼吸的方法来处理焦虑。当孩子能够忍受这一情境后，逐步设置更具挑战性的情境，并鼓励孩子积极参与脱敏而让自己不断进步。下面的示例描述了一个害怕被单独留下的孩子的现场脱敏的过程：

1. 单独在治疗室坐 3 分钟，然后坐 5 分钟，孩子知道治疗师在外面大厅里。

2. 单独在治疗室坐 5 分钟，然后坐 10 分钟，孩子知道治疗师可能不在大厅里。

3. 单独在治疗室坐 10 分钟，光线昏暗，孩子知道治疗师不在大厅里。

4. 单独坐在治疗室里，孩子不知道要坐多长时间，治疗室内光线昏暗，治疗师不在大厅里，父母也不在等候室。

现场脱敏从相对较容易的情境开始，在治疗师的帮助下进行，在连续进行的脱敏过程中难度逐步提高。在脱敏的过程中，孩子的预期也是要注意的一个问题，最开始的时候他/她知道情境会是什么状态（如，脱敏环节 1 中，孩子知道治疗师在大厅里），而到最后他/她会被暴露在未知情境中（如，脱敏环节 4 中，不知道暴露会持续多长时间）。这一过程主要设计用来帮助孩子形成应对模糊的、具有挑战性的、常常是无法控制的情境的能力。焦虑往往就是这样产生的，孩子感觉无法控制某个情境，或预测到在某种情境中会发生一些不好的事情，并且总是存在会发生糟糕的事情的想法。这些脱敏治疗的过程着重于对孩子进行指导：即使人们无法完全控制某个情境，也仍然能积极地应对从而可以防止最糟糕的情况出现。孩子能学会忍受正常水平的焦虑，并在这个过程中积累有关应对资源和技巧的信息。

和孩子及父母回顾每次会谈中的进步，鼓励孩子告诉父母有关现场脱敏的情况。在孩子进行总结的过程中提供正确的信息或一些细节，培养孩子精确表达本次治疗会谈的过程和进步的能力。此外，回顾孩子在日常生活管理中取得的进步，并为如何适应学校作息时间提供指导。例如，你可以建议下一个 STIC 任务可以包括去一次学校图书馆，或放学后见一次某个老师以获得布置的作业。这些任务将现场脱敏和 STIC 任务结合起来。同时，还要和他们讨论坚持学校作息可能会遇到的问题，如果需要，治疗师应提供一些指导意见。

现场暴露的进度和协助

在现场暴露练习过程中有很多方法可以用来控制暴露的进度。对于年龄小的孩子、有特殊要求的孩子以及那些焦虑水平特别高的孩子，缓慢的暴露进度是更为理想的。这种进度不但能让孩子完全适应某种焦虑水平，同时也会让孩子对治疗产生信任感，因为他/她不会被强迫去做任何超过承受能力的事情。

在暴露的过程中，你和孩子的父母应该在暴露情境中给孩子做示范。你们可以让孩子获得他/她所信任的人的支持，同时也能观察你们的表现从而学会如何应对焦虑情境。这一过程在早期会谈中很有作用，特别是当孩子第一次面临焦虑情境或当暴露情境的挑战性增加的时候。此时，你应教会家长示范和援救的区别。示范是指父母通过自己的展示让孩子领会如何应对焦虑情境，而援救则是父母在情境中代替孩子完成他/她该做的事情。在暴露过程中，当孩子感到焦虑时，父母可能会自然流露出安慰和援救孩子的想法，这种情况会影响到孩子的焦虑水平。因此，要指导父母允许孩子去体验焦虑水平的上升，示范和暴露协助都应该更关注孩子，主要目的是让孩子单独应对焦虑情境。

示范和暴露协助的过程可以通过一些步骤来进行。第一，为孩子示范如何应对某个场景，让孩子进行观察。这样就给了孩子一个机会，让他/她观察你是如何应对困难情境的。第二，让孩子在一个小团体里来应对某些场景（如，和治疗师或者和父母组成小团体，治疗师和父母类似于教练）。第三，让孩子单独应对情境，此时，“教练”给出鼓励的话。同时，在这一过程中，促使孩子进行身体控制练习。第四，让孩子自己应对某个场景并通过语言进行自我强化。

密集暴露或满灌疗法是指让孩子面临一个高强度的焦虑刺激情境，不是从焦虑和回避等级表中最容易的情境开始，而是选择一个会引发较高焦虑的情境。这一过程不重视放松训练，因此满灌的优势在于时间短。孩子直接进入引发焦虑的情境，忍受它直到焦虑自然消散。一般来讲，当孩子年龄太小、情境引发的焦虑水平特别高、治疗的开始阶段、孩子的拒绝上学行为是长期的、孩子表现出社交和/或评价焦虑的时候都不适宜于满灌疗法。在治疗过程中，是否使用更快的暴露方法或满灌疗法依赖于孩子的进步状况及他/她对这一治疗过程的理解程度。

特殊话题 4.5 周日傍晚的焦虑

当孩子最终开始上学后，有些孩子在新的一周开始之前的周日傍晚仍然会有一些焦虑。如果你的来访者出现这种情况，一定要帮他/她解决这个问题。给予他/她支持但是一定要让他/她清楚地意识到第二天是必须要上学的。当孩子出现焦虑感时，要求他/她练习深呼吸和进行放松练习。另外，如果孩子担心接下来一整周的学习，那么鼓励他/她先集中精力应对接下来的第一天学习。

有些家长会在周日晚上安排一些活动分散孩子的注意力，防止他们担心第二天上学的情况。然而，孩子们仍然会担心，所以，我们建议父母在周日下午安排一些家庭活动，而晚上就让孩子舒服地休息。如果能在周一的晚上安排一些小而特殊的活动可能是比较好的一种方法，因为可以让孩子有所期待。这些活动通常包括：如果周一早上能按时上学，那么晚上可以晚睡 20 分钟作为奖励；安排孩子喜欢的甜点；和父母一起玩游戏。

在上学的一周内，你、孩子的父母都应该和孩子进行沟通，并对孩子的微小进步给予表扬，如进入教学楼、哭得少了、表现更勇敢了等等。另外，要向孩子指出他/她正常上学其实给父母帮了很大的忙。总之，应该让孩子知道你和父母都很欣赏他/她的努力，这种表扬也有希望能使上学的早晨看上去不那么可怕。

家庭作业

第三次和第四次会谈的作业包括如下几个部分：

✎ 继续使用录音磁带或父母自助手册上的放松脚本在晚上休息时间里进行放松训练。

✎ 孩子至少每天一次听录音磁带进行想象脱敏。

✎ 布置另外的 STIC 任务，即最少在不同的 3 天里进行现场暴露。在具体任务上，你需要和孩子、父母达成一致。现场暴露可能包括下述各种情况：练习独自待在家里，如，在各种不同的时间段独自待在某个房间里；在各种不同的时间段允许父母离家外出或只和看护者待在一起；早晨去校车站；去学校或学校某个教室或进入其他相似情境。和父母确认他们有时间陪伴孩子进行上述现场暴露练习。

✎ 鼓励孩子坚持规律的学校作息时间，包括早起、穿衣服、准备上学、完成家庭作业等。请注意，父母可能会不经意地强化孩子的不上学行为。例如，父母可能会带孩子去商店或外出办事，然而，这种类型的外出会强化孩子的回避学校行为，增加他们对父母的依赖，也给他们传达了“不上学也没有问题”的信息。当家长不得不外出的时候，你应该建议家长找一个看护者，或者如果孩子年龄较大也可以单独让他/她在家，这样的方法比带着孩子外出会更有帮助。

特殊话题 4.6 逐步增加上学行为

在许多拒绝上学的案例中，暴露于学校环境的治疗必须逐步进行。当然，这依赖于孩子不上学的具体情况。这种逐级暴露的治疗可以通过一种或多种方法进行，下面的介绍囊括了这些方法。然而，在孩子能部分时间上学之前，你应该和学校相关的工作人员会面，共同协商双方都能接受的治疗程序。关键的学校工作人员包括孩子的指导老师、学校心理咨询师或校长。找到这些工作人员，拜访他们，请求他们协助你推行给孩子制定的部分时间上学计划。另外，向他们解释你为什么这么做：为了逐步让孩子适应学校生活而减缓焦虑感。监控孩子每天的上学情况，部分时间上学时间表包含很多策略。

上午

年龄小的孩子经常会比较喜欢部分时间上学的方式，通常他们上午上完课后就可以回家。如果你决定采用这种方式，那么可以告诉孩子他/她必须早晨去上学，10 点的时候父母（或某人）会去接他/她。如果孩子早上能很好地准备和上学，你要给予表扬。而在其他时间，孩子在家的时候，应该要求他/她完成老师布置的家庭作业。如果孩子完成了所有的作业，或者老师没留作业，你也应该要求他/她继续学习，如读书、练习乘法表或在电脑上完成学习游戏。

在正常的学习时间里，千万不要让孩子进行娱乐活动。如果孩子按计划上学（哪怕是仅仅上学一个小时），完成了一天的学业任务，那么在放学后他/她可以玩耍或娱乐。如果孩子没有按计划安排上学，或没有完成学业任务，那么不能允许他/她玩耍。当然，父母应该要求孩子就在附近玩耍，早早地让他/她上床休息，并告之希望他/她第二天有更好的表现（关于奖励和惩罚的详细方法参见第六章）。

每天都观察孩子的焦虑水平的变化（参见第二章）。在他/她每天上学一小时的日子里，一旦发现焦虑水平比较低，就要增加一个小时的上学时间。我们建议，焦虑水平至少要下降一半，才能前进一步。因此，如果开始时孩子的焦虑评分大约是6，那么等到他/她的焦虑评分下降到3或更少后再进入下一步。如果第一步已经进行了一段时间，比如超过了一周，孩子的焦虑水平还是较高，那么他/她在学校学习的时间可能太长，此时，你也许要让孩子减少30分钟的在校时间，但是仍然要让他/她坚持上学。

如果孩子的焦虑水平下降得较快，这种情况有时会发生，那么你可以向前推进下一步。下一步你可以让孩子增加一小时在校学习时间，而一天中的其他时间仍然要按上述讨论过的方式度过。一旦孩子完成了第二步，那么继续增加一小时的在校时间，直到孩子整天都能在校学习。在这一过程中，要注意监控孩子的焦虑水平，并及时和孩子及老师沟通确保焦虑水平是真的下降了。

如果孩子错过了预计去上学的时间，那么父母要尽量在当天弥补上错过的时间。如果必要，父母应该和孩子一起坐在学校里，或者坐在车里，并每隔15分钟鼓励孩子进入教学楼。确保孩子能在上述过程中使用本章介绍的方法降低焦虑感。最重要的规则就是不能倒退！例如，如果孩子已经能每天至少上学两个小时，那么两个小时就是他/她的最低标准。

下午

也有一些孩子可能更愿意先从下午上学开始，从而逐步增加上学时间。如，孩子可能希望每天下午2点去上学，然后在学校正常放学后回家（如下午3点10分）。在这种情况中，同样也和上面描述的一样，逐步增加孩子的上学时间。例如，如果孩子能从2点到3点10分在学校学习而不觉得太焦虑，那么就增加一小时在校学习时间（也就是1点到3点10分），这样直到他/她能整天都在学校学习。从开始上学到全日上学期间，他/她应该完成老师布置的作业和其他学业任务。

使用这种方法的劣势在于也许孩子会拒绝下午2点去上学，如果错过了，也就没什么时间用来补救。因此你应该仔细考虑这种选择，最好当成最后的选择。如果父母很有信心孩子会遵循指导下午去上学，那么下午上学的方法对孩子来说才会比较有效。

午餐

另外一种部分时间上学的选择是从午餐时间开始的。这种情况要求孩子和同学一起午餐，对于年龄小的孩子来说，通常这是愉快的事情，不会有太多焦虑感。这种方法的优点在于孩子至少每天都会出现在学校，并且和同伴有交流沟通，同伴将会鼓励他/她回到学校上学。如果你选择这种方法，那么首先要求孩子仅仅只是在学校午餐，而上午和下午他/她都在家里完成作业或其他学习任务。

一旦孩子能轻松地在学校午餐，那么就可以在午餐前或午餐后逐步增加在校时间。最好的处理就是先从午餐前30分钟或午餐后30分钟开始。如果孩子是从12：00到12：45午餐，那么要求他/她从上午11：30到中午12：00以及12：45到下午1：15在校学习。当孩子能比较自如地完成这一步骤，就可以逐步增加他/她的在校时间，直到能整天在学校学习。

一天中最喜欢的时间

有些孩子可能会说，如果每天只有科学课的话，那么他们会愿意上学。因此，我们可以告诉他们：那就去上科学课！每天去学校上一节课或待上最短一段时间都比完全不上学要好。如果孩子是这种情况，那就先要求他/她去上最喜欢的课。一旦孩子能规则地上他/她最喜欢的课，而没有感到焦虑，那么就可以让他/她去上第二喜欢的课，然后这样继续下去。请记住：不要倒退！一旦孩子表现出他/她能上一定数量的课，那么这就是他/她应该在学校上课的最低数量标准。

父母也许会询问让孩子换一些课程是不是好方法，如果仅仅是换一两个课程通常不是大问题。然而，孩子可能会要求改变他/她的所有课程安排，这样可能会耽误回到学校上学的进程。如果必要，你应该和孩子的指导老师沟通是否要调整孩子的课程安排，但是一定要让孩子明白，无论课程安排是否改变，最终他/她都是要整天在校学习的。

上学但不进教室

还有一些孩子可能会说上学没有问题，但是他们无法待在教室里。如果是这种情况，你可以和学校工作人员进行协商，安排孩子在教室外的某个有人监督的环境里学习或活动。例如，孩子可以在图书馆做作业或帮助图书管理员整理书架。或者，他/她可以待在教师办公室、医务室或咨询员办公室，这样都比整天待在家里强。

当孩子对学校环境越来越习惯，更加放松也不再焦虑时，逐步增加他/她待在教室的时间。包括一些小的步骤如一次增加一个小时，或更大的步骤如整个上午或下午都待在教室里（依据孩子能够应对的情况而定）。如果孩子拒绝进教室，安排一些同学（或全班同学）来鼓励他/她回到课堂里。例如，同学可以告诉他/她一些在教室里做的有趣的事情或他们想念他/她。在着手采取这种方法之前，一定要确认和学校工作人员之间的紧密合作。

第五次和第六次会谈 治疗深入期

会谈提纲

- 回顾上周的进步，解决在现场暴露中遇到的任何困难
- 进行现场暴露，包括增加上学行为

第五次和第六次会谈要帮助孩子更快地通过焦虑和回避等级表中的所有情境。你可以安排每周两次或三次会谈，加快治疗进程，或在学校或其他地方安排治疗会谈以进行现场暴露。此时，你要将更大的责任交给孩子，让他/她自己辨别具有挑战性的情境。随着治疗的推进，孩子将学会建构情境并在其中进行暴露，同时将焦虑情境看作能帮助自己解决问题的良好机会。这一阶段治疗的主要目标是训练孩子意识到，当负面情绪产生时，他/她应该立即建构情境进行暴露并采取积极的应对措施而不是回避或逃跑。在这一过程中，治疗师的角色就是一个专家，你要示范或者指导家长在家安排现场暴露，帮助孩子练习焦虑管理技巧，通过这些方式将如何应对负面情绪的知识传递给孩子和家长。通过系统的家庭作业，父母同样要成为积极而关键的角色，他们需要培养孩子的控制感，帮助孩子积极应对负面情绪。

回顾现场暴露和 STIC 任务

回顾上周的进步，核查孩子在现场暴露中遇到的困难。布

置的任务可能包括：去学校和/或拜访老师，单独待在某地并且不断延长时间，进入某个情境并待在那儿。向孩子强调使用放松和深呼吸方法来保持平静的重要性，并告诉他/她一定要尽量待在那个情境中，而不是回避或逃跑。另外，回顾孩子在坚持学校作息、尝试上学或参与学校活动方面的进步。

进阶 STIC 任务：消除安全信号

随着治疗的推进，孩子将要在会谈中或会谈间接受越来越多的焦虑情境的挑战。在孩子进行脱敏练习的过程中，一个关键点就是要让孩子在不接受帮助或不使用任何“安全信号”的情况下去面对困难情境。所谓“安全信号”，是指在某一情境中孩子可以依靠的并让他/她感觉更舒服的物体或人。尽管短期内安全信号能降低孩子的焦虑，但是长远来看，安全信号会让孩子持续保持焦虑，并阻止孩子认识到他/她可以完全应对困难情境而不需要任何人的帮助。

当面临一些引发焦虑的情境时，焦虑障碍患者总是依赖这样的安全信号。例如，这些人可能会携带水杯、药物或手机，他们错误地认为自己“需要”这些东西来防止惊恐发作或寻求帮助。同样，安全人物（如朋友）也是这个道理，他们认为安全人物能从惊恐发作的无法预期的后果中“解救”自己。当然，惊恐发作的后果也就是一些不舒服的感觉，即使不做任何补救，这种不舒服感也会过去。

同样，焦虑的孩子也会发展出自己的安全行为和安全信号。例如，焦虑的孩子可能会变得更“黏人”或特别需要关注和确认。父母总想要安慰孩子，但是如果经常给予安慰就会导致他/她无法学会自己处理这种正常水平的不舒服。对于焦虑障碍的孩子来说，他们会由于某些负面情绪而拒绝上学，此时，“贿赂”加帮助的方法也许能让他们进入某些情境。例如，有些孩子只有在某个兄弟姐妹或朋友陪伴的时候才愿意乘坐校车。同样，惊恐发作的青少年则可能需要精细的安全措施，如随身携带手机，以便惊恐发作时可以打电话求助。他们也常常觉得如果离开家或离开自己的看护者特别困难，因为总是担心惊恐发作时没有人能理解自己的问题，也没有人帮助自己。

增加 STIC 任务的复杂性和挑战性对于尽可能多地揭示和消除这些不必要的安全信号是很重要的。表 4.1 列举了拒绝上学的孩子中一些常见的安全信号。你应该帮助孩子构建现场暴露的练习去面对和挑战这些负面情绪，随着练习的进步，要系统地撤销陪伴他/她的安全信号，让孩子有机会去学习如何单独应对困难情境。

表 4.1　负面情绪、行为和安全信号

负面情绪和行为	安全信号
担忧："如果……会怎样?"思维；要求重复确认；新的或变化的情境中的焦虑；完美主义。	重复询问；想知道每个细节和计划；书包里装着所有东西（担心落下某些东西）；反复擦掉重写使试卷"完美"。
惊恐：恐惧某种身体感觉突然来袭，如心跳突然加速、出汗、眩晕、气短或颤抖。	总是让某人（如朋友，父母）在身旁"以防万一"；携带某些特定物品（如水、药物、手机或呼机）使自己感觉更好；检查自己的心跳和脉搏；从不参与体育运动。
对特定物体或情境焦虑：对消防训练、乘坐校车、昆虫或动物、雷电、响铃、小地方（如教室）、医生、针或黑暗等焦虑。	关注天气预报并预测有暴风雨；开灯睡觉或需要有人陪着睡觉；耳塞。
分离焦虑：离开家或跟所爱的人分开后，会产生焦虑，认为会有非常糟糕的事情发生，然后两个人可能再也见不着了。	"跟屁虫"或黏着父母；总是要在父母视线所及之处；从来不单独待着；如果要分开，需要特别多的反复确认。
悲伤，忧郁或抑郁：情绪总是很低落；感到绝望或某些问题没法解决；无价值感和内疚感；对曾经感兴趣的事情失去兴趣；易怒；哭泣；死亡意念或自残意念。	黏人；不想单独待着；因为抱着"我从来就做不好"或"我不值得这样"的信念，所以总是让别人（父母、朋友）来解决或处理自己的问题。

现场暴露

增加 STIC 任务的挑战性同时减少安全信号将会给孩子带来更多应对困难情境的经历。从想象暴露开始，孩子就一直在为现场暴露做准备。在想象暴露过程中，孩子会想象自己面临着有压力并会引起焦虑的情境，而且自己没有采取安全行为或借助安全信号。如果孩子在这一步骤中进步比较快，那么你可以让他/她快速地进入现场暴露阶段。下面呈现的是拒绝上学的孩子中最为常见的三种负面情绪及其现场暴露的计划。

案例一：黏人的孩子——“别留下我一个人！”

主要问题

由于担心某些事情发生而拒绝上学，如担心灾难性事件会发生在父母身上，担心被绑架或被杀，或担心走失及找不到回家的路。

安全行为和信号

上学时每个小时都必须给家里打电话；如果父母外出要求他们每个小时打电话回家；总是要求父母尽早接自己回家；要求父母开车走同样的路线以防迷路。

现场暴露计划

让孩子练习外出或上学时越来越长时间不和父母联系，然后逐步达到不让孩子知道父母的去向。开始的时候，可以让他/她每隔 90 分钟打一次电话，然后再到上午两次电话下午一次电话，然后是上午一次电话，最后的目标是整天都不打电话。当父母外出孩子在家的时候也是安排同样的程序：开始是父母每隔 90 分钟打电话回家一次，然后是每隔两个小时一次，之后四个小时一次，最后整天都不打电话。

对于由于父母不按时接送而产生焦虑的孩子来说，现场暴露练习可以按照如下方式进行：首先是让父母迟到 5 分钟来接，并能给出比较合理的解释（如堵车）；然后是迟到 10 分钟，仍然有合理的解释；再后来是迟到 10 分钟，不给解释；然后是迟到 20 分钟（逐步增加至迟到 45 分钟）。为了增加挑战性，可以找一些孩子不认识的“同伙”或协助者，让他们在孩子身边经过或问路。在进行这种暴露的同时，要指导孩子如何保证自己的安全：在学校里面等待父母并告诉办公室的老师自己的位置；在学校外面等待并告诉老师或熟悉的成人自己正在等父母；不要接触陌生人；如果有陌生人试图接近，快速走向同伴中间、认识的人身边或者是一些权威人物身边，如警察和交警等。这种暴露的目的在于提高孩子对生活中正常的麻烦事的忍受力，发展必要的技能来应对这种情境并保证自己的安全。

有些孩子担心迷路，对这类孩子进行现场暴露脱敏，可以蒙着孩子的眼睛（使用面具或围巾），不说话，带着孩子环绕办公大楼或到外面走走。牵着孩子的手，但是不跟他/她说话，孩子无法看到周围的环境会导致他/她的焦虑上升，通过多次练习，孩子将能够适应这种情境。之后，要求父母在不熟悉的街道上模仿迷路的状况，并偶尔嘀咕："孩子，我们现在在哪啊？"告诉父母不要给孩子任何确认，待在"迷路"状态并延长处于"迷路"状态的时间。然后，保持平静和一切尽在掌握的姿态，家长会告诉孩子他计划如何找到正确的道路："好的，让我们来看看我们在哪儿。先慢慢地呼吸，放松。这是海兰大道，我知道我们可以在某处开进新道普巷。别着急，冷静一点，放松。我会再沿着这条路开一英里。好了，前面就是新道普巷！我就知道只要我保持冷静就能找到方向的！"

案例二：按下惊恐的开关——"我很难受，救救我！"

主要问题

惊恐发作会发生在不同情境或不同场所，可能导致恶心、眩晕、气短、心悸、出汗、颤抖、麻木或刺痛感以及不真实感。这些发作是突如其来的，也许会发生在学校里，校车上，公共场所如商场、电影院或拥挤的人群之中。

安全行为和信号

随身携带纸袋以防过度通气，携带一瓶水来"打开"喉咙，携带手机用于电话求助。无时无刻不需要妈妈在电话旁候命；为避免在校车上引发惊恐表现，要求父母重新安排他们的工作日程以确保有时间接送；因为惊恐发作常常出现在下午，每天只上半天学；每天下午都在家躺在床上休息以避免惊恐发作；上课的时候要求老师安排一个安全通道，让他/她能顺利跑到校医务室（平均来说，每天早上至少有1小时待在医务室），如果出现任何症状，就立即到医务室躺在床上。

现场暴露计划

对于惊恐发作的孩子来说，内感性暴露练习能帮助他们对惊恐发作的生理感觉脱敏。内感性条件反射是学会害怕的生理感觉的过程。经历过惊恐发作的人一开始感觉到的是身体状态的改变，随后对这种改变产生警觉，担心这种改变有某种暗含的意义。之后他们都会避免诸如跑上楼梯、有氧运动、喝咖啡因饮料或其他可能导致身体改变的活动。征服惊恐发作的关键在于学会忍受正常的生理唤起和改变而不会担惊受怕和痛苦。内感性暴露是指通过反复尝试系统地激起这些感受来降低焦虑。因此，最开始需要形成一个感觉等级表，其中的项目会使孩子感到害怕，暴露就从引发焦虑最小的感觉开始，然后逐步向前推进暴露，直到那些能引发孩子高焦虑的感觉。表4.2列举了典型的暴露练习及其目标感受。

表4.2　　内感性暴露练习及其目标感受

练习	目标感受
围着椅子转	眩晕，头昏眼花
跑到某个地方或跑上楼	气短，心跳加速
通过管子呼吸	气短，胸闷
凝视光源然后阅读	视觉干扰，不真实感
左右摇头	头昏眼花
拉紧肌肉，让它们紧紧的	肌肉紧张，刺痛感
强力呼吸	气短，心跳加速，头昏眼花，刺痛感
让头低过膝盖，然后很快抬起来	头昏眼花，眩晕，不真实感

让孩子进行内感性暴露练习的主要目的是教会孩子这些感觉只是暂时的、可以预料的，也是可以控制的。更重要的是，孩子要认识到这种生理状态的改变其实是正常的，没什么危害。提前告诉父母孩子可能会有一定程度的不舒服，但是仅仅是暂时的。惊恐发作的感觉并没有危害，即使孩子不做任何努力，它也会自然消散。更重要的是，因为经历了惊恐发作的过程，

孩子将认识到，那种正常的机能并不需要去改变。

鼓励孩子进入他/她回避的情境，指导他/她慢慢地离开安全信号（如纸袋、手机、水瓶），逐步增加上学时间并限制去医务室的次数。完成这些步骤需要和学校老师、校医紧密合作，所以一定要和他们沟通好如何教导孩子遵循脱敏治疗的规则。同样，在家里的练习要求孩子更少待在床上，增加能引发生理感觉的身体活动（如骑自行车）的时间。当焦虑水平上升后，指导孩子进行深呼吸，即使要经历惊恐感受，也要求他/她待在那个情境中。

如果你对这一技术感兴趣，希望获得更详细的内容，可以参阅牛津大学出版社出版的《驾驭焦虑和恐惧》。

案例三：担忧者——“如果……会怎样?”

主要问题

对环境、习惯的改变过分担忧，做事要求完美或要达到不现实的标准；难以集中注意力，难以休息好；抱怨肌肉紧张或疼痛；反复以同样的方式询问同一问题。

安全行为和信号

持续向父母、老师和同伴寻求确认；老师反馈说“孩子总是在我的办公桌旁边”；孩子想知道一周内每天的家庭活动计划，如果计划改变或一些无法预料的事情发生后孩子无所适从。

现场暴露计划

教导孩子体验“不那么完美”或“并不如愿”的环境并接受出现的后果，不再向父母寻求反复确认。例如，要求一个极端完美主义的孩子给自己一些无法承受的压力，有意造成家庭作业或体育运动中的错误（如，棒球运动中的出局）。同样，对于过分关注外表整洁的孩子来说，要求他/她穿皱巴巴的衣服，头发任其乱糟糟的，不照镜子（参见第五章）。也不要给孩子任何确认。如果孩子反复询问“你认为这样可以吗”，指导父母不要给予任何反馈。帮助父母确立寻求再确认的限制（参见父母自助手册和第六章）。如果现场暴露安排了故意在试卷上出错这一步骤，应该请老师告诉孩子“希望你将错误改正”，并且准备一些作业单专门供现场暴露练习使用，而这些练习单不会进入学生的成绩档案袋中。同时告诉孩子，即使犯了错误，也没有什么长期的不良后果，而且大多数错误是可以改正的。

对于过分关注计划或活动细节的孩子来说，要教他/她面对未知和变化的场景。让父母安排一次外出，包含很多活动（如，首先去商场，然后去奶奶家，之后再去图书馆）。一般来说，过分担忧的孩子会想知道每个活动的具体细节安排，比如会在那儿待多久，会发生什么事情，还有谁会参与活动等。指导父母改变活动的顺序（如先去奶奶家），改变每个安排的时长（如，比原计划提前离开或在某处待更长时间）。当孩子开始适应时，指导父母通过让孩子面对一些确立的预期（如，奶奶不在家，图书馆闭馆）和取消计划中的某个安排来加强现场暴露脱敏。最后，让父母在临行前的最后一分钟取消整个外出计划，并且不提前给孩子任何通知。

家庭作业

第五次和第六次会谈后的家庭作业包括如下几项：

✎ 睡觉前跟随磁带进行放松练习，完成日志。

✎ 完成 STIC 任务，包含不同的现场暴露计划，此外，想象暴露脱敏也是必需的。

✎ 随着治疗的推进，上学时间应该不断增加，目标是让孩子每天的大部分时间都在校学习。

第七次和第八次会谈 完成治疗

治疗的最后部分应主要关注让孩子不断增加在校学习时间，最终达到全部时间在校学习的状态。一开始，你也许希望陪伴孩子去学校或将咨询会谈安排在学校的某个办公室（如，非课程教室，比如自习室)。这样协助他/她进行暴露也许能促使孩子更快地达到全部时间在校学习的状态。一旦孩子回到学校上课，治疗会谈就应该避免安排在学习时间。如果合适，治疗可以放学后在学校进行。此时，让孩子担负起治疗的大部分责任，让他/她把治疗中所学的应用到实际生活情境中去，同时也要持续地使用以前在治疗中学到的技巧，帮助孩子达到治疗目标。

第五章 孩子为了逃避令人苦恼的社交和/或评价情境而拒绝上学

第一次会谈 开始治疗

治疗所需材料

- 焦虑模型
- 思维泡
- 焦虑和回避等级表
- 情绪温度计

会谈提纲

- 教孩子了解社交焦虑
- 和孩子一起建立焦虑和回避等级表
- 帮助孩子使用STOP方法形成辨别和改变负面思维的计划
- 帮助孩子识别自动思维

许多人都能回想起这样的场景：当自己处于社交情境，成为大家注意的焦点，参加考试或被别人评价时，都会出现恶心、颤抖或其他的焦虑表现。对于大多数人来说，他们的这些焦虑表现会很快消失，应对社交情境或评价情境的能力也不会受到损害。许多人甚至都能回忆起上学的时候被要求在课堂上做口头报告，被他人嘲弄或考试时曾多次感觉到焦虑的生理反应。

对于一些孩子来说，在社交和评价情境中的焦虑是非常痛苦的，以至于他们根本无法忍受这种情境。因此，他们就产生了回避行为。对为了逃避令人苦恼的社交和/或评价情境而拒绝上学的孩子的治疗包括：

- 教会孩子识别在焦虑情境中他/她对自己说了些什么。
- 学会将负面思维改变为应对性的、有帮助的陈述。
- 在治疗会谈中对引发焦虑的社交或评价情境进行逐级暴露。
- 逐步增加上学时间。
- 在真实的社交和评价情境中练习应对技巧。

对社交焦虑或评价焦虑的孩子的治疗需要治疗师在绝大部分的会谈时间里和孩子一起努力，父母可以在每次会谈的结尾部分被邀请参与治疗，主要是提供信息、回顾治疗过程和安排作业。如果孩子回避一些社交情境，如参加聚会、发起或参与谈话、打电话，那么你应该给予父母一些特殊的指导方法，让父母帮助孩子进入这些情境。同样，如果孩子回避评价情境或表演情境，那么他/她需要学习以循序渐进的结构化模式来应对那些情境。

心理教育

治疗从心理教育开始。首先要给孩子讲解社交焦虑和评价焦虑的本质和发展过程，而且在解释的时候，一定要考虑孩子的年龄和特殊情况，确保他们能理解。焦虑包括三个部分：感受部分（我感觉到什么），思维部分（我想了什么）和行为部分（我做了什么）。下面是给孩子解释焦虑的三个部分是如何交互作用而产生社交焦虑的示例：

> 你还记得第一次骑车时的情景吗？回想一下当你第一次骑上车时的感觉，你能够跨上去并骑着走吗？还是感到摇摇晃晃，认为自己会跌倒？再回想一下你是否叫别人帮你扶住后座来保持平衡？如果他们放手让你自己骑，想过会发生什么情况吗？嗯，就这样，经过一次又一次的练习，

你学会了骑车，那时感觉也很舒服。现在，你再想想你骑上车时害怕吗？当然不！因为你已经学会了骑车，现在，即使是骑上车的时候有些摇晃你也根本不会注意到！

现在再想一想，如果你是第一次骑车，感觉到左右摇晃，你觉得会有什么事情发生呢？你会从自行车上下来，然后再也不骑了吗？如果你跟自己说“这太可怕了！我肯定会跌倒、会受伤”，那么你会怎样呢？你认为你还会想要再去骑车吗？绝不可能！如果你告诉自己做某件事很可怕，那么它真的会变得很可怕并且会阻止你再去尝试它。这个道理对其他人来说是同样的，当他们不得不做个口头报告，在他人面前演奏乐器，或参加学校的考试甚至是开始一次交谈时，也是如此。因为他们总是告诉自己这些情境都很可怕，并且他们也会感到颤抖或难受等等，因此，他们再也不愿意做那些事情。同时，他们越是回避那些事情，情况就变得越糟糕，这正是因为他们所感受到的恐惧比实际可能体验到的恐惧更强烈。

为了更好地说明焦虑的感受、思维和行为部分，可以画三个圆圈，每个圆圈代表一个部分。要求孩子辨别在面临一个社交焦虑情境时他/她的生理反应、思维和行为（图 5.1 是根据上述示例完成的圆圈）。

你可能想在治疗过程中使用杂志上描绘孩子生活场景的卡通画或图片，如站在一群孩子旁边或和成人交谈。例如，可以使用思维泡（图 5.2）要求孩子描述他/她在当时情境中的感受、思维和行为。这一过程能帮你更好地理解是什么引发了孩子的焦虑以及孩子是怎样看待自己的问题的。用箭头将三个圆圈联系起来，使用其他的箭头或图画向孩子说明焦虑水平是如何逐步提升的，同时也要告诉他/她让焦虑平静和缓解的过程。在这个过程中，注意传达焦虑的三个部分之间的交互作用。

建立焦虑和回避等级表

焦虑和回避等级表（The Anxiety and Avoidance Hierarchy，AAH）是一个列表，上面呈现了会让孩子感到苦恼的活

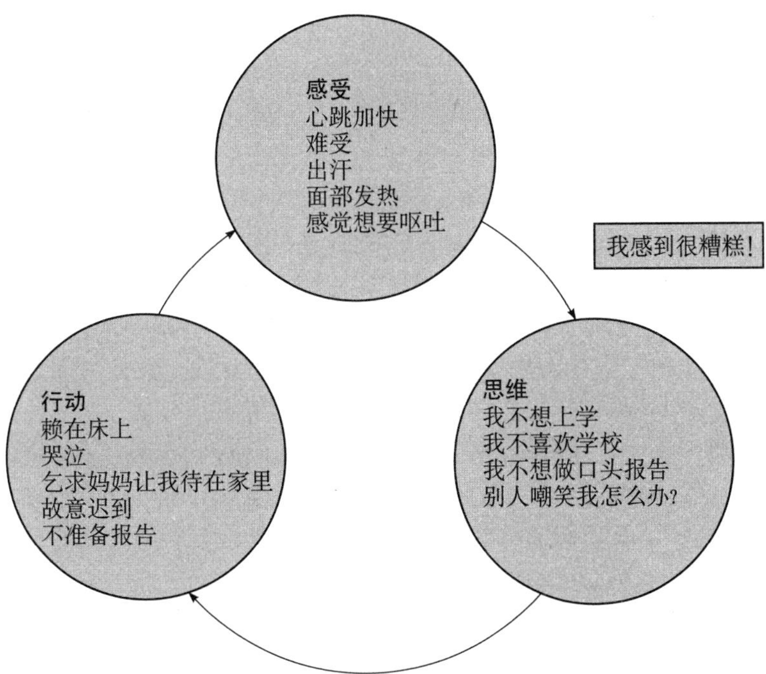

图 5.1　焦虑模型

图 5.2　思维泡

动或情境，这是需要积极治疗的部分（见第四章）。对于这些孩子而言，令人苦恼的社交和/或评价情境就是重点。从低等级的情境开始，大多数孩子经过治疗中的层层递进，最终要完成对所有苦恼情境的挑战。图 5.3 是一个由于社交和评价焦虑而拒绝上学的 12 岁男孩 Mark 的焦虑和回避等级表。焦虑和回避等级表中的项目是逐级变难的，因此，孩子需要从最容易的情境开始进行治疗，逐步朝向最难的情境。为了帮助孩子解决焦虑引发的认知和行为问题，还需要孩子在每次会谈中评定他/她在这些情境中的焦虑和回避程度，此外，父母的评定对了解孩子焦虑行为的强度及限制也会有所帮助。

要完成焦虑和回避等级表，必须回顾在评估阶段从孩子和父母处获得的信息，并且要注意孩子近期回避的事物或情境。在整合信息的过程中，可以先将每个事物或情境分别写在卡片上，同时准备一些空白的卡片以随时记录之前没有发现的回避物。把这些卡片交给孩子，并要求他/她根据情绪温度计（图 4.3）对事物和情境进行分类。情绪温度计可以帮助孩子辨别焦虑的程度或经历这种情境时的痛苦感。情绪温度计从 0（没有）到 8（非常）评分，基于孩子的评定，我们就可以将最低等级

焦虑和回避等级表

问题：为了逃避社交或评价情境焦虑而拒绝上学

让我害怕的情境或地方	焦虑评分	回避评分
1. 和两个不是很熟的孩子开始交谈	8	8
2. 去餐厅午餐，和一些不太熟悉的孩子坐在一起	8	7
3. 在课堂上自愿起来读课文或上黑板写字	7	7
4. 打电话给班里同学询问作业	7	7
5. 举手回答问题	6	7
6. 做口头报告	6	6
7. 家里来电话时去接电话并和人交谈	5	4
8. 向老师请求帮助或要求老师解释某件事	4	4
9. 在咖啡厅或餐厅点餐	4	4
10. 和认识的人开始交谈	3	3

图 5.3　Mark 的焦虑和回避等级表

的 10 个事物或情境组成第一个焦虑和回避等级表。情绪温度计也可以从父母自助手册上复印，或者登录本丛书的网站 www.oup.com/us/ttw 进行下载。之后，在每次会谈中都可以让孩子来评定他们对这些事物和情境的焦虑水平，这样可以获得反馈，了解孩子的行为变化情况。另外，你还可以要求父母单独完成焦虑和回避等级表，从而获得多方面的信息，对孩子的状态和功能有更全面和细致的把握。在所有的会谈开始时，都可以先和孩子、父母讨论焦虑和回避等级表。

特殊话题 5.1 惊恐发作

一些父母说孩子“惊恐发作”是因为孩子持续三四个小时感到痛苦或紧张，但是一般的痛苦并不意味着孩子就有惊恐发作。惊恐发作是指在短时期内，通常是 10～15 分钟，孩子突然或由于某个小原因而导致强烈的生理反应并感到恐惧，常见的生理反应包括心跳加速（心跳“重击”的感觉）、出汗、战栗、潮热、气短、恶心、眩晕、胸痛、吞咽困难、麻木和刺痛感等。

伴随这些生理反应而来的有一些常见的思维和担忧，如担心死亡、失去控制或会疯掉等。惊恐发作常常很突然，没有任何预告，但是也会很快结束。惊恐发作本身其实是无害的，但是有惊恐发作的人总是担心出现的生理反应非常危险。此外，很多人会因为担心惊恐发作和发作后的自卑而回避不同的社交情境、评价情境和公共场所。

如果你的来访者只是一般地表现出对学校的焦虑，那么他/她不太可能有惊恐发作。持续的社交焦虑、痛苦感和惊恐发作并不一样，前者才是本章的重点。同时，惊恐发作在 13 岁以下的孩子中也相当罕见。然而，的确有些青少年可能会有惊恐发作的表现，如果你发现来访者存在特殊的、严重的与学校相关的惊恐发作，请注意第四章讨论过的内感性程序。

识别负面思维

社交或评价情境中的焦虑主要来源于负面思维或“自我对

话”。当一个焦虑的孩子在预测一个社交或评价情境时，他/她总是会考虑自己会犯什么错，会有多么糟糕或总是认为别人会嘲笑他/她、认为他/她不好等等。在这些情境中，孩子会过分关注负面思维而不是事情的真实进展，因此，焦虑越来越强烈以至于彻底打败孩子。作为治疗师，你可以帮助孩子制订计划来识别和改变这些负面思维。

对于年龄较小的孩子来说，STOP 方法（Silverman & Kurtines，1996）可以用来帮助他们识别和改变负面思维：

S：你感觉害怕（Scared）吗？

T：你在想（Thinking）什么？

O：其他有帮助的想法（Other Helpful Thoughts）有哪些？

P：表扬（Praise）你使用这些步骤并为下次做好计划（Plan）。

根据孩子的年龄和认知发展水平，你可以和孩子一起逐步演练上述四个步骤，重点在可能引发焦虑思维的不同社交或评价情境中演练这些步骤。然而，孩子并不需要了解这些步骤的细节。事实上，对于年龄较小和认知能力有限的孩子来说，在他们面临焦虑情境时，使用 STOP 图标的卡片（图 5.4）来帮助他们停止负面思维是很有效的。

图 5.4　STOP 图标

对于年龄大一点的孩子和青少年来说，则可以教他们识别自动思维（ATs）。自动思维是指个体在面临一个情境时自动产生的负面的、无用的焦虑性思维，它促使个体更关注于情境中的危险情况。Beck 和他的同事（1979）在抑郁患者中发现了一些自动思维或歪曲认知。这些认知错误在焦虑个体的思维中随处可见，它们能使一个本来积极的情境变得让人很痛苦。常见的自动思维如下：

非黑即白：它必须要完美。我根本做不了这件事。

灾难化：这是发生在我身上的最糟糕的事情。

过分概括：我从来没做对过任何事情。

贴标签：我真是个白痴。我太愚蠢了。

“不能”或“应该”：我永远也不能做好。我不能做这个。我本应该做得更好一些。

读心术：她认为我很蠢。我知道他们不喜欢我。

命运预测：这次考试我通不过。没有人愿意跟我说话。

忽略积极面：（这种情况经常发生在别人给予表扬时）我还可以做得更好。这不是我最好的状态。

在第一次会谈中，你的重点在于帮助孩子识别焦虑情境中的思维。第一步就是要教会孩子辨别焦虑的导火索或“诱因”（这是S步骤中的重点）。对于年龄较小的孩子来说，你可以让他们画出引发焦虑的事物，而对于年龄大一些的孩子，则可以要求他们坚持完成日志，记录引发焦虑的情境和焦虑情境中的思维。这一日志可以帮助孩子识别他/她是如何预测负面事件的。

训练小组

我们建议你向父母和孩子澄清以团队形式参与治疗的概念，即，就像是一个足球队、篮球队或棒球队那样。我们可以采取类比的方法，让孩子成为“主力球员”（如，橄榄球中的四分卫、控球后卫、投手等），治疗师作为“主教练”，父母则是“助理教练”。这种方法不仅有助于重新建构焦虑情境下的家庭关系，也能将治疗中学习到的程序和经验整合到日常生活中。首先，你应该让孩子说出他/她最喜欢的运动，以此来说明训练过程。然后，你可以像下面的示例一样给孩子和父母提供解释：

让我们来看看（四分卫和最近的“超级碗”冠军队）如何一起工作。毕竟，他们是一支“超级碗”冠军队，对吧？当四分卫第一次上场时，他的确还是个新手，要想成为一个行家，他需要学习和不断练习。因此，开始的时候教练会将他叫到场边，告诉他要怎么跑位。你有没有注意过橄榄球比赛的时候四分卫跑到场边和教练交流的情况？经过训练和比赛磨炼后，四分卫变得越来越擅长组织进攻，教练会让他组织，并且在每场比赛后一起讨论哪次组织很成功，哪次还有待改进。到这个时候，四分卫就可以自己来组织队友进攻。他不再需要教练的指导，除非遇到一些特殊的困难，比如说在还有几英寸的地方第四次触地！

我们的治疗也很像打橄榄球。首先，作为主教练的我将负责整个治疗，会帮助制定 STOP 计划来改变和挑战你的负面思维。我会和你一起努力，找出能帮助你学会处理焦虑情绪的最佳练习方法。爸爸和妈妈是助理教练，他们会在家里给予你帮助。这种情况在橄榄球队也存在，其他教练也会帮助队员练习。因此，爸爸和妈妈会帮你确认完成家庭作业的时间。同样，他们也会帮你使用 STOP 步骤。爸爸妈妈将会提醒你使用 STOP 步骤，甚至是帮你辨析负面思维。当你使用 STOP 步骤变得越来越熟练时，我会让你自己来掌握治疗过程！你将开始自己找寻最好的练习方法，并探索如何去挑战自己的焦虑。

因此，开始的时候整个团队都会帮你，但是随着你的进步，你会自己来把握整个治疗过程。

这一类比能协助你向父母澄清如何帮助孩子学习焦虑管理技巧、制定暴露计划及安排最初的暴露治疗。经过一段时间的练习之后，孩子应该承担更多的治疗责任。使用教练类比的首要原因是帮助改变自拒绝上学行为出现以来的家庭成员之间的相互关系。一般来讲，对于孩子的这一行为，父母和孩子会发展出斗争、争辩和搏斗的模式。因为一些家长为了让孩子上学“已经想尽了一切办法”，他们可能会觉得受挫和绝望。事实上，每出现一次抱怨、哀求、哭泣或逆转，父母的受挫水平会比先前高一个等级，孩子的不当行为也会更加强化。这就导致了家庭成员间的负面关系，随之而来的是更多的哭泣和争斗。

上述的球队类比方法能帮助建立中立的父母—孩子关系，能逐渐建立健康的、有意义的问题解决模式和积极的相互关系。教练应该帮助（而不是强制）和鼓励孩子坚持行动计划。当孩子成功时，要指导父母给予孩子表扬或给予其他的正面关注（如微笑、拥抱）。然而，如果孩子没有取得成功，要求父母保持中立，不要对孩子的行为和意图妄加评论。使用角色扮演的方式教会父母如何应对家庭中的典型互动。如果必要，可以通过突发性管理和沟通技巧训练等方法帮助家庭成员训练孩子的行为（见第六章和第七章）。

家庭作业

✎ 孩子应坚持完成对焦虑情境的记录。父母则完成另外一份记录，以提供更多关于孩子反应的信息。

✎ 孩子和父母继续完成日志，要求他们记录在一周中出现的特殊情境或经历。

✎ 鼓励他们每天坚持规则的上学作息，哪怕仅仅只是坚持早晨上学前的作息。这包括早起、穿衣服和准备上学、完成家庭作业。

第二次会谈　强化治疗

会谈提纲

- 回顾过去一周的情况，帮助孩子确认焦虑的触发事件和负面思维
- 开始暴露治疗

会谈从重点关注孩子的自我对话开始，这包括教导孩子识别负面思维并与之进行辩驳。通过暴露治疗，你可以激发孩子的焦虑反应，并促进他/她使用应对自我对话的技巧。在暴露过程中，孩子和治疗师要对焦虑情境进行角色扮演（如，在咖啡厅里开始和别人交谈），其目的是让孩子体验焦虑的感受并识别引发焦虑的负面思维。然后，你可以帮助孩子和这些思维进行辩驳。暴露治疗的方法能让孩子逐渐进入焦虑情境，获得经验并最终掌控这些情境。现场暴露练习可以在父母的协助下在两

次会谈之间完成，现场暴露练习可以被称为“看，我能行”（STIC）任务。

请注意考虑父母在治疗中的参与程度，这取决于孩子的年龄、发育水平及情境的具体特征。相对于青少年来说，年龄较小的孩子可能需要父母的更多参与和协助，父母可以指导孩子使用认知重构程序，也能帮助孩子建立现场暴露的练习场景。例如，如果一个小孩和成人交谈有困难，那么父母就可以安排自己的一些朋友来和孩子练习交谈。同样，父母还可以带孩子去餐馆或商店，让孩子在找零钱或点餐的过程中和服务员进行沟通。

特殊话题 5.2　课外活动

课外活动是指学校相关的俱乐部、团体、团队和其他同伴集合，在这些活动中孩子们有着共同的兴趣，同时能结交新朋友。课外活动对学生上学有强烈的影响。许多孩子拒绝上学是因为他们感觉被孤立，看起来像是“局外人”。他们可能是少数民族/种族学生、新来的学生或者本身很害羞。因此，他们有时会缺乏上学的动机。如果你的来访者存在这种状况，那么可以改变这种局面的一种方式就是让他/她更多地参与课外活动，这样他/她就可以交到愿意和他/她一起上课的朋友。

你可以从学校指导老师或学校工作人员处获得学校课外活动的列表，然后和孩子讨论哪种活动他/她最感兴趣。孩子可能对几种活动感兴趣，他/她可以先去尝试。我们建议孩子每月至少尝试3种课外活动，这样，如果其中一种或两种不行，还有第三种可选。当然，一定要鼓励孩子和这些团体中的同伴交朋友，鼓励他/她给同伴打电话，和他们一起看电影并邀请他们来家里吃晚餐。

青少年（13岁或以上）则可以自己来安排和进行现场暴露练习，但是这也取决于他们的发育水平和问题的严重程度。父母可以做好后勤保障工作（如开车送孩子去购物中心或朋友家），但是真正进行暴露练习的责任一定是在青少年自己身上。

挑战和改变负面思维

回顾过去一周的情况，集中精力识别孩子焦虑的触发事件以及当时的负面思维和形象。使用黑板或挂图帮助孩子识别他/她的焦虑和负面思维的唤起模式。此时，苏格拉底式的提问方法可以用来鼓励孩子仔细地思考整个情境，辨别自己的反应。下述对话与图5.5就是使用这种方法帮助年龄小的孩子进行这一练习的示例。

案例节选

T：嗯，上周发生的一件事情就是那天你走到操场，有很多孩子正在玩游戏。这让你感到紧张？

C：是的，我觉得心烦。

T：好的，也就是说“触发事件”就是看到一群孩子在玩游戏，我把它写在黑板上，把它叫做“触发事件”。嗯，想一想，在你看到那些孩子之前发生了什么。你从教学楼出来，朝操场走去。当时你在想什么？

C：不知道，我想出去玩。

T：嗯，你想出去玩。你想过要玩什么游戏吗？或者你想过和谁玩吗？

C：是的，我想和我的朋友Bethany玩捉迷藏。我正在找她。

T：好，那在你走到操场之前，你感觉如何？

C：我想去玩，到了休息时间我觉得很开心。

T：之后你看到大家在一起玩，注意到了什么？

C：Bethany和一群孩子在那儿，我开始紧张了。

T：好的，那就是STOP中的“S”，我们也把它写在黑板上。当你看到Bethany和一群孩子在一起时，你第一次感到了害怕。当时，你在想些什么？

C：我从来不和那些孩子一起玩的，Bethany也许不想和我一起玩。如果他们都不愿意和我一起玩怎么办呢？（治疗师把这些思维写在黑板上的“T”下面）

T：好，我们一起来看看你的这些想法，一个一个来看，从“我从来不和那些孩子一起玩的”开始。你记得开始和Bethany玩之前的事吗？在认识她之前？

C：记得，是在一年级时。

T：当你第一次见到她时，你害怕去和她一起玩吗？

C：有一点。但是我们还是一起玩了，还好。

T：所以，一旦你们开始一起玩了，你就会越来越不害怕？

C：是的，我不再害怕和她一起玩耍，之后我们成了好朋友。

T：很好！当我们没有做过某件事时，它总会有第一次，但是一旦我们做过了，它就变得越来越容易。所以，你能不能对自己说些别的，而不是“我从来不和那些孩子一起玩的”？

C：嗯，以前我没有和他们一起玩过，但是我可以试试和他们一起玩，认识他们。（治疗师将这个想法写在黑板上的“O”下面）

T：做得很棒！这的确是一个很好的想法，它能够告诉你该怎么做。

触发事件	害怕（Scared）	想法（Thoughts）	其他有用的想法（Other helpful thoughts）	表扬（Praise）
课间休息。	看到Bethany正和一群孩子一起玩耍。	我从来不和那些孩子一起玩的。Bethany也许不想和我一起玩。如果他们都不愿意和我一起玩，怎么办呢？	以前我没有和他们一起玩过，但是我可以试试和他们一起玩，认识他们。	对我来说，这真是个好主意！

图 5.5 STOP 样本

仔细询问孩子的每个负面想法并鼓励他/她思考相似的经历。这一过程将教会孩子对自己的每个想法进行考察并用理性的、现实的想法来进行辩驳。下面所列的问题被称为“辩驳问句”，常常被用来辩驳焦虑思维：

- 我能百分之百地确定它会发生吗？
- 我真的知道那个人会怎样评价我吗？
- 最坏的事情真的会发生吗？
- 以前我是否经历过这种情境呢？它真的有那么糟糕吗？
- 这一可怕的事情实际上发生过几次？
- 如果我没法在这次考试中获得满分，那会怎样？
- 我是唯一必须面对这一情境的人吗？

帮助孩子使用 STOP 程序来应对一些困难情境，这会帮助孩子练习挑战和改变负面思维。一旦孩子练习过在不同情境中使用 STOP 程序，治疗就可以推进到下一环节，即暴露治疗。

在行为暴露中追踪焦虑变化

在每次暴露治疗开始前，要求孩子对焦虑进行评定，也就是对他/她感到的焦虑和紧张进行估计，你可以让孩子使用情绪温度计或其他方法来完成评测。在暴露治疗过程中，要求孩子每分钟都进行焦虑评测。大多数的暴露都会持续 10～15 分钟，不过你可以依据孩子的反应来缩短或延长暴露的时间。此外，在暴露治疗开始之前，应该让孩子设定几个目标，这些目标要具体、可观察、可实现，这样孩子可以有清晰的行动目标。例如，在一个重点是“开始并坚持和某人交谈”的暴露治疗之前，孩子列出如下目标：我会做自我介绍、向对方问好、问两个问题、抬起头、在交谈过程中和对方有两次眼神交流。

在暴露过程中，注意追踪孩子是否实现了他/她的目标。暴露过程结束后，和孩子一起讨论他/她的感受以及了解他/她是否认为自己达到了目标。你可以使用图表或黑板给孩子呈现他/她的焦虑评分并评价他/她的每个目标。和孩子认真探讨整个暴露的过程，重点关注孩子的行为，如，是否有焦虑干扰了他/她的表现，孩子是否能使用 STOP 程序改变负面思维。此外，你还应该和孩子探讨有关策略的问题，让孩子能成功完成暴露治疗，能积极应对暴露治疗中的困难。这一过程的重点是告诉孩子练习是有帮助的，只要学习让注意力集中于当时的情境而不是自己的感受，焦虑就会自然消失。

一些孩子可以自己来追踪焦虑水平，记录焦虑评定分数能让孩子及时看到他们是如何掌控某一特定情境的，还能帮助他们看到自己对这些情境的应对情况。你可以要求孩子将他/她的焦虑评分表保留在日志或记录本上，这样可以提醒他/她自己在治疗中取得的进步。

初次行为暴露

帮助孩子从焦虑和回避等级表中选择相对容易的情境，进行角色扮演或暴露，在会谈中建立该情境，并让孩子练习使用STOP程序。暴露会引发焦虑，这就给孩子提供了练习环境，他/她可以使用焦虑管理技巧来应对经常回避的情境。在练习过程中，孩子不会像平时那样面临焦虑就逃跑或逃避，相反，他/她会学习去忍受焦虑，会一直处在这一情境下，让焦虑自然消失。暴露治疗让孩子获得了对自身焦虑反应的掌控感，父母自助手册中对暴露治疗的过程和目的有详细讲解。

推进暴露

在暴露过程中，持续进行焦虑评分可以观察孩子的进步。在这一过程中，你也可以利用评分向孩子反馈他/她的焦虑变化情况，通过画图来呈现他/她对焦虑的掌控过程。这种图表方式的反馈也能促进你和孩子继续推进暴露治疗，关注他/她的行为，确定焦虑是否干扰了他/她的表现，孩子是否在使用STOP程序改变负面思维。然后，你可以和孩子讨论继续获得治疗成功的策略以及克服困难的方法。这一过程的重点是告诉孩子练习是有帮助的，只要学习将注意力集中于当时的情境而不是自己的感受，焦虑就会自然消失。每次暴露治疗后，给孩子和父母出示习惯化曲线图。焦虑评分可以使用情绪温度计来评测，也可以使用其他测量方法。

一些孩子能自己使用评分表来追踪焦虑水平的变化，焦虑评分表能让孩子及时了解自己是如何掌控某一特定情境的，也能表明孩子对社交和/或评价情境的掌控情况。鼓励孩子和父母保留这些评分表，以便以后提醒孩子已经取得的进步。

下面是一份暴露记录表。你可以复印这张表格，也可以从本丛书的网站上下载这份表格，网址是www.oup.com/us/ttw。

暴露记录表

孩子姓名：________________ 日期：________________

暴露情境描述：________________________________

____

____

暴露次数：________________ 参与人数：________________

____

本次暴露的目标： 目标追踪

1. ____________________ ________________
2. ____________________ ________________
3. ____________________ ________________
4. ____________________ ________________

暴露记录	评分	评价
1 分钟	________	____________
2 分钟	________	____________
3 分钟	________	____________
4 分钟	________	____________
5 分钟	________	____________
6 分钟	________	____________
7 分钟	________	____________
8 分钟	________	____________
9 分钟	________	____________
10 分钟	________	____________

习惯化曲线

下列图提供了几种常见的习惯化曲线，在解释这些曲线时一定要特别谨慎。倒 U 型曲线（图 5.6）是治疗期望出现的曲线，是习惯化最为典型的状态。然而，有些孩子可能会为了取悦治疗师或逃避暴露治疗而随着时间推移给出逐渐降低的评分，此时，你要通过考察孩子的思维和行为来核实他/她是否有这种情况。图 5.7 中的曲线是波峰和波谷曲线，它表明孩子的焦虑水平上下波动，但是在不断习惯。这种曲线可能表明孩子在脱敏的不同时间点总是在关注不良后果的出现。此时，你应该考察孩子的自动思维，如果有可能，则可以让孩子学习认知重建技巧。

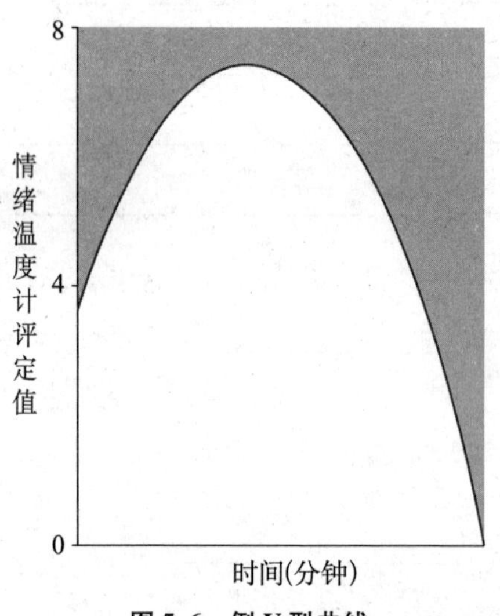

图 5.6　倒 U 型曲线

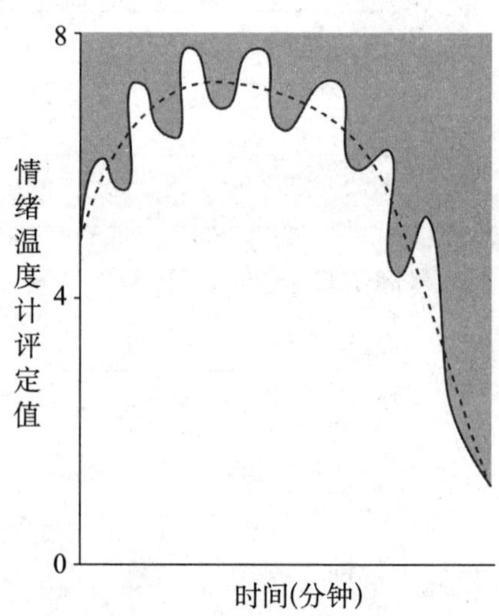

图 5.7　波峰和波谷曲线

图 5.8 中的缓慢爬升曲线表明焦虑水平不断提升，习惯化并没有发生，可能的情况是暴露治疗对孩子来说难度太大。此时，你可以将暴露分成更小的步骤来完成，或者重新评估孩子是否为暴露做好了准备，继续教孩子进行认知重建，如果可行的话，还可以进行身体控制技巧训练（见第四章）。降至最低点曲线（图 5.9）显示出焦虑水平下降过快，值得怀疑，孩子可能想回避或逃避暴露。在以后阶段的会谈中，这一曲线可能表

明孩子有更快的习惯化过程，但是预期的焦虑水平仍然很高。此时，仍然要继续认知重建和/或身体控制训练（见第四章）。最后，图 5.10 中的稳定状态曲线表明焦虑水平居高不下，孩子既没有习惯化也没有情况恶化。出现这种状况的可能原因是焦虑和回避等级表中的项目太难，导致孩子持续关注自己的焦虑情绪，而不是情境。因此，考察孩子的自动思维和进行认知重建都是必要的。

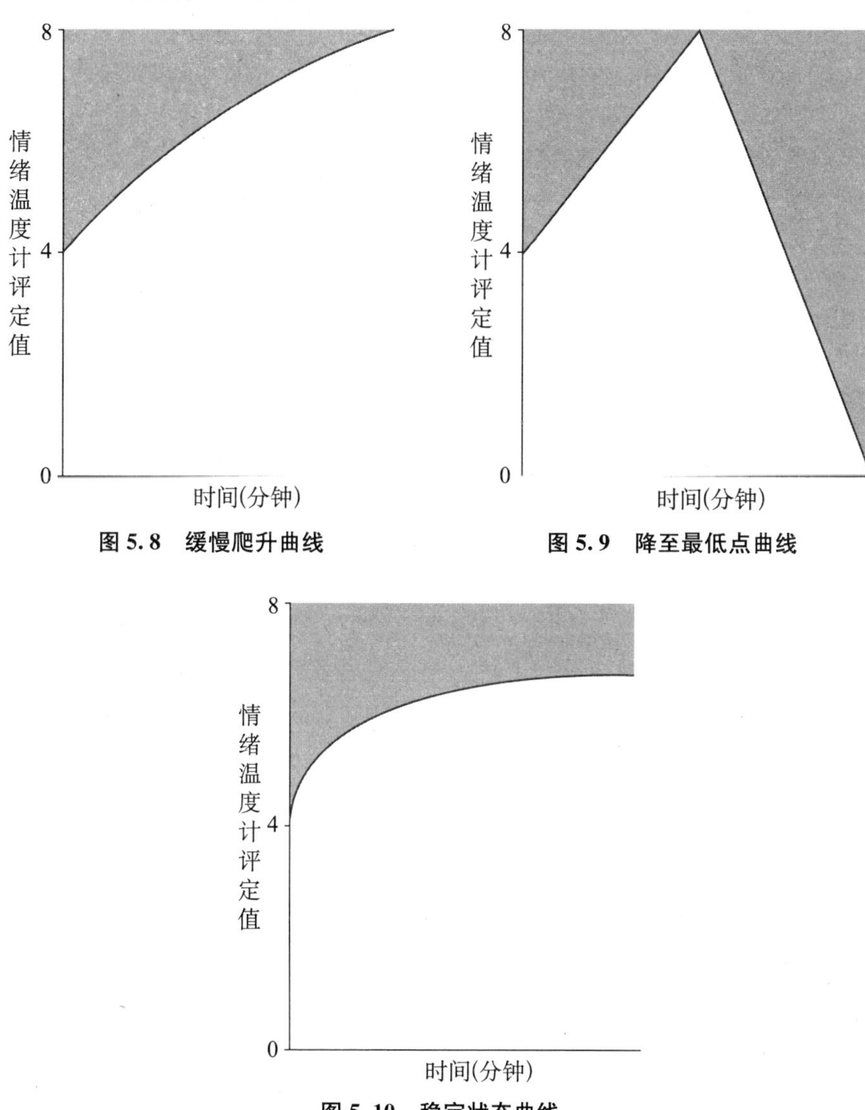

图 5.8　缓慢爬升曲线

图 5.9　降至最低点曲线

图 5.10　稳定状态曲线

现场暴露的进度和协助

在现场暴露练习过程中有很多方法可以用来控制暴露的进度。对于年龄小的孩子、有特殊要求的孩子以及那些焦虑水平特别高的孩子，缓慢的暴露进度是更为理想的。这种进度不但能让孩子完全适应某种焦虑水平，同时也会让孩子对治疗产生信任感，因为他/她不会被强迫去做任何超过承受能力的事情。

在暴露的过程中，你和孩子的父母应该在暴露情境中给孩子做示范。你们可以让孩子获得他/她所信任的人的支持，同时也能观察你们的表现从而学会如何应对焦虑情境。这一过程在早期会谈中很有作用，特别是当孩子第一次面临焦虑情境或当暴露情境的挑战性增加的时候。此时，你应教会家长示范和援救的区别。示范是指父母通过自己的展示让孩子领会如何应对焦虑情境，而援救则是父母在情境中代替孩子完成他/她该做的事情。在暴露过程中，当孩子感到焦虑时，父母可能会自然流露出安慰和援助孩子的想法，这种情况会影响到孩子的焦虑水平。因此，要指导父母允许孩子去体验焦虑水平的上升，示范和暴露协助都应该更关注孩子，主要目的是让孩子单独应对焦虑情境。

这一过程包括几个步骤。首先，为孩子示范如何应对某个情境，在这个过程中，大声地说出 STOP 的四个步骤，这能让孩子观察你是如何应对和处理困难情境的。其次，和孩子组成一个团队，共同来应对困难情境（如，和治疗师和/或父母组成团队，治疗师和父母类似于教练）。第三，“教练”给予鼓励，让孩子自己应对情境，在此过程中促使孩子进行 STOP 程序或身体控制练习。第四，让孩子在现场暴露中使用言语进行自我强化来应对某个情境。

家庭作业

✎ 继续记录日志，让父母帮助年龄较小的孩子记录焦虑情境中的思维，并鼓励他们坚持使用 STOP 程序来识别和改变孩子的负面思维。而对于青少年（13 岁或以上）来说，应该鼓励他们独立完成这一家庭作业，父母不要参与太多。鼓励父母和孩子减少因焦虑相关事情而引发的争吵。

✎ 让孩子选择会谈中已经进行过角色扮演的一个情境进行现场暴露（STIC 任务），要求他/她在下次会谈前至少进行三次现场暴露。例如，如果孩子和同学进行电话交流有困难，那么作业就是要求他/她在一周中给同学打三次电话。在进行这个练习之前和之后，都要对孩子的焦虑水平进行评测。鼓励父母像治疗师那样在练习后和孩子进行交流，交流的重点集中在练习中孩子遇到了什么问题，焦虑有什么变化等方面。给家长示范如何对孩子试图和/或完成练习进行表扬和鼓励。

✎ 从本次会谈开始，每天早晨在规定到校时间前 90～120 分钟时叫醒孩子，要求他/她遵守学校作息时间。在家的时候，孩子必须完成老师布置的作业，也要阅读相关课本和阅读材料。

第三次和第四次会谈　治疗成熟期

会谈提纲

- 回顾孩子暴露治疗的进步，并解决遇到的任何问题
- 从焦虑和回避等级表中选择更具挑战性的情境开始暴露治疗

第三次和第四次会谈从回顾孩子的 STIC 任务开始，讨论完成家庭作业过程中遇到的困难，孩子通过角色扮演重现上次会谈后遇到的困难，包括在进行 STIC 任务过程中的困难。这两次会谈的主要目的是指导孩子面临更具挑战性的情境，要完成这一任务，就必须给孩子创造不断增加难度的情境。因此，你需要创意地设计一些情境，这些情境带来的后果是令人不悦的，同时，在这些情境中，孩子要学会应对不断升级的焦虑。

一周回顾

和孩子一起对他/她在完成STIC任务时取得的进步和遇到的问题进行回顾，特别要注意他/她的回避、逃跑及其他不适当的应对方法。如果孩子没有完成布置的任务，要求他/她使用STOP程序来检测干扰他/她完成STIC任务的“思维陷阱”。

案例节选

T：好的，上周我们布置了给同学打电话的STIC任务，你打算给Janie和Mary Beth打电话，然后在后半周，你打算给她们中的某一个再打一次电话。你完成得怎样?

C：哦，我没有给她们打电话。我们都在忙其他的事情，我得帮爸爸做一些事情，同时，我还得一直照看妹妹。

T：嗯，听起来作业完成得很不好，那你这周看过电视娱乐节目吗?

C：哦，是的，妹妹睡觉之后我看了一些。她每天都会看些儿童片，一直到8点钟上床睡觉。然后我会看会儿电视。

T：好，你想想看，其实8点钟给同学打电话还不算太晚。我觉得可能有些其他的东西阻止了你打电话，你能否回想一下，当你想去打电话的时候，脑子里到底在想什么?

C：我不知道，就是觉得这样做很愚蠢。自从我上学以来我根本就没跟她们交谈过。

T：哦，因为好几周你都没有跟她们聊过所以你会觉得这样很愚蠢。现在，在你很久都没见过她们时，假如你突然打电话给她们，你觉得会发生什么事情?

C：我不知道该说些什么！如果她们认为我真的生病了或者快死了怎么办? 或许她们会认为我是一个失败者，因为我害怕上学。她们一定知道我的情况。

T：我知道这对你来说挺困难的，因为你担心别人如何看待你。我们来做个约定吧，目前我们没有完成 STIC 任务，不如先来讨论一下你害怕的事情是否真的会发生，我们来反复练习适应可能发生的情况，并练习如何来应对这些情况。我们必须认真地来检查你的想法，看看它们有多少现实性。这样可以吗？让我们来看看你的每一个想法，看看你对自己说了些什么。

为了帮助孩子处理他/她对 STIC 任务的回避，你可以使用辩驳问句挑战孩子的负面思维。如果孩子完成了 STIC 任务，那么你需要询问他/她的困难，成功之处或其他问题，主要目的在于增强他/她完成作业的服从性。在这一过程中，主要引导孩子关注以下问题：真正完成 STIC 任务是什么感觉，到底发生了一些什么事情，孩子是如何应对的。

强化行为暴露

随着治疗的进步，应引导孩子继续集中力量练习进入焦虑情境。从孩子的焦虑和回避等级表上选择新的和更具挑战性的项目进行暴露。例如，在 Mark 的焦虑和回避等级表（图 5.3）中，项目 6 是“做口头报告”。使用苏格拉底式提问方法，Mark 的治疗师将揭露出与这个情境相关的各种负面思维：

- 如果我结结巴巴怎么办？
- 如果有人嘲笑我怎么办？
- 我可能会不知道自己在说些什么。
- 万一我一个字也说不上来呢？
- 如果我读错了一个单词怎么办？我会觉得自己很蠢。

Mark 的治疗师应构建引发他焦虑的暴露情境，通过暴露，Mark 将会认识到一些情境并不可能达到那么完美的状态，出现一些问题是正常的。治疗师应该强调，任何人在做口头报告的时候都可能结巴、颤抖、发音错误或丢脸。下面的行为暴露示例就是 Mark 的治疗师挑战 Mark 的负面思维，并帮助他应对焦虑情境的例子。

如果我结结巴巴怎么办？如果有人嘲笑我怎么办？

要求 Mark 在治疗师和治疗助理面前做一次口头报告。在报告中，治疗师要求他故意结巴几次。每次结巴的时候，都会有某个助理笑他、把脸转过去、转动眼睛、弯下身子、和其他人交谈，或者做些其他分散注意力的事情。Mark 要做到的就是不管观众的反应而继续做报告。通过暴露，治疗师应该帮助 Mark 提升下述几方面的经验：

- 鼓励 Mark 关注自己的焦虑感和实际的表现。治疗师要指导 Mark 汇报出现的生理感受、自动思维及焦虑评分。然后拿这些焦虑的指标和他的实际表现进行对比。不管他的焦虑如何，他是否实现了主要的目标？他是否达到了某些目标（不论有多少）？通过例证让孩子明白，无论他们感觉有多糟糕，他们的实际表现并没有受到多大的损害。
- 引导 Mark 对暴露进行客观的评价。Mark 应该意识到尽管观众没有完全集中注意听讲，他自己的表现也不尽完美，但是这样没问题。这一次的表现到底对他的成绩以及对他与老师、同学的关系有什么影响？在进行暴露的过程中，鼓励孩子想想，如果是班里的其他同学在口头报告时弄砸了，他会如何对待同学？他是不是仍然会喜欢这个同学？他是否仍然愿意和这个同学一起玩，一起学习？他是否会因为同学结巴而认为同学很差劲？
- 询问 Mark 是否有其他可能性来解释观众的行为（如，当某人笑、离开教室、瞌睡或转过脸时）。这样做的目的是要求孩子考虑其他的可能性而不完全归结于自己的表现。例如，也许有些人是因为 Mark 读的内容而感到好笑，或者是因为累了而控制不住打瞌睡。也许有人是因为想上厕所而离开教室，或者是另外的原因离开教室。最后，也许这个人本来就不怎么样。

我可能会不知道自己在说些什么。万一我一个字也说不上来呢？如果我读错了一个单词怎么办？我会觉得自己很蠢。

另一个练习要求 Mark 做报告的时候读一篇包含较难词汇（可能是技术词汇或科技词汇）的文章。这种暴露的目的是让 Mark 真正体会不能读出某些单词的情境。开始的时候，要求观众注意听 Mark 的报告，然而，随着反复的暴露，观众将再次开始表演分心、窃笑或其他破坏性行为。治疗师通过反复质询以及换位思考（见下一章）等方法，帮助 Mark 应对和把握这种不那么理想的情境。

推进更具挑战性的暴露

多花一点时间了解孩子在行为暴露过程中出现的思维和行为。许多孩子能很快理解：犯错误、出现尴尬和不舒服都是正常的，其他人出现粗鲁的行为也是正常的。这些孩子能意识到这种不舒服是短暂的，尽管他们有轻微的焦虑和尴尬，但是他们很快就能适应。然而，也有一些孩子特别要求情境一定要完美，他们很难容忍任何东西的不完美状态。他们对尴尬、被拒绝和羞辱非常焦虑，他们常有的想法就是："没有人会喜欢我，大家都不愿意跟我在一起。"

为了推进暴露治疗，治疗师要带领孩子一步一步通过情境暴露，彻底地分析孩子的思维、焦虑评分和真正的行为表现。下面介绍一个暴露的例子，这是一个女孩发起交谈的暴露过程。这个孩子报告说感到了焦虑，因为，"我不知道该说什么。她可能不喜欢我。如果我说了蠢话怎么办？"在暴露的过程中，孩子达到了所有的目标：她介绍了自己，问了三个问题，保持了眼神交流，并微笑着。然而，她的焦虑评分仍然高达 6 分（0～8 的评分量尺），表明她一直感到很焦虑。在暴露之后，治疗师可以按照下面的方法来进行处理。

特殊话题 5.3 完美主义

有些孩子不上学是因为他们害怕犯错误。这些孩子可能是过分的完美主义者，这就意味着他们希望一切都完美，他们担心做错了事或上交一份可能有错的作业后会有无法承担的后果。另外一种完美主义者可能根本完不成作业，因为他们必须不断检查和核对自己的作业。因此，一些孩子可能会很痛苦，有的甚至因为没有交作业而无法通过课程。许多人也会拒绝上学。

如果你的来访者是完美主义者，那你应该着重关注他/她的认知。确保孩子理解上交一份有几处拼写错误的作业或测验时出现一些错误并不那么可怕，也就是说，如果出现一些错误，孩子并不一定就通不过考试或会被严厉地对待。另外，确保父母不会强化孩子的完美主义。许多完美主义的孩子都有完美主义的父母，父母给了他们很大的压力让他们做任何事都做到极致。父母应该向孩子传达：错误是正常的，如果孩子出现一些轻微的错误，他们并不会生气。

治疗师也可以鼓励完美主义的孩子故意上交有些小错误的作业(参见第四章的其他示例)。当他们这么做的时候，应该引导他们练习放松，进行现实的思考并观察犯错误的后果并不是那么糟糕。另外，还需要强调作业必须按时上交，即使犯了一些错误，孩子仍然应该上学。

案例节选

T：好，Stacy，看看你的目标，你似乎每一个目标都达到了。事实上，你不止问了三个问题，你问了五个。你感觉怎么样？

C：嗯，我想我应该做得不错，但是我感觉不好。

T：你做这个练习的时候，在想些什么呢？

C：我一直在想我肯定搞砸了，我想我看起来傻透了。

T：看看这些目标，哪个目标你认为被你搞砸了？你做了什么糟糕的事？

C：我不知道，我想我说得不够多。

T：但是实际上你提的问题比你希望的还要多。而且我也发现你很好地回答了对方向你提的五个问题。

C：是吗？我没有注意到。

T：关键在于，尽管你感觉很紧张，你仍然可以做得很好。你提问了，也回答了，真的完成了一次对话。你发现了吗？

C：我一直在对自己说，我做得不够好。

T：啊哈！所以，尽管已经做到了每一件你希望做到的事情，你那些负面思维还是存在。你意识到自己有哪些负面思维了吗？

C：忽略积极面。尽管我做得还不错，但是我还在告诉自己，自己很差劲。

T：对。你得把自己的注意力集中在你在做什么，而且让自己放松点。我们再来试试看。

有些孩子对自己特别挑剔，对于这样的孩子来说，观点选择（或角色转换）的方法也许比较有帮助。治疗师会弄清楚孩子在社交情境中最焦虑的事情是什么。一种典型的情境就是孩子害怕在别人面前吃东西，因为他/她害怕食物溅出来会被人看到或被嘲笑，或害怕吃东西时被提问。针对这种情况，治疗师可以从询问孩子是否注意到其他孩子的类似情况开始。

案例节选

T：嗯，你担心将饮料溅到外套上，其他孩子会嘲笑你。

C：是的，那看起来多笨啊。

T：如果你看起来很笨，那又会怎么样呢？

C：大家可能会开始嘲弄我，我就会觉得很恐惧。然后我就不想再上学了。

T：我有个问题，你曾经看到其他人把饮料溅到外套上吗？

C：不知道，我猜有。

T：现在请你仔细想想，最后一次遇到这种情况时是谁把饮料溅到身上了？

C：我不记得了。

T：好，那我们来试着想想，你有没有在学校看到过某个同学呕吐呢？

C：有，很恶心。

T：嗯，呕吐真的很恶心，比饮料溅到衣服上糟糕多了，对吧？

C：是的。

T：那么你还记得谁在学校呕吐过吗？

C：我印象中最后一次是Maggie，她那次在走廊上吐了。

T：还有其他人吗？

C：Michael也吐过一次，那时我们读二年级。

T：好的，你曾经和Maggie或Michael一起玩吗？

C：是的。

T：为什么你会和他们一起玩？

C：因为他们都很好，他们是我的朋友。

T：但是他们两个呕吐过啊！很恶心！难道你不觉得他们现在很粗俗吗？

C：不觉得，他们是我的好朋友，他们都很好。他们呕吐又怎样呢？很多孩子都会这样。

T：是的，我猜也是。但是你为什么仍然会喜欢他们？他们呕吐比把饮料溅出来更糟糕。

C：嗯，是因为他们生病了，而且呕吐也不是什么大不了的事情，他们也没办法。他们仍然很好也很有趣啊。

T：那么，如果是你去咖啡厅，溅出一些牛奶，这样你就不有趣了，就不好了吗？难道溅出牛奶这样的事情就不是一个小事吗？

C：什么？

T：你看上去对自己特别严格，但是如果朋友们犯错，或生病呕吐或吃东西时溅出来，你却并不介意。如果那些孩子也做过那些事情，你仍然喜欢他们，那么为什么你会认为如果你做了那些事情，他们就会不再喜欢你呢？

C：哦，是的，你是对的，我觉得你是对的。

安排一个暴露场景，让孩子和那些往衣服上溅过东西的人

交流，并要求孩子在他们溅出更多食物或饮料时和他们继续交谈。鼓励孩子也朝自己身上溅些东西以获得在他人面前犯错的体验。这一暴露的核心在于让孩子明白不舒服感只是暂时的，大多数人的反应也都是暂时的。

认知重建是指进行行为暴露，直到核心焦虑被揭露和质疑。通过不断安排更具挑战性的暴露情境，你可以引出这些核心焦虑，并让孩子直接挑战它们。这一过程会让孩子获得应对和控制某一情境的经验。请注意：认知重建可能并不彻底，可能会有一些潜在的思维并没有被意识到。你不能接受孩子那些冠冕堂皇的话，如“一切都很好，这个问题不会再困扰我”等等。在这样的情况下，你应该更进一步探寻问题，安排行为暴露，这可能会揭露出核心焦虑，并且可能发现孩子在尽量讨好治疗师。因此，我们建议你对孩子的思维进行彻底的分析，并通过增强暴露的挑战性来检测这些思维。

家庭作业

✎ 继续完成日志。孩子应该继续使用STOP程序或认知重建的方法来挑战和改变焦虑情境中出现的负面思维。

✎ STIC任务应该继续包括现场暴露，暴露的情境来自于孩子的焦虑和回避等级表。指导父母训练孩子完成这些作业。

✎ 继续坚持正常的学校作息时间。作为本周STIC任务的一部分，孩子本周应该在学校待更长的时间。这可能包括：在学校学习或接受辅导，在一周的某些天内送孩子去见老师，安排孩子和同伴进行一些固定的交流沟通。父母必须安排时间帮助孩子进行这些练习，这意味着父母双方要分担责任，这样任一方的时间和责任的压力会减小。如果是单亲家庭的孩子，要尽可能地找家庭成员或朋友等力量来帮助孩子完成这一部分的治疗。请阅读第四章的特殊话题4.6，详细了解让孩子重新回到学校的不同方法。这些方法包括：（1）先从上午某段时间开始让孩子回到学校上学，然后逐步推进到全天；（2）先从下午

2点到放学这段时间让孩子上学，然后往上午逐步推进；(3) 先让孩子回到学校午餐，从午餐时间开始逐步增加上午和下午的在校时间；(4) 仅仅先从孩子最喜欢的课或时间段开始，然后逐步推进到更多的课和所有的时间；(5) 先从学校的某个地点，如图书馆而不是教室开始，逐步推进到所有教室所有地点。

第五次和第六次会谈　治疗深入期

会谈提纲

■ 回顾孩子的STIC任务

第五次和第六次会谈重点要帮助孩子完成其焦虑和回避等级表上的大部分情境的暴露，这些暴露的关键在于识别孩子负面的自我对话并挑战和改变这些思维。在这两次会谈中，孩子将继续练习改变思维习惯以重点关注如何应对情境，治疗包括角色扮演和模仿认知重建（改变思维）的过程。父母可以被邀请进入会谈来观察治疗师的行为方式，以便于获得指导孩子使用这些认知策略的经验，而父母的参与程度则由孩子的具体情况决定，比如孩子拒绝上学行为的严重程度、年龄和发育水平、特殊困难如记忆或注意力问题以及动机水平等。

现实的思考

第五次和第六次会谈都从回顾孩子完成STIC任务的情况开始，通过这一过程，你可以评估孩子识别和挑战负面思维的能力。随着孩子使用认知重建方法能力的提升，他/她就能够提高自己进入和处于社交和/或评价情境的忍耐力。

流行趋势和大众心理运动曾经极力地推崇“积极思维”，认为这是可以征服负面情绪或痛苦情绪的一种方法。积极思维就是要反复地向自己重复诸如“我能”、“我很优秀”和“我是个好人”之类的思维，用以抵消负面思维的影响。然而，有研究和临床经验证明，有些人使用积极思维的方法却没能变得更好，因为积极思维的方法干扰了人们集中注意力完成一个任务。事实上，对于一个考试焦虑的孩子而言，他/她即使向自己传达“我很优秀，我能做好”这样的积极思维，也不一定能考得好，有时甚至考得更差。积极思维并没有提供给人们在某个情境下真正可用的信息或应对的方法。例如，在考试时，孩子要尽力让自己确信“我很优秀”，这样他/她需要集中注意力做这件事，从而导致无法全神贯注于考试本身。当孩子意识到他/她的考试还没完成的时候，他/她的挫折水平和生理紧张感随之而升高。这就启动了破坏性的生理感受、思维和行为模式的恶性循环，它们三个相互强化从而使得情况越来越糟糕。在孩子考试的这个例子中，“我很优秀”这一思维导致了诸如肌肉紧张或头疼之类的生理感受，影响了孩子完成考试任务，结果就是：“不，我根本没法好好地考试!”这样就进一步引发了孩子的紧张感、负面思维，导致出现不佳的考试表现。

和积极思维相反，研究证实，健康合理的思维方法是那些能很好地进行自我调节的个体的主要思维风格。这种健康合理的思维方法的特征是现实地考察情境和周围资源，从而有效应对情境。这种思维方法是以现实为基础的，关注问题解决和任务管理，并主要表现为适应性思维。基于这一点，在治疗过程中，你可以帮助孩子使用STOP程序或相似的认知重建技术发现孩子不理性的思维或负面思维（“S”和“T”步骤）。之后孩子练习改变自己的负面思维，使之更加现实也更具适应性（“O”步骤，包括运用辩驳问句）。角色扮演和行为暴露则可以为孩子提供验证自己思维的机会，同时，孩子还可以借此收集他/她能应对焦虑情境的证据。持续对有挑战性的情境进行暴露也能让孩子获得反驳和改变负面思维的经验。

社交/评价暴露及重建示例

社交焦虑的儿童和青少年可能会对许多情境感到焦虑，如对他人、考试、口头报告、运动或音乐表演等感到焦虑。如果孩子的社交焦虑主要集中于一种情境，那么他/她可能是非广泛性社交焦虑（如，某些孩子只在他人面前讲话时经历极端的焦虑）。然而，大多数儿童和青少年会对很多社交情境都焦虑，这被称为广泛性社交焦虑。一般来讲，随着孩子进入青少年期，他们的社交焦虑是自然增加的，因此，对于那些广泛性社交焦虑的孩子来说，青春期是他们一生中更加困难和痛苦的时期。据此，本阶段的治疗目的就是进行更具挑战性的暴露，鼓励孩子逐步学会使用认知重建技术。每一次暴露的准备工作都是同样的：孩子设定一些具体的目标，识别他/她的负面思维或自动思维，使用辩驳问句为每个想法提供一个更为理性的思维。下面是对不同社交焦虑进行暴露和认知重建的示例。

案例一：应对考试焦虑

考试焦虑的孩子进行的暴露包括给孩子安排考试和小测验。这一暴露要求根据孩子的具体学习情况安排样卷，可以从老师或辅导老师处获得，或者由父母来安排。暴露过程包括安排一些孩子可能经常遇到的问题，如时间不够、完成多项选择题或论述题、进行口头测验和/或安排突然的测验。下面是常见的暴露后的对话示例。

案例节选

T：好的，在这次考试中发生了什么？

C：10道题我只做出来8道，我知道这次考试考砸了。

T：你数学还不错啊。告诉我在这次小测验中你得了多少分？

C：80。我只得了80分。

T：如果测验只得80分，可能发生的最糟糕的事情是什么？

C：我可能无法通过这个课程，其他课程也有可能通不过。

T：现在我们一次只考虑一个科目，请你告诉我，得

80 分就是通不过吗？

C：不是，但是那只是 B 等。

T：哇，“那只是 B 等”，这是一种什么思维呢？

C：（朝思维列表上看了看）哦，我太消极了。好吧，我做得肯定比 C 等好。

T：所以，请你重新改变一下你的思维。得到 B 等成绩到底会怎样呢？

C：好吧，我得了 B 等成绩，其实那已经及格了。

T：嗯，请你告诉我，以前是否有过考试不及格的情况？

C：没有，但是我得过一次 C。

T：怎样？

C：C 等成绩也及格了。

T：嗯，那以前你有没有因为某次考试得 C 或 B 而没有通过某一课程的情况？

C：没有。

T：那么现在你想想，有多大的可能性你会考试不及格，然后无法通过这一课程呢？

C：嗯，有可能发生。

T：你会在考前复习？

C：是的。

T：你还为考试做了什么准备？

C：我认真完成了作业。

T：好的，那你现在再想想，告诉我有多大的可能性你会考试不及格，然后你会通不过这一课程。

C：好吧，其实可能性不大。

T：为什么？你有什么证据让你觉得不会失败？总结一下。

C：因为我认真学习也认真完成作业，所以我不太可能会不及格。

T：嗯，请你给我一个百分比，大概有多大可能会不及格。

C：好的，我想也许只有 5%的可能吧。

T：那么，实际上会发生的最坏的事情是什么？

C：我会得到 B 等成绩，但不是不及格。

为孩子反复安排模拟测验，每次测验后都根据 STOP 程序帮助孩子进行认知重建，核查孩子焦虑的证据，引导孩子现实地看到潜在后果。一些孩子是因为学习障碍而对考试产生焦虑，而另一些孩子则是因为曾经获得过不好的成绩而焦虑。上述治疗过程主要是帮助由于曾经有过不良成绩而焦虑的孩子处理焦虑情绪，对于学习障碍的学生来说，治疗师可以和辅导老师或特殊教育老师合作进行治疗，以确保孩子能进行适当的焦虑管理，也能获得必要的特殊教育服务。

请注意，父母对孩子成绩的期望可能会使孩子的考试焦虑恶化。例如，一些父母可能相信，焦虑使得孩子没法连续得到 A 等成绩，而即使偶尔的 B 等成绩也会妨碍孩子进入好大学。仔细检查父母的这些信念和态度，并且评估是否需要对父母进行干预和教育，来帮助父母接受孩子的能力及成绩现状。

案例二：直面羞涩

一些孩子常常很害羞、安静，他们很担心别人对自己的看法，这些孩子可能会有社交和/或评价焦虑的危险。害羞被认为是一种人格，这是被我们的文化所接纳的。然而，对于那些不敢和别人交朋友，不敢表达自己的需求或者不敢和他人接近的孩子来说，害羞却被认为是有问题的。此外，当老师忙于处理一些棘手的问题时，害羞或安静的孩子往往容易被忽略。对于极端害羞的孩子来说，在别人意识到要给予他们帮助之前，他们已经承受了巨大的焦虑。这类孩子的暴露重点并不是重塑他们的人格，只是通过治疗让他们能在社交情境中更为放松。通过治疗，孩子能根据自己的偏好自己决定想要的东西，而不是一味地对被拒绝、尴尬或不胜任感到焦虑。

害羞的儿童和青少年要进行的暴露包括在不同情境里和不同的人进行互动，如在咖啡厅和陌生人交谈、打电话向同班同学询问作业、在课堂上提问、加入一群孩子中和他们一同玩耍、要求某人停止做令人恼怒的事情或者向别人说“不”。下面的案例是治疗师帮助一个对他人评价感到焦虑的孩子质疑他焦虑的根据。

T：上学对你来说最困难的事情是什么？

C：我猜是其他的孩子。

T：其他孩子是怎样影响你的呢？

C：我不知道。我想他们都不喜欢我。

T：为什么这么想？其他孩子对你做过什么吗？

C：没有人和我说话，我没有朋友，在午餐或课间休息的时候没有人愿意和我坐在一起。

T：你曾试过主动和别的孩子说话吗？

C：是的。

T：最近一次这么做是什么时候？

C：我不知道……也许有一段时间了，也许是去年。

T：嗯，听起来你好像放弃了主动去跟别人聊天。

C：没用的，我害怕他们不喜欢我。我知道他们已经不喜欢我了。

T：等等，我们一起来看看到底发生了什么，也许你去年还试过主动跟别人说话，但是今年你从来就没这么尝试过，不是吗？

C：对，今年我没试过。

T：你认为可能有哪些原因导致别的孩子不跟你说话呢？

C：我已经跟你说过了，因为他们不喜欢我。他们都相互熟识，他们都是好朋友。

T：首先，请你告诉我，“他们都不喜欢我”是一种什么样的思维？

C：是读心术，或者命运预测。我知道，我只是猜测他们不喜欢我，而不是真正知道他们到底是怎么想的。

T：对！除了没人主动跟你说话外，你还有什么证据能证明他们不喜欢你？

C：嗯，的确没有。

T：那么，还有其他原因解释孩子们为什么不跟你说话吗？

C：不知道，我猜可能是因为我没有主动跟他们说话。

T：也许吧，在午餐或休息时，你一般都在哪些地方活动呢？

C：我都在教室里坐着，或者去图书馆。

T：那么，是不是可以说，你根本没有走近其他孩子？

C：嗯。

T：那么有什么证据能说明他们不喜欢你？

C：没有。

T：那可能是怎么回事？

C：嗯，也许因为我根本就没走近其他孩子，没有主动跟他们说话，所以他们不跟我说话。但是这太难了！如果我不知道该说什么，那该怎么办呢？

T：好的，我们每次处理一个问题。记住，关闭你心里的自动思维，我们每次只讨论一个思维。也许其他孩子不跟你说话是因为你不常在餐厅或休息区活动，也许是因为他们根本没机会和你说话。

C：嗯，我能明白这点。

T：然后，因为你很久没主动跟别人说话了，所以会觉得很难。如果你不常练习，试图跟别人聊天的确是很难的。但是，你也说过："如果我不知道该说什么，那该怎么办呢？"

C：是的，可能会出现令人尴尬的沉默，然后我看上去会很奇怪。

T：哦，如果其他孩子出现这种情况时，他看上去也会很笨吗？

C：什么？不会……

T：那为什么你沉默一会儿就会看起来很笨？我问问你，一次交谈应该有多少人？

C：我觉得至少两个。

T：是的，在一次两个人的交谈中，你是其中一个，那么你应该为这个交谈负多少责任？

C：一半。

T：对，你只对谈话负有50%的责任，另外一个人应该负同样多的责任。因此，如果出现沉默，那不仅仅是因为你，另外的人也有责任，对吗？

C：对。

T：那么，你能做些什么准备来开始和别人进行一次谈话呢？

C：嗯，我知道自己只需要负一半的责任，如果我没有和某人谈话，可能是有点困难，我觉得应该试试，我也会多在孩子们玩耍的地方活动。

T：很好。

害羞的孩子需要反复获得和人交谈以及身处人群中的经验，治疗师将集中力量提高孩子将自己置身于同伴中的能力，同时提升他们的沟通和社交技巧。当孩子不断获得关于社交情境及成为注意中心的信息时，他/她的不合理态度和信念也就会不断受到挑战。

特殊话题 5.4 被嘲弄

许多孩子不愿上学是因为被其他孩子嘲弄，如果嘲弄涉及敏感内容如体重或肤色，那么它是极具伤害性的。此外，如果嘲弄是欺侮或严重威胁的一部分，它也很有杀伤力。在更严重的情境中，治疗师可以咨询学校工作人员来选择合适的解决问题的方法。

轻微的嘲弄在孩子们中间很常见，但是你的来访者也许对此十分敏感，因此他们不再愿意上学。我们建议孩子不要对嘲弄者作出反应。尽管一些孩子能通过反嘲弄或嘲笑摆脱困扰，但是有些孩子却对此觉得很苦恼，因此我们应该鼓励孩子们不去理会别人的嘲弄，让孩子不对嘲弄作任何反应。大多数嘲弄者都期望别人的回应，因此如果得不到回应，他们经常会主动离开。如果你的来访者受到嘲弄，可以让他/她进行深呼吸练习（见第四章），并继续做自己的事。如果别人的嘲弄升级了，那么可以让孩子走开或者选择和朋友们待在一起。此外，你也可以进行相关暴露，你自己扮演嘲弄者，帮助孩子学会应对嘲弄的策略和语言。

如果这样还不奏效，你可以让孩子将此事告诉学校相关工作人员。尽管孩子们不喜欢向老师打其他孩子的小报告，但是学校应该成为一个安全舒适的学习场所。一般来说，学校老师对此类事情都比较敏感，因此，当孩子的身体被威胁或个人空间被侵犯的时候，可以鼓励他/她把向老师报告当作最后一种应对方法。此外，你还可以经常和孩子讨论这些情境。

案例三：克服体育课紧张感

社交焦虑的孩子可能对那些自身表现会受到评判的活动特别焦虑，甚至可能形成不恰当的回避策略来应对情境。父母可能会报告说，孩子总是在上体育课的那天抱怨胃疼或身体有其他不舒服，或者在每年的演奏会前吉他的弦会突然都断掉。由于担心在这些活动中被评价，孩子们会拒绝上学，他们不惜一切代价来回避这些情境。或者，他们会忍受着巨大的痛苦参与这些情境，而一旦有机会，他们就逃离活动或课程。下面的对话表明了此类孩子的主要问题。

案例节选

C：最主要的问题是去体育馆。当大家都嘲笑我时，我根本就没法忍受，我做不了运动，做任何运动我都是最后一个才被选到，这真让人苦恼。

T：能说得更详细一点吗？我想知道体育课上有哪些人，你都做哪些活动。

C：一个班的孩子都在那里，他们都是运动健将，每个人都是。我们开始打篮球，多么可笑啊，我以前从来没打过。然后我们踢足球，因为篮球打得很差，没人愿意要我踢足球，教练就不得不给我指定一个位置。

T：哦，我们先停一下，体育课上的孩子都是运动健将吗？那意味着他们每个人都在学校的运动队？

C：不是，并不是每个人，大多数吧。

T：你班上有多少个孩子，其中有多少个在运动队？

C：有 20 个孩子，大概有 6 个在学校运动队，但是那已经很多了。

T：好的，另外 14 个孩子并没有在学校运动队，他们也都是运动健将，你是这么告诉我的吗？

C：不，我的朋友 Brian 也并不很擅长运动，但是每个人都喜欢他，他总是在我之前就被比赛队伍挑走了。

T：那么，Joey，请你告诉我，当你到体育馆时，你做了什么？当你第一次上体育课时，你做了什么？

C：我得换衣服，但是我讨厌在那些孩子们面前换衣服。所以我选择到浴室去换。

T：其他孩子在做什么呢？

C：他们在闲逛，相互打闹，等着教练。他们都相处得很好，对我来说，要回到他们中间很难。

T：能不能告诉我在其他孩子面前换衣服的情况？是什么困扰你？

C：哦，很难说。我不想被他们取笑。我没有做过推举杠铃那些健身活动，他们嘲笑那些皮包骨的孩子，也嘲笑肥胖的孩子，我不想被他们嘲笑为一个发育不全的矮子。

T：的确，如果他们是故意想伤害你，那嘲弄的确不是件开心的事。但是，嘲笑也可能仅仅只是开玩笑，朋友们之间经常这样。体育课上的那种嘲笑，到底是真正的伤害，还是只是朋友间的玩笑呢？

C：我不清楚，也许两方面都有。那些被嘲笑的孩子看起来也没事。我只是不希望自己脸红，不想情况变得更糟。

T：好的，现在我们需要来考虑几个问题。因为你没有推举过杠铃，所以你担心会跟其他人不一样。如果你被他人嘲笑，担心自己会脸红。请你问问自己，那14个孩子里有几个曾经推举过杠铃，看上去做得很完美，并且被别人嘲笑时不脸红？

C：嗯，并不是每个人都是运动健将，他们也不一定会表现得很完美。

T：那你和那些孩子之间的差别在哪里？

C：他们不介意，他们走进体育馆，在那些运动健将面前换了衣服，然后比赛时被选中。

T：然后呢？

C：我不知道，我猜也没什么。

T：这些孩子被淘汰出局了吗？姑且不管他们的体型，他们是优秀的运动员吗？

C：不是，他们也并不是运动健将。看上去他们并没有受到困扰，即使有些人不是很擅长运动，但是他们都参与了运动。

T：嗯，这些孩子很好地融入了环境。而你走进浴室，所以从一开始你就隔离了自己。当你再度出来的时候，你做了些什么呢？有没有走过去和那些孩子一起玩耍？

C：没有，我通常都是在看书，直到教练叫我去做一些活动。我努力不和任何人交流。

T：哦，为什么那样做？

C：没有人愿意跟我说话，也许他们都忘记我了，我也不想运动。

T：所以，其他孩子到最后才会想起你，是不是可能因为你总是坐在边上看书或希望尽量不被注意到？

C：是的，有可能。

T：那如果你能尽量在他们旁边多来回走动走动，是否他们可能更快邀请你参与活动？

C：当然，一切皆有可能。

T：我问问你，所有的运动你都不喜欢，是吗？

C：不是的，我喜欢打网球。我只是不喜欢篮球和足球。

T：哦，那你们在体育课上打网球吗？

C：打，但是要到春天以后，而且只有三个星期。

T：那些运动健将也很擅长网球吗？

C：不，尤其是那些大个子。

T：所以，我们是不是可以这么说，并不是每个人都擅长所有的运动？

C：是的。

T：当那些大个子在网球场上乱成一团的时候，有人嘲笑他们吗？

C：有，他们的朋友就会嘲笑他们。

T：好的。我们来总结一下：并不是每个人身体都非常强壮，但是其他孩子都能自如地参与集体活动。同时，并不是每个人都擅长所有的运动，即使是运动健将也可能被嘲笑。如果你自己只是坐在边上看书，那么你很可能就被大家忽视，而这并不是故意的，对吗？

在这个案例中，治疗师发现孩子的错误思维，帮助孩子认识到他可以做些什么。Joey 在体育课上打过网球，但是他忽略了这一事实，更多地将注意力集中于他当前的不幸遭遇上。他将自己和那些运动健将们进行比较，而不是和普通的孩子相比，这样他就感到自己和别人不同，并觉得羞愧。在 Joey 的现场暴露治疗中应该让他放下书本（书本是安全信号），走到熟识的孩子们之中。同时，处于类似场景中的孩子也可能得益于一些基本的社交技巧训练，如眼神交流训练、开始和他人交谈的训练、自信心训练等。

特殊话题 5.5 体育课

对于许多年龄较大的孩子或青少年来说，最不喜欢上的课程之一就是体育课。许多孩子不喜欢体育课是因为他们不得不在别人面前换衣服、淋浴，不得不在别人面前有所表现，不得不冒被嘲笑、尴尬的风险以及可能最后才被某个队伍挑选的危险。因此，一些孩子可能逃避体育课，或者在课上不怎么参与活动。

如果你的来访者表现出上述情况，那么你可以使用本章描述的方法来帮助他/她。首先确保孩子放松，然后帮助他/她改变关于体育课的负面思维。如果孩子在体育课上参与度不高，可以尽量想办法让他/她能够和其他孩子交流，并更多地参与一些运动。如果孩子经常被别人嘲笑或总是在进行小组比赛时落选，可以和孩子的体育老师沟通一下，看看是否有什么办法可以解决这一问题。也许孩子可以偶尔被选中参加某支队伍，或者老师可以采取随机的方式选取队员。如果孩子为自己的运动表现感到尴尬，那么可以要求父母和他/她一起进行运动。

最困难的问题是孩子不想换衣服或淋浴。不能允许孩子回避这一场景或在一个隐私的空间换衣服，而应该要求孩子尽可能为之做好准备，这就意味着带齐所有必备的衣服，尽可能有效率地换好衣服。此外，鼓励孩子在换衣服的时候或体育课上多跟其他孩子交流，这样他/她的注意力就集中于眼神交流或谈话，而不是担心自己被别人看到和评价。

治疗的协助者

对社交焦虑和评价焦虑的成功治疗往往需要其他人的协助，其他人的参与有些是直接的，有些是间接的。一些治疗方案会主动招募一些没有焦虑的孩子来帮助害羞或社交恐惧的孩子练习他们在治疗中学到的技巧。这样的方法被称为同伴配对，该方法的研究基础是：害羞的孩子会被同伴忽视，因为他们会尽可能地让同伴无视自己的存在。招募到的同伴不需要知道孩子的具体诊断问题，他们仅仅是帮助孩子不那么害羞，同时开始接触其他孩子。

父母也可以为孩子安排一些不太正式的与他人交流的机会，建议父母为孩子安排一些约会、外出活动或其他相似的社交活动，促进孩子更好地和别人交往。这些半结构化的活动能为孩子提供锻炼社交技巧的机会。同样，这些活动也可以是课堂方面的，例如，如果某个孩子特别害羞或安静，同学可能都不怎么会跟他/她交往，那么此时你可能需要联系学校老师来安排一些学校里的暴露治疗。老师可以点名让孩子回答问题，或者给他/她一次机会在全班同学面前表演。同样，父母和其他人也不应该替孩子说话，比如在餐馆里为孩子点餐，或在商店里为孩子付钱。应该教育所有的家庭成员，一定让孩子自己更舒服、更独立地跟别人交往。在治疗的结束阶段，孩子生活中的其他一些人或社交情境都将可能成为STIC任务的主要内容。

家庭作业

第五次和第六次会谈后的家庭作业包括：

✎ 布置的STIC任务可能是学校相关情境的内容。在第五次和第六次会谈后，孩子应该有部分时间上学了。这些STIC任务将包括和其他孩子及成人的交往。父母应该适当地帮助孩子顺利完成这些暴露任务。

✎ 继续完成日志。

第七次和第八次会谈 完成治疗

治疗的最后部分应主要关注让孩子不断增加在校学习时间，最终达到全部时间在校学习的状态。一开始，你也许希望陪伴孩子去学校或将咨询会谈安排在学校的某个办公室（如，非课程教室，比如自习室）。这样协助他/她进行暴露也许能促使孩子更快地达到全部时间在校学习的状态。一旦孩子回到学校上课，治疗会谈就应该避免安排在学习时间。如果合适，治疗可以放学后在学校进行。此时，让孩子担负起治疗的大部分责任，让他/她把治疗中所学的应用到实际生活情境中去，同时也要持续地使用以前在治疗中学到的技巧，帮助孩子实现这一目标。

第六章
孩子为了获得关注而拒绝上学

第一次会谈　开始治疗

治疗所需材料

- 家长命令列表

会谈提纲

- 让父母描述和列举他们的命令
- 让父母描述孩子早晨的作息习惯
- 帮助父母对孩子的不上学行为建立惩罚机制

本章将描述对为了获得关注而拒绝上学的行为进行治疗的程序，这一类型的孩子一般会表现出不服从（如，拒绝听从父母或老师的命令）、全面的破坏性行为、黏人、耍赖、发脾气、逃跑、持续打电话和引发他人内疚等行为。治疗的主要核心在于父母（或单亲家庭的父亲或母亲），治疗的主要目标则是要将父母的注意力从不上学行为转移到恰当的上学表现上。包括：

- 调整家长命令
- 建立固定的日常作息
- 对孩子的不上学行为实施惩罚
- 对孩子的上学行为给予奖励

因此，这一治疗的核心元素就是突发性管理。在讨论这种治疗方法时，这四个成分总是被反复强调。

在这一治疗计划中，治疗师几乎所有的时间都是和父母一起工作的。然而，也应该要求孩子来参加会谈，并告诉他/她发生了什么。孩子将有机会询问治疗计划的相关问题，并思考可能施加于自己的惩罚和奖励。让孩子熟知治疗情境其实也是在提醒他/她自己的行为决定了是否会获得惩罚或奖励。如果他/她决定上学，那么积极的事物将会出现，如和父母相处的时间。如果他/她决定不上学，那么消极的事物就会随之而来，如某些活动被取消。

你也可以要求孩子提供对治疗计划的反馈，在某些情况下，你可以基于孩子提供的有效反馈（如偏好或为节约时间）而做细微的改变（如早晨用燕麦片取代薄烤饼），然而，在绝大多数情况中，不要允许孩子对已经确定好的治疗程序（如早晨6：45而不是7：00起床）讨价还价。通常来讲，一个按照自己的意图确立家庭日程安排的、爱控制和吸引父母注意力的孩子就是父母的最大问题。治疗的一个目标就是要调整孩子的控制和吸引注意力行为，让父母更多地来控制家里发生的事情。

你也应该将治疗计划告知家庭中的其他孩子，获得他们的支持并确保他们认识到他们也是治疗中的一部分。有时，当一个孩子通过不当行为获得了更多关注时，兄弟姐妹也会照此获得父母的注意，要尽可能地注意这种情况并解决这个问题。一个有效的解决办法就是对家里的所有孩子都实行同样的要求（如，为每个孩子都建立同样的作息制度）。请注意在治疗过程中要密切注意孩子表现出的新问题。

调整家长命令

治疗的第一个步骤就是调整家长的命令。在许多存在试图获得关注的孩子的家庭里，孩子为了能成功地得到自己想要的东西，往往和父母进行反复的讨价还价。治疗的目的就是要将这种谈话缩短到只有一个简单的父母命令、一个简单的孩子反应和一个简单的父母反应。

开始时，要求父亲和母亲各自列举出在过去几天里给孩子下达的10条命令，确认父母在下达命令的时候表述十分清楚，孩子能清楚理解。这些命令应该包括具体情境，如做家务、和兄弟姐妹交流、找东西或停止破坏行为等等。然后，要求父母列举出10个要求孩子上学的命令，并探讨某些特定命令是基于什么原因以及以什么方式下达的。

认真地核查命令列表，看看这些命令是否在本质上有相似或不相似之处。如果它们是不相似的，询问父母为什么会是这样。了解是否存在差异能帮助你确定治疗的范围。如果父母命令在某些情境下有效，而要求孩子上学的命令无效，那么治疗的范围可以缩小一点。然而，如果父母的命令在很多情境中都无效，包括早晨上学之前的时段，那么治疗的范围可能要扩大，囊括其他领域。

此外，核查命令列表时也需要关注父母在下达命令时是否犯了错误，这些错误包括命令以提问的形式提出、命令模糊不完整、命令被打断或被其他人执行了、命令太难或命令以说教的形式下达等。寻找父母下达命令时的错误模式，为他们提供建设性的反馈。

建立规律的作息

除了命令之外，要求父母给你提供每日早晨的详细作息时间表，越详细越好，如果有可能，让他们描述每十分钟的情况。如果家庭成员没有固定的早晨作息时间，他们也应该说一说大致的情况，同时也可以提及他们遵守的其他任何作息规律。如果家庭的作息在不同工作日有所差异，那么要求父母详细描述每天的作息情况。如果父母预计他们的作息在未来3到4周之内会有所改变（如，因为假期、节假日、工作班次变换、学校放假等原因而改变），那么也要让他们详细说明变化的情况。

当父母描述他们的作息时，请特别注意孩子做以下活动的时间：起床、洗脸和穿衣服、吃饭、刷牙，做其他事情如看电视、准备上学、离家上学。如果家里每个孩子做这些事情的时间都不同，那么你最好了解每个孩子的情况，尤其是拒绝上学的孩子的时间情况。另外，找出父母典型的早晨作息习惯，并找出两人之间的作息差异。父母之间的作息差异在某些案例中也许会十分重要，因为孩子可能会利用父母一方的缺席而迫使另一方让他/她待在家里不上学。

此外，治疗师还需要了解父母是如何对孩子早晨的行为做出反应的。请特别注意父母直接应对孩子不上学情况的行为，关注父母的行为如忽视、使孩子平静、咆哮、身体强迫、教训等等。鼓励你的来访者坦诚地说出做过些什么，许多父母会感到尴尬，因为他们被一个 7 岁的孩子弄得筋疲力尽，但是他们和孩子之间互动的这些信息对治疗却很重要。为了了解全面的信息，你可以提下列问题：当孩子发脾气或抓住栏杆不肯上学时，你做了些什么？这样的互动进行了多长时间？你是否因为其他重要的事情不得不向孩子“认输”？白天孩子跟着你都做了些什么？你们相互都说了些什么？情绪气氛是怎样的？

尽量为父母建立一个模式，看他们是如何对孩子的行为作出反应的。如果可能，请为他们提供反馈。请记住，治疗的核心策略就是奖励上学行为、惩罚拒绝上学行为。因此，鼓励父母练习尽可能地忽视拒绝上学行为（如夸大的对身体不适的抱怨、黏人、发脾气）和关注适当的行为（如按时起床、按时吃早餐）。因为很多父母已经忘记给予孩子关注了，只有当孩子表现不好的时候才给予关注，因此父母们必须开始练习关注孩子的积极行为。

惩罚拒绝上学行为

要求父母列举出最近为规范孩子的行为或让孩子知道哪些行为是不被允许的而采取的所有惩罚方法，并让他们评价每种方法的有效性，确定是否目前仍然在使用。这些方法可能包括：训斥、打屁股、关禁闭、限制权利、没收有价值的物件、罚款等等。治疗师要了解，不同的惩罚对不同孩子的作用可能有很大的差异。另外，也许有些父母很少使用惩罚措施，或者他们一直等到孩子的问题变得十分严重后才考虑施加惩罚，还有一些父母可能并不相信惩罚。这些情况都可能影响到治疗的效果，因此，治疗师需要尽可能地掌握这些信息。

同样，治疗师还需要了解父母对不同孩子施加的惩罚是否也有所不同。举个例子来说，一些父母对拒绝上学孩子的惩罚会比其他孩子更为严厉。如果情况如此，应要求父母详细告知他们到底施加了怎样的惩罚。另外，询问他们是否每次惩罚都有效，目前他们是否还在沿用这些惩罚方法。一定要弄清楚在过去一段时间里使用的每一种惩罚方式及孩子对惩罚的反应。

除此之外，还需要询问父母在过去的几周甚至是几个月内，他们是如何对孩子进行惩罚的。例如，他们是否尝试过暂停惩罚？如果是，他们是怎样操作的？他们尝试暂停了多长时间？父母双方都尝试暂停惩罚了吗？父母有没有试过关禁闭的惩罚？如果试过，那孩子有没有离家出走，把卧室搞得乱七八糟或说过“我根本就不在乎”？所有过去使用过的惩罚都需要进行深入探讨。在探讨的同时，治疗师可以评估父母对惩罚在改变孩子行为中所起作用的态度。如果可能，治疗师可以提出一些新的规则或惩罚方法，并获得父母对新方法的反馈。

奖励上学行为

询问父母最近为鼓励孩子的适当行为所采取的奖励方法。和惩罚一样，让父母评价每种奖励方法的有效性或孩子对奖励的渴望程度，并了解他们是否仍然在使用该奖励方法。奖励的方法包括：口头表扬、关注、额外的游戏或阅读时间（父母陪伴或孩子单独阅读）、食物、玩具、金钱或减免责任。同样也要询问他们是否对不同的孩子使用了不同的奖励方法。

同样，仍然要询问父母在过去几周或几个月内是如何实行这些奖励的。例如，他们是否为孩子建立了一套奖励的机制，但是一段时间下来发现没有效果？同样，治疗师还要评估父母对奖励在改变孩子行为中所起作用的态度。如果可能，治疗师可以为父母提供新的奖励建议，并获得父母对此的反馈。最后，确认家庭的时间和经济状况，以确保所有可能的奖励或惩罚方法都是现实的。

特殊话题 6.1 父母放弃工作陪伴孩子

当年龄小的孩子为获得关注而拒绝上学时，父母总是想知道他们是否应该放弃工作而到学校陪伴孩子。许多有这种问题的孩子都说，如果父亲或母亲能和他们一起上学，在早晨、午餐或白天的大部分时间陪着他们，他们就愿意上学。一些父母也“自愿”成为陪伴者，他们成为堂堂正正的课堂旁听者，从而使整个早上的作息更顺利。

我们不建议父母放弃工作或采取其他努力到学校陪伴孩子，这样只会强化孩子的依赖性或吸引注意力的行为，以后孩子独立上学将变得更困难。父母应该为孩子澄清学校的边界，例如，妈妈可以告诉孩子她愿意陪她走到学校操场或教学楼大厅，然后由学校工作人员护送孩子进教室。

如果父母已经放弃工作陪伴孩子度过课堂时间，那么要逐步让父母撤离课堂。例如，如果家长一直在课堂待 2 个小时，那么，现在他应该在 1 小时或 45 分钟后尽量离开。当孩子能应对这种情况时，他应该在几天后更早离开，比如课堂开始后 15 分钟就离开。就这样慢慢地减少课堂陪伴时间，直到父母可以只送孩子到操场或教学楼大厅，由老师护送进教室。如果孩子表现出破坏性行为，那么父母可以实施家庭惩罚。

家庭作业

✎ 在本次会谈和下次会谈之间完成一份给每个孩子的命令列表，把每条命令用确切的语句写下来。

✎ 在本次会谈和下次会谈之间完成家庭早晨作息时间的记录，列举所有活动及完成时间。

✎ 思考改变哪些早晨作息能促使孩子上学。

✎ 思考其他过去使用过的惩罚和奖励方法，以及在将来可能有用的新方法。

✎ 鼓励孩子坚持规律的作息制度，哪怕仅仅只是坚持早晨的作息。这包括：早起，穿衣服和为上学做准备，完成老师布置的作业。

✎ 继续完成日志，注意一周之内出现的特殊情境或经历。

第二次会谈　强化治疗

会谈提纲

- 开始调整家长命令
- 帮助父母建立一个现实的、弹性的早晨时间表
- 帮助父母建立对拒绝上学行为的惩罚机制

本部分描述了如何对为获得关注而不上学的孩子进行强化治疗。正如在第一次会谈中提到的，治疗核心将是父母，主要治疗目标是将父母的注意力从拒绝上学行为转移到上学行为上来。这一过程包括调整家长命令、建立规律的日常作息制度、对拒绝上学行为实施惩罚、奖励孩子的上学行为等。

调整家长命令

本次会谈从回顾父母列举的命令开始，特别注意那些给拒绝上学的孩子的命令。就像在第一次会谈中那样，检查这些命令是不是存在致命错误，如：问题形式的命令、命令模糊、批评式命令、被打断的命令、不完整的命令、最终被父母自己完成或忽视的命令、命令过于复杂、以教训的口吻提出的命令等等，找出父母错误命令的模式。

在本次会谈开始调整父母的命令。从考察命令列表上的每一个命令开始，提供细致的反馈，获得更独特的信息。在下面的案例节选中，T代表治疗师，F代表孩子的父亲，M代表孩子的母亲。

案例节选

T：我看到你们昨天下达的一个命令是“将你的房间打扫干净”。能不能跟我详细说说？

F：好的，我告诉她，她应该打扫干净自己的屋

子。当然，她根本没有理会。

T：您给她下达这个命令的时候，她在做什么？

F：看电视。好像我们要她做某件事的时候她总是能找到另一些事做。

T：我看到另外一个命令更急迫，是关于上学的。

M：是的，今天早上我要她不要缠着我。

T：嗯，“缠着我”是什么意思？

M：她一直跟着我，一直抱怨去上学的事情。她不想上学，求我让她待在家里。

T：您说她“一直跟着”您，那到底是什么状况呢？

M：嗯，很难描述。她过来抓住我，当我想做些事的时候（如，为孩子们准备午餐的时候），她会抱着我的腿或躺在我脚上。

此时，要改变父母给予孩子的一些命令的陈述方式，特别是，检查父母命令列表，指出命令可以以其他的方式下达从而更有效果。例如：

- 当某一命令必须被执行时让父母说得非常确切。在上述对话中，父母没有表达清楚任务开始的时间，面对这种情况，要求父母给出确切的时间限制，如在五分钟之内开始做家务（如打扫房间或洗碗）。如果命令必须被马上执行，就像上面案例中母亲的命令那样，那么父母应该只给出10秒的时限。治疗师应该帮助来访者辨别哪些命令是需要在10秒钟之内立即执行的，很多让孩子上学的命令都包括在内。
- 让父母在下达命令时明确说清楚孩子需要做什么，并尽可能简单。举例来说，“打扫你的房间”这个命令有很多不同的意思。这个命令包括倒垃圾、吸尘、铺床和整理衣柜吗？它还有更多意思吗？因此，鼓励父母下达更为明确的命令，如，“在五分钟之内，将卧室地上的衣服捡起来，用衣架挂在衣柜里”。而对于案例中的情况来说，父母应该说“在10秒钟内把你的手拿开”，而不是模糊地说“不要缠着我”。
- 确保父母下达给孩子的命令是他们可以做到的。例如，如果一个五岁的孩子不能把衣服挂在衣橱里，那么父母就不应该让他/她做这件事。孩子也应该能完全理解命令的意思。首先，让父母从简单的只有一个步骤的命令开始。如果必要，应该让孩子重复命令内容以确保孩子对命令的真正理解。

- 父母下达命令时，应该确保没有其他的事情干扰孩子接受命令（如看电视、和朋友聊天）。很多孩子非常狡猾，他们总是装作“没有听到”命令或“忘记了”命令，父母也应该尽可能地防止这些情况。特别值得注意的是，当下达命令时，父母应该保持和孩子的眼神交流。
- 父母应该让下达的命令是一个命令，而不是选择或提问。在上述案例中，父亲表明孩子“应该”打扫她的房间。另外，母亲“要求”孩子“不要缠着我”。这些话语都让孩子觉得她可以选择服从或不服从。父母应该通过简短、直接的命令句式来降低这种选择的可能。
- 父母应该消除批评。在上面的案例中，父亲对孩子不遵守命令加上了一个批评性的评价。批评经常会被孩子注意到，他们也许会反过来想，即使自己遵守了命令也不会得到表扬（如，“你该倒垃圾了”）。父母应该改变他们的命令方式，尽量减少批评或负面评价。下达命令时，父母应尽可能地保持中立的语调。在后面我们会看到，对为吸引关注而拒绝上学的孩子，这种中立性显得尤为重要。
- 在下达命令时，父母应该减少多余的话（如，说教），并确保孩子不会因为让别人为他/她执行命令（如，做饭）而受到奖励。
- 在下达命令后，父母应该和孩子一起执行任务（如，和孩子一起收拾屋子里的玩具，当孩子准备上学时一起做准备工作）。
- 父母还应该经常对孩子遵守命令的表现给予奖励，而对不遵守命令的表现坚决予以惩罚。

和父母一起逐个核对列表上的命令，如果有必要，帮他们进行修改。尽可能地让父母自己来修改命令，这样他们就能学会如何下达有效的命令。在这一过程中，尤其要关注早晨下达的关于上学的命令。此外，如果孩子存在反复寻求确认的问题，那么要考虑先采取方法解决这个问题（具体方法参见第五次和第六次会谈的材料）。

建立规律的作息

和父母一起回顾他们所描述的每个上学日早晨的典型情况。正如之前所说的，要特别注意孩子做下列事情的时间，包括：起床、穿衣服、洗脸刷牙、吃早餐、做其他事情如看电视、准备书包和离家上学等。此外，还要和父母一起回顾他们自己在早上的典型作息时间，包括和孩子直接相关的事情。

据此给父母作出反馈，提示他们为了调整早晨的作息，增强他们对孩子的反应，他们可能需要做出一些改变。例如，为孩子早晨的活动建立规律的作息。在建立规律作息的过程中，治疗师要确保家庭成员有足够的时间来完成所有的任务，同时还要考虑到你所推荐的作息可能比家庭原有的作息要严格很多。一般来说，孩子应该在规定到校时间前 90～120 分钟内起床，即使他/她现在不能规律地上学，也必须遵守这个起床的规定。同样，孩子醒来后，必须赶快起床，赖床时间不得超过 10 分钟。

在完成这些安排后，就要开始为早晨其他的活动确立时间。这个时间表要有足够的弹性以使父母碰到孩子不服从时有回旋余地，同时也要很严格，这样才能顺利促使孩子向正常上学转变。表 6.1 中的作息表可以用作指导。

表 6.1 早晨作息样本

时间	行为
6：50A. M.	叫醒孩子（孩子必须在 7：00 之前起床）
7：00～7：20A. M.	洗脸刷牙
7：20～7：40A. M.	穿戴整齐，备好必需的衣物
7：40～8：00A. M.	吃早餐，和父母讨论一天的安排
8：00～8：20A. M.	为上学做最后准备（书籍课本、衣服等）
8：20～8：35A. M.	和父母一起上学或乘坐校车上学
8：40A. M.	进入学校和教室

惩罚拒绝上学行为

和父母一起回顾他们过去用来规范孩子行为所使用的惩罚方法列表。要特别注意了解父母是如何使用这些方法的，每个方法的效果如何以及哪些方法目前还在使用。最后，了解父母对这些方法的态度，并和他们探讨他们希望使用的一些新的方法。

选择五种拒绝上学行为作为目标，这五种行为可以从正式评估中选取，同时应该依据问题的严重性进行排序，例如：

1. 拒绝移动（问题最严重）。

2. 攻击性/打妹妹或父母。

3. 哭。

4. 过度寻求再确认（在一个小时内超过两次询问同样的问题）。

5. 尖叫（问题最轻）。

下一步，要求父母对问题最轻的两种行为（尖叫和过度寻求再确认）选择一种惩罚方法。惩罚方法最好有一些实践经验基础，这样才能比较好地在早晨或放学后使用。在放学后也进行惩罚是很重要的，这样孩子就知道拒绝上学行为是很严重的，父母不仅仅只是在早晨对之进行惩罚，而是在全天都会着力来惩罚这种行为。对于因寻求关注而不上学的孩子来说，惩罚的方法包括忽视、暂停活动、在孩子出现不当行为时不给予额外关注、早睡等。在一些案例中，可能还需要一些更强烈、更切实的惩罚方法。

首先关注一些问题比较轻的行为并对之进行惩罚，这样可以让父母花费比较少的努力来进行练习，并且能体验到成功。然而，如果此时你和父母都认为能更多更快地处理孩子的问题，并感觉很轻松的话，你们也可以将治疗步伐加快。在这个过程中，也需要对不服从命令进行惩罚（如，在特定的时间限制里不能遵守起床或穿衣服的命令）。

和父母一起讨论在接下来几个早晨可能会发生的所有情况，并和他们一起制定应对每种状况的计划。尽可能把父母都纳入到应对计划中来。尽管这个过程会花费较多时间，但是确保父母知道如何应对每种状况是治疗方案的核心部分，也是最终让孩子重新回到学校的关键。

在许多案例中，孩子在治疗过程中会逐步增强他/她的行为以迫使父母就范。这样的情况被称作“消退爆发”（extinction burst），它其实是一种不当行为爆发的高峰，超过了之前不当行为的最高水平。这种消退爆发会严重地损害治疗过程，因此，治疗师应警告父母这种情况发生的可能性，并鼓励他们坚持不懈地强化孩子执行命令并对拒绝上学行为进行惩罚。要告诫父母，如果孩子成功地迫使父母放弃的话，那么以后父母再要进行纠正的时候，孩子的不当行为表现会更强烈。因此，父母必须尽可能地推进治疗程序。确保父母都清晰地理解在早晨发生任何状况时他们必须怎么做，此外，治疗师也应该每天都和父母保持联系，对他们的行为给予支持和反馈。

在这一治疗的早期，治疗师要做好准备，父母可能在早晨遇到问题时随时联系你。有时，父母会在送孩子上学的路上用手机联系你，所以，治疗师要做好“即兴会谈”的准备。此外，治疗师还应注意的是，当这些治疗程序开始实施时，孩子会变得对你很敌视。为了保持他/她目前的状态，孩子可能会和你谈判，或者和父母谈判。

奖励上学行为

和父母一起回顾他们过去对孩子良好行为使用过的奖励方法。如前所述，要讨论每种方法的有效性，以及奖励对孩子的吸引程度，还要探讨父母对这些奖励方法的态度，了解他们过去是如何使用这些方法的。另外，还应该和父母讨论新的奖励办法。

为了和前面所描述的惩罚共同助力于治疗，应该对“良好”的行为（如，不尖叫或早晨没有过度寻求再确认）进行奖励。治疗主要是针对试图获得关注的孩子，因此可以让奖励方法以关注为基础。例如，如果孩子能控制自己的尖叫、不表现过度寻求再确认，那么父母可以在早晨给予有力的口头表扬，晚上再安排时间陪孩子做一件事（如，阅读、玩游戏等）。在一些案例中，可能还需要一些更强烈或更切实的奖励。

要指导孩子了解规定的作息方式、适当的行为以及奖励和惩罚等与治疗相关的情况。治疗师要提醒孩子：他们自己的行为决定了父母是否实施奖励或惩罚。在会谈结束的时候，把这些原则明确告诉孩子。同时，也要求父母反复给孩子强调这些原则以强化孩子为自己负责的意识以及在执行治疗程序中所承担的角色。在家的时候，这些原则应该反复向孩子传达。

家庭作业

✎ 保留给每个孩子的命令列表，根据第二次会谈中所讨论的方式调整某些命令。父母每天晚上要一起讨论第二天是否要对命令做些修改。

✎ 从这次会谈后的第二天开始，让孩子在规定到校时间前90～120分钟的时间段里起床，并实施整天的作息计划。尽可能地坚持这个作息安排，如果孩子白天待在家里，那么也应该要求他/她做作业或阅读相关课本。

✎ 对现存的两种最轻微的拒绝上学行为进行惩罚。

✎ 孩子没有表现上述两种拒绝上学行为时给予奖励。

✎ 当出现问题时，父母应和治疗师联系。请记住，应对试图吸引关注的孩子时，来访者总是希望多和治疗师联系。同样，治疗师也应该做好心理准备，可能会接到很多人，比如孩子、父母、学校老师或其他专家的电话。

✎ 继续完成日志，记下一周中发生的特殊情境或经历。

第三次和第四次会谈　治疗成熟期

会谈提纲

■ 调整家长命令，特别关注那些与拒绝上学行为有关的命令以及上学日早晨的命令

- 向父母强调忽视不当行为的重要性
- 回顾家庭的早晨作息情况，讨论所作的改变以及出现的偏离情况
- 如果必要，和父母讨论强制孩子上学的问题
- 和父母讨论有关设计和使用惩罚（对拒绝上学行为进行惩罚）的相关信息
- 讨论日间规范
- 布置家庭作业

在本阶段的治疗中，父母应该将训练重点放在早晨和晚上的作息以及孩子的拒绝上学行为方面。此外，如果孩子白天待在家里，伴随有发脾气或其他不当行为，那么还应该着重训练如何应对孩子的这些行为。你也许会遇到这样的案例，即父母改变应对孩子其他行为的方式也很必需。将父母训练的重点集中在应对如拒绝上学行为这样的特殊问题上，（1）为父母进行改变提供新的动力；（2）促使父母使用治疗方法应对突然产生的问题；（3）也提供给父母证据证明治疗程序是有作用的。对拒绝上学行为的早期成功应对也能增强父母继续坚持治疗的动力，从而能在不久的将来成功应对其他的行为问题。

从许多方面来看，第三次会谈和第四次会谈非常相似，后者是前者的深化。这一部分通过深化第一次和第二次会谈中的各个治疗成分而成为治疗的关键成熟期。治疗应该更深入的部分包括：忽视孩子的不当行为、强制孩子上学、确定白天的规范。

调整家长命令

和前面一样，与父母一起回顾他们的命令列表。需要的话，使用表 6.2 所示的父母命令工作单，检查父母是否犯有一些关键性错误，并给予他们反馈。特别要注意父母犯错误的模式。例如，有些父母下达命令一直都是以提问的方式，或者表述非常模糊。鼓励父母根据反馈作出改变。另外，询问他们的非语言性姿势以及父母间的不一致，这可能会损害命令的效果。例如，有些父母下达命令时没有强硬的语气或眼神接触，而另一

些父母的命令则由于配偶对孩子无意或故意的默许而大打折扣。因此，治疗师要尽可能解决这些问题。

如前所述，调整家长的命令时要特别关注：（1）对孩子的拒绝上学行为下达的命令；（2）早晨上学前下达的命令。回顾每一个命令，记下没有表达的重要内容（如，上学的特殊命令，对服从所做的口头表扬）。回顾过去几天早晨的情况，记下成功和不成功之处。下面是一个案例：

表 6.2　父母命令工作单

1. 当某一命令必须被执行时让父母说得非常确切。要求父母对不紧急任务给出 5 分钟的时间限制（如打扫房间或洗碗）。如果命令必须被马上执行（如，马上穿好衣服），那么父母应该只给出 10 秒的时限。
2. 让父母在下达命令时明确说清楚孩子需要做什么，并尽可能简单。
3. 确保父母下达给孩子的命令是他们可以做到的。一开始，要求父母从简单的只有一个步骤的命令开始。如果必要，应该让孩子重复命令内容以确保孩子对命令的理解正确。
4. 父母下达命令时，应该确保没有其他的事情干扰孩子接受命令（如看电视、和朋友聊天）。特别值得注意的是，下达命令时，父母应该和孩子保持直接的眼神交流。
5. 父母应该让下达的命令是一个命令，而不是选择或提问。父母应该通过简短、直接的命令句式来降低这种选择的可能。
6. 父母应该尽量减少讽刺和批评。下达命令时，父母应尽可能地保持中立的态度。
7. 在下达命令时，父母应该减少多余的话（如，说教），并确保孩子不会因为让别人为他/她执行命令（如，洗碗）而受到奖励。
8. 在下达命令后，父母应该和孩子一起执行任务。
9. 父母还应该为遵守命令（服从）的表现给予一些奖励，而对不遵守命令（不服从）的表现坚决予以惩罚。

案例节选

T：从上次会谈到今天，看起来有两天情况不错，两天不太好。能告诉我这之间有什么主要的差异吗？

M：周一和周三的时候，我和 John（孩子的父亲）看上去非常“同步”，我们一起努力让孩子们起床，然后上学，当我们谈论某事的时候还能相互支持。（对丈夫：）你不这样认为吗？

F：是的，我也这样认为。我发现其他几天这种感觉就消失了。

T：我们来讨论一下这个状况。到底是什么“消失”了？

F：那两天孩子好像有更多的拒绝行为，不去上学，他（孩子）还经常发脾气。我们开始朝他吼叫，不过没什么效果。我必须去上班，我猜想他让他妈妈很厌烦。

探索治疗程序“停止”下来的原因，在这种情况下，最有可能的原因包括父母之间的不一致，父母一方离开情境，孩子不当行为的逐步增加。当出现这些情况时，一般来讲，父母可能会下达更多不清晰的命令（如，你能安静一点吗？我只是希望你能去上学）。此时，治疗师应协助父母识别治疗程序是如何停止的，并尽可能解决这一问题。父母也可能需要改变上班时间或请求他人帮助来送孩子上学。

如果孩子明显地增加不当行为以迫使父母放弃他们的命令或放弃按作息时间生活、放弃奖励和惩罚，治疗师要帮助父母找出应对孩子不当行为的办法，实现治疗目的。例如，当孩子发脾气或要赖时，为了让他/她遵守命令，父母可能不得不自己给他/她穿衣服，并带他/她下楼。在许多类似的案例中，治疗师的额外支持显得很重要。到第四次会谈为止，父母应该已经学会了如何下达一个好的命令，如果他们看上去还不是很确定或者如果有一些减力环境（如，父母一方离家很早）还在继续干扰命令，那么治疗师应适当解决这个问题。

此时，可以开始向父母强调忽视孩子不当行为的重要性。有些父母只要发现孩子表现出负面行为，他们就立即给予关注，而这正中孩子下怀。例如，有些父母有一种习惯，当孩子安静地玩耍时，父母就任之单独玩耍（不要打扰他/她），而一旦孩子搞破坏，就马上反应很大（赶快给我住手！）。当孩子慢慢长大之后，他就学会了这一方法，即只要表现不好就会获得父母关注。父母的这种习惯应该纠正。

当孩子拒绝上学时，最常见的吸引注意力的方式就是夸大身体不适，特别是一些模糊的抱怨，比如头疼、胃疼和恶心等。吸引关注的孩子很少有特别明确、可以识别的症状，如发烧或呕吐。如果你很确定孩子的抱怨是为了获得关注，而并不是真正有问题，那么你可以要求父母忽视孩子的抱怨。然而，一定要先彻底排除有任何真正疾病的可能。

为了忽视孩子的这些夸张的身体不适，治疗师应教会父母不同的身体行为和言语行为，替代对抱怨的关注，这些方法在早晨尤其有用。这些方法包括：不使用眼神接触（如当孩子抱怨时，父母看其他地方），使用暂停方法，任其发完脾气或过度啰唆，关注表现好的兄弟姐妹，和配偶交谈等。另外，需要注意的是，要确保父母在进行上述行为时，孩子不会挑起父母的一方对抗另一方来达到目的。在双亲家庭里，可能父母的一方会忽视孩子的不当行为，而另一方却给予关注。父母之间的一致性对于组成统一战线应对孩子的问题是至关重要的。孩子必须认识到，他/她的不当行为，包括夸大的对身体不适的抱怨，都是不被接受的。相反，如果孩子没有表现出夸大的对身体不适的抱怨时，提醒和鼓励父母给予孩子表扬或奖励。

对一些父母来说，忽视孩子的一些行为，尤其是对身体不适的抱怨是很困难的。有时，父母会觉得内疚或觉得自己可能对孩子要求得过分严格，他们担心孩子会真的发生什么事情，担心会给孩子造成长期的心理影响和/或担心孩子会不再信任自己。如果来访者有内疚感或有类似的表现，并且担心忽视孩子的不当行为会带来不良后果，治疗师应该立即和他们探讨这些问题。相应的，治疗师要给父母提供一些信息，帮助他们澄清父母的适当严厉和不恰当的过分控制之间的区别。此外，还应推荐他们带孩子进行医疗检查，确保孩子不是真的生病了。

向父母保证忽视孩子夸大的身体不适的抱怨并不会导致心理上的伤害。如果父母仅仅只是注意一些现实的、并没有夸大的事情，那么孩子将会更尊敬父母，他们将来也更可能信任父母。当父母不再存在疑问，而准备忽略孩子的不当行为或夸大的身体不适的抱怨时，要提醒他们治疗的核心目标是将注意力转向更积极的行为（如，没有夸大身体不适、能去上学）和控制整个家庭生活。在提醒的过程中，要向父母重复介绍他们可以更关注的积极行为的例子。

请记住，为了获得关注而拒绝上学的这类孩子的父母可能会持续向你提供“借口”而让孩子不去上学。特别是有时父母会默认孩子对身体不适的抱怨或找到一些其他理由（经常是乏力的）让孩子待在家里。在有些案例中，理由可能是莫须有的，比如学校和老师出了问题等（许多这种案例中父母和学校老师之间都存在摩擦）。同样，他们也可能抱怨你和治疗计划。在有些案例中，父母甚至会主动问孩子（“你确定感觉还可以吗?”）以促使或诱导孩子表现拒绝上学行为（“看见没？他不愿意上学”）。

不论原因是什么，很可能孩子已经准备好重新回到学校，但事实上被父母所阻碍。这种现象有时是因为父母的过度保护造成的，与父母的不安全教养风格或一些心理病态有关。对于这些案例，可能要从更广的角度来进行治疗，比如最开始的时候要关注父母的阻抗、偏执或其他因素。此外，和这样的父母建立一种强硬的治疗联盟往往是必要的，只有这样，才能保持他们推进治疗的动机，并最终让孩子重返校园。

建立固定的作息

如前所述，要回顾和家庭成员一起确定的作息制度并讨论执行过程中出现的改变和偏离。如果父母改变了一些作息安排，让孩子的作息更完善，或提出一些改变的建议，治疗师应认真听取，并尽可能认可这些改变。治疗师要给父母强调作息制度的结构性和一致性，这样孩子才会习惯每天早上做些什么（或要做些什么）。同样，还要和父母一起制定比较合理的晚间作息制度。一般来说，要为孩子设定回家的时间、完成作业的时间、晚餐时间、玩耍时间和准备上床休息的时间。当然，这些活动的顺序可以依据家庭的情况而有所变化。另外，如果必要的话，你可以和父母商量限制孩子的玩耍时间或增加他/她的学习时间。如果孩子根本就不上学，父母应该向老师询问学科作业，并让孩子白天和/或晚上在家完成。

到第四次会谈的时候，父母应该知道什么样的作息安排是比较合理的。治疗师仍然需要和父母一起探讨他们不确定的地方。同样，还可以回顾前一个早上和晚上的作息，找一找哪些地方可以加强。让父母讨论可能会干扰作息的一些减力性事件，常见的问题包括懒散的兄弟姐妹、缺乏精力、孩子不当行为增多、工作和其他时间安排持续变化以及其他一些更重要的事情等。尽可能地解决这些问题。

在一些案例中，你可能想要尝试让父母取消孩子晚上或周末的社交活动（如童子军活动、足球练习、舞蹈培训等），看看是否能促进孩子上学。如果它能够对孩子的行为造成立竿见影而又积极的影响，那么可以采取这种方法。然而，如果你和父母怀疑这种方式会导致更多的麻烦或家庭冲突，那么可以选择一种折中的做法（如，取消学习日的活动而周末给予更大的自由）。并且，这种禁足的威胁就足够促使孩子遵守重回校园的命令。

强制孩子上学

如果孩子完全不上学或是缺席大部分的课程，此时可以考虑强制他/她上学的做法。对于许多因试图获得关注而拒绝上学的孩子来说，强制上学是一种有效的方法，但是这种方法必须谨慎使用。只能在特定情况下强制把孩子带到学校，包括：

- 孩子拒绝上学仅仅是为了吸引关注，并且没有任何显著的痛苦感和焦虑感。
- 父母愿意送孩子上学，学校老师也愿意在校门口接孩子并护送孩子进入教室。
- 父母双方或父母一方及另一个成人能送孩子上学。
- 孩子能够理解如果他/她拒绝上学会有什么情况发生。
- 孩子目前每天缺席大部分课程。
- 孩子年龄小于11岁。

到第三次会谈的时候，你也许希望向父母提出强制孩子上学的方法并和他们讨论该方法的相关问题。然而，即使在促使孩子回到学校的过程中出现了一些紧急的情况，这种方法也要继续采用。在尝试使用这种方法之前，一定要先和父母进行讨论。至少，父母必须考虑他们是否有精力、有能力也愿意采取这种方法。

到第四次会谈时，如果孩子的情况满足“强制上学”的条件，那么可以开始考虑这种方法。第一步是和父母讨论采取这种方法的可行性及他们的愿望。此外，要评估父母双方是否对采取这种方法有内疚感或犹疑。如果父母（和你）都感觉可以并愿意尝试付出努力，那么你们可以开始使用这种方法。然而，如果父母（和你）还有任何的犹豫或内疚，那么你们可以先使用本部分提供的其他各种方法。请记住，父母的任何犹疑都可能被孩子觉察出来，这将会导致以后的治疗变得更困难。

强制孩子上学一般会出现一些和孩子的身体接触行为。在大多数案例中，这意味着让孩子上车或让他们进入教学楼。大多数孩子在学校的时候都停止了吸引关注的行为，因此强制上学经常是指父母早晨的强制行为。同样，在大多数的案例中，必要的身体强制往往也只是简单地接送孩子或把孩子拎起来。当然，我们绝不认可那些伤害孩子的粗暴行为。

一般来讲，强制行为是从早晨作息安排的结尾开始的。父母让孩子上车/校车，乘车去上学或进入教学楼。孩子可能不遵守这些命令，那么父母就要给出警告。警告必须简短而清晰(如，“现在去上学，否则我们将强制带你去”)。如果孩子服从，则给予口头表扬。如果孩子不服从，父母应该拎起孩子，让他/她上车并带他/她上学。如果必要的话，和学校老师打好招呼，请求他们给予帮助。父母双方都应参与这个过程，如果孩子在这一过程中发脾气，那么忽略他/她的这种表现。通常，父母一方开车，另一方则和孩子坐在一起防止他/她逃跑。父母应该在语气语调上保持中立或“客观”，不要给孩子太多的言语关注。

如果孩子过分焦虑或父母无法忍受该情景时，应该停止强制行为。请记住，一些意志力非常顽强的孩子十分抗拒这种方法，他们能坚持得比父母长好多天或好几个星期。停止的危险在于孩子会认识到，如果不当行为足够严重，父母（和治疗师）就会妥协。因此，强制孩子上学的方法必须在满足适当的条件之下才能执行，并要求严格贯彻。当你和父母考虑这一方法的时候，一定要进行深入讨论。

惩罚拒绝上学行为

和前面相同，和父母讨论过去和现在有关拒绝上学行为的惩罚设计和使用的信息，这些信息包括过去和现在的纪律训练情况、父母态度和减力性环境。回顾父母是怎样对两种最不严重的拒绝上学行为（尖叫和过度寻求再确认）进行惩罚的。此外，回顾自上次会谈后出现的孩子拒绝上学的场景以及父母使用惩罚的应对情况。和前面一样，尽可能地将父母双方都纳入到这一计划中来。

如果父母的惩罚有问题或惩罚对孩子的行为没有作用，那么要重新检查父母给予了什么样的惩罚以及惩罚是怎么实施的。如果惩罚已经实施了，并且对孩子的行为有一定的作用，那么可以对严重性稍高的拒绝上学行为施以该惩罚。此时，要参考建立的问题行为等级表，从第二次会谈使用的示例来看，稍严重一些的行为是哭泣。同样，仍然要讨论在未来几天内可能出现的所有相关场景和潜在问题。

在回顾使用的惩罚方法的过程中，如果有必要，可以对惩罚进行修改。此时，父母应该清楚地认识到哪种惩罚方法最有效，哪种最没效果。回顾过去几天的早晨及晚上的情况，找出可以改进的地方。同样，还要识别和改变可能破坏惩罚效果的减力性环境（如，父母实施惩罚不一致）。

日间规范

如果孩子的拒绝上学行为非常严重（如，已经很多天不上学），那么应该对白天孩子在家的行为给予更详细的规范。有时，这一规范可以在强制上学方法之前使用，或替代强制上学方法。如果孩子整天都待在家里不上学，那么他/她也应该在父母的监督下按照学校的作息时间坐在椅子上，在家中一定要做到，必要的话也可以在父母的单位执行。同时，要绝对避免任何语言或身体的关注。此外，给孩子的安排要尽可能地无趣。在学校学习时间结束后，仍然要施以正常的惩罚（如，关在房间里写作业）。如果在一周中的大部分时间里还持续发生拒绝上学行为，那么可以考虑周末进行适当的惩罚。如果你和父母都相信这是一个较好的方法，那么要和他们认真讨论日间规范。

特殊话题 6.2	在家不上学的孩子

如果一个孩子不上学是因为无法让他/她进入教学楼，那么他/她应该整天都待在椅子上或自己的床上。当父母不得不带他/她一起上班时，他/她也应该坐在某个位置。无论在哪儿，都应该让孩子待在一个较为无趣的地方，决不能让他/她接触一些好玩的东西，比如电视、游戏、电话或电脑。此外，对孩子的言语和身体关注要保持在最低限度。

如果孩子整天都待在家里或在父母的办公场所，他/她也应该完成老师布置的作业或完成一些其他的学习任务，如阅读课本、完成练习册、写小作文等。如果由其他人看管孩子，那么父母应该要求他/她遵守一些命令。在学校放学时间后，也就是下午 3 点之后，孩子应该做家务或单独待在自己的房间里。另外，晚上他/她仍然必须接受不去上学的惩罚。如果孩子在一周内好几天都不上学，那么可以在周末对他/她进行限制和惩罚。这一方法的目标就是：当孩子拒绝上学时，剥夺对他/她的关注；当他/她上学时，给予关注和奖励。

奖励上学行为

和父母讨论过去或现在关于奖励的信息，包括奖励的效果、父母态度、减力性环境及新的奖励方式等。回顾上次会谈之后的奖励是否有效，如果必要，可以对奖励做些修改。要求父母对孩子的下一个适当行为（如，没有哭泣）进行奖励。

回顾对上学行为使用的奖励方法，在必要的时候进行修正。到第四次会谈时，父母应该知道哪种奖励方法最有效，哪种最没效果。回顾过去几天的早晨和晚上的情况，找出哪些奖励可以更为完善。和前面一样，识别和改变可能削弱奖励有效性的减力性环境（如不一致的奖励）。

家庭作业

✎ 如果有必要，调整给每个孩子的命令列表。

✎ 实施修改了的早晨和晚间作息制度，并坚持按作息活动。

✎ 对稍严重的拒绝上学行为实施惩罚。

✎ 如果孩子没有表现出上述的稍严重的拒绝上学行为，给予奖励。

✎ 如果有必要，根据治疗师的建议实施强制上学的方法和遵守日间规范。

✎ 继续完成日志，注意一周内出现的特殊事件或情境。

✎ 逐渐增加上学时间。阅读第四章特殊话题 4.6，熟悉各种让孩子逐步回到校园的方法。这些方法包括：(1) 先从早上某段时间开始让孩子回到学校上学，然后逐步推进到全天；(2) 先从下午 2 点到放学这段时间开始让孩子上学，然后往早上逐步推进；(3) 先让孩子回到学校午餐，从午餐时间开始逐步增加上午和下午的在校时间；(4) 仅仅先从孩子最喜欢的课或时间段开始，然后逐步推进到更多的课和所有的时间；(5) 先从学校的某个地点，如图书馆而不是教室开始，逐步推进到所有教室所有地点。

第五次和第六次会谈　治疗深入期

会谈提纲

- 继续回顾和讨论父母的命令列表并作出必要的修改
- 继续为孩子构建早晨和晚间作息制度

在第五次和第六次会谈时，治疗应该到达深入期。这一过程包括详细地分析当前家庭内部正发生着哪些变化，还存在哪些问题。到此时，所有的日常作息（如作息制度、惩罚和奖励、强制上学）等都应“步入正轨”了，并根据家庭的情况已经做了较好的调整。现在，你应该很直接地告诉父母要继续努力的地方在哪里，如何改变会阻碍治疗取得进步的事情（这一部分重点关注一些可能的原因）。此外，治疗中后期的会谈可能更需要发挥创造性，治疗师和父母可能需要对本书描写的一些方法进行创造性的修改和设计。例如，你可能需要想出父母如何能带孩子去上学的新方法，如何从教室解脱出来的新方法，如何在公共场所应对孩子发脾气的行为，或如何在放学后奖励孩子的上学行为而这种奖励又不会干扰到兄弟姐妹的行为表现。

在很多方面，第五次和第六次会谈都很相似，而第六次会谈则会比第五次会谈更深入。父母训练的基本技巧，如命令、作息、惩罚和奖励仍然是这两次会谈需要关注的问题。其他的治疗点如强制孩子上学和白天的规范也需要进一步加强。本部分将讨论上面这些治疗的具体程序并总结一些重要的问题。对于那些进步很缓慢的孩子来说，可能要重复先前的治疗程序。

调整家长命令

继续回顾和讨论父母给孩子下达的各种命令（如果有必要，可以使用表 6.2 的父母命令工作单）。值得提醒的是，要了解干扰命令的事件，检查父母在下达命令时是否形成了统一战线。如果必要，调查清楚是哪些因素干扰了父母的命令（如下达命令时有分心事物干扰孩子接受命令），并询问孩子是否能理解父母下达的命令。你和父母都可以使用这些反馈信息来对已有的命令做一些修改。下面是示例：

案例节选

M：Matthew，关掉电视，准备上学了。我想要你现在穿上夹克，并收拾好书包。

C：什么？再等一分钟吧。

M：看着我。（母亲和孩子进行眼神交流）谢谢，我说什么了？

C：到这儿来？

M：听我说，马上关掉电视机。（孩子照做）谢谢，看着我。穿上夹克，马上收拾好书包。我刚才说的是什么？

C：穿上我的夹克，收拾好我的书包。

M：谢谢，你听清楚了，马上做吧。

注意一些可能干扰父母命令效果的特殊环境。例如，许多为了获得关注而不上学的孩子来自于单亲家庭。因此，其中一方会缺乏另一方的支持，或者当一方在关注不上学的孩子时，没有人帮助管理其他孩子。在这种情况下，鼓励父母的一方请求他人的帮助，如自己的兄弟姐妹、前配偶，甚至是学校老师，让他们帮助下达命令或送孩子上学。这对于父亲（或母亲）来说是很困难的，因此不要过分要求他（或她）去做某些让他们感到特别不舒服的事情（如，联系已经疏远的前配偶）。然而，如果能得到另一方或另一个成人的有效承诺（如，惩罚、强制孩子上学）的支持，那么父亲（或母亲）下达的命令往往会更有效。

此外，一旦家里有其他孩子也拒绝上学，有时父母的命令就会彻底崩塌。例如，一个 7 岁的孩子如果看到他 9 岁的哥哥不上学并由此得到了父母的关注，那么他也可能开始拒绝上学。许多案例中，家里年龄最大的孩子往往都是不当行为最为严重的表现者，也是家庭最强大的反叛者。因此，在这种情况下，父母应该集中最大的力量对年龄最大的孩子进行管理，对他们建立强有力的命令系统。这样，大孩子拒绝上学行为的减少也就给弟弟妹妹塑造了一个榜样，然而，父母也不应该完全忽视年龄小的孩子的拒绝上学行为。如果来访者家庭存在这种问题，那么治疗师应该和父母认真讨论和识别所有可能影响治疗的家庭动力（年龄小的孩子模仿大孩子的行为）。

最后，如果父母一方不给孩子下达命令，命令当然不会有效果。如果来访者家庭出现类似情况，治疗师要详细查明影响治疗的家庭沟通及父母心境和态度的状况。例如，在有些案例中，家庭问题/父母问题需要先行得到解决。这些问题包括婚姻不满意、家庭冲突、滥用药物、经济压力以及其他各种压力事件。在其他一些案例中，可能还会出现父母故意破坏治疗过程或不遵守治疗程序的现象。如果出现这些情况，尽快先解决这些问题。

在此时的治疗过程中，父母应该不断地、积极地回顾他们对孩子说过什么，他们也应该反复和对方（单亲父母和朋友或治疗师）交流如何来增加命令的一致性并获得对方的支持。特别值得注意的是，父母应该回顾命令的清晰度、一致性和有效性，早晨下达的命令要和傍晚及晚上的命令进行对比，并识别不好的命令，讨论如何做出修改。他们应该慢慢地、更独立地寻找那些可能导致命令无效的原因，理想的情况是，这种回顾过程在晚间交流的时候完成，这样第二天可以有新的开始。父母也应该在一些困难的时刻积极支持自己的配偶，如果必要，治疗师在这一阶段的治疗中可能还需要帮助父母解决沟通问题或消除他们之间的争执。

此刻，父母的早晨命令应该非常清晰而简练。命令数量不多，并要以中立客观的态度下达。此时已经形成的奖惩制度，也应该随着孩子对命令的服从或不服从而立即执行。例如，如果孩子按要求遵守了命令，那么父母应该立即表扬孩子，但也不能太过分。孩子应当意识到关注是对遵守命令的奖励，但是重要的是，父母也不能提供过多的关注从而降低关注的价值。如果孩子不遵守命令，那么相应的惩罚也应该及时实行（如活动暂停、任其彻底表现不当行为、忽视）。

这时，还应该了解孩子在学校的表现情况，比如老师如何与孩子交流或互动等。如果老师或学校其他工作人员能有效地和孩子交流，那么就不需要干预。然而，如果孩子在学校环境中也存在偏离行为，那么应尽量将老师也纳入治疗过程。当然，这一决定最终取决于父母，同时要考虑所有可能出现的问题。例如，将老师也纳入治疗可能会让家庭成员感到尴尬或损害治疗。一个折中的处理办法就是在父母的允许下到学校拜访老师。通过这种途径，治疗的一些基本元素可以传达到学校环境，这样可以减少孩子在学校的不当行为。例如，可以教老师下达简短清晰的命令，并且给家长写一份孩子在学校表现情况的报告，根据这份报告，父母在晚上可以给予奖励或惩罚。

建立固定的作息

和前面的会谈一样，继续为孩子构建早晨和晚上的作息制度。到此时为止，孩子应该对作息制度了如指掌，如果他们有些微的偏离，那么父母应立即给予惩罚。父母可以询问孩子对这些作息安排的想法，但是次数要尽量少一点。如果必要，可以根据孩子的反馈做一些修改，但是不能让孩子占据主动权或讨价还价地改变作息制度。请记住父母最终应该掌控家庭的作息制度。

早晨作息

此时，孩子应该在早晨某一特定时间起床并准备上学。即使他/她目前并不上学，这个作息也需要遵守。同样，早晨的每一个任务都需要确定时间，如果孩子能坚持按作息制度行动，那么父母应该在早晨或当天晚上表扬他/她。如果孩子不能遵守，那么应给予惩罚。惩罚可以包括早晨的及时惩罚，如口头责骂，和晚上放学后的延迟惩罚，如关在房间里取消一切活动。

在早晨父母也应该忽视或不理睬孩子的负面行为。例如，如果孩子发脾气，那么父母应该尽力给他/她穿上衣服，并尽可能让他/她完成早晨的其他任务。如果这样的情况整个早晨都在发生，甚至超过了上学时间，那也没事。如果必要，在上午甚至是下午，家长都应该带孩子去学校。这种行为的关键在于让孩子明白上学是必需的，即使是学校已经开始上课了，他/她仍然需要去上学。这就需要父母双方不懈的努力，也许还需要学校老师的密切配合。

处于这一治疗阶段时，孩子应该在遵循早晨作息完成各项任务后去上学。上学可能还不是全天，或者可能只是选择部分场所（如图书馆），但是他/她必须每天都在学校待上一段时间。如果孩子在本阶段治疗开始的时候早晨表现不太好但是能去上学，那么他/她应该坚持上学。如果孩子在此时还拒绝上学，在条件适当（参见强制孩子上学部分）的情况下，可以采取强制上学的方法。

许多孩子也会在早晨抱怨有身体不适，如果遇到这种情况，可以建议找儿科医生或其他医疗专家做检查，排除真的身体疾病问题。你的来访者也可能还会出现其他一些独特的问题（如孩子存在与拒绝上学行为不相关的身体问题），这些问题会阻碍父母忽视孩子对身体不适的抱怨。

如果父母不理睬孩子夸大的身体不适，他们会注意到孩子可能表现出两种行为。第一，孩子停止或减少抱怨身体不适，在这种情况下，父母应该保持忽略的做法。第二，孩子可能会增加他们的行为或开始抱怨更严重的问题以引起父母的同情。面对这种情况，父母应该设定更严格的规则，下面是一些应对方法的建议，但是在实施任何程序之前一定要先咨询孩子的医生。

我们建议，除非孩子高烧到38摄氏度或他/她的某些身体条件完全不适宜上学（参见第四章的指导纲要），否则父母一定要让孩子上学。当然，你的来访者可能情况独特而适合另外的方法。告诉孩子这些规则并鼓励父母切实坚持这些规则。如果孩子挑战这些规则的底线，不要感到惊奇。如果孩子真的是生病了而不能上学，那么他/她应该整天都严格地被限制在床上（不是卧室，只是在床上待着）。此外，父母只需要给予孩子很少的言语或身体关注，要告诉他/她如果可以的话，第二天孩子应该去上学。如果孩子因为其他原因而缺课几天（如家庭成员的葬礼），那么父母应给他/她传达同样的信息，他/她应该尽可能地去上学。

日间作息

如果此时孩子还不能上学，那么日间作息和奖励及惩罚就需要严格设置。倘若孩子仍然待在家里，而父母又不能在家监督，要让父母给孩子安排整天的作息。面对这种情况，父母应该带着孩子上班，给他/她安排最无聊的任务或者让他/她在椅子上坐一整天（杜绝别人给予言语或身体关注），或者将他/她交给朋友、亲戚或邻居监督，让他/她完成同样无聊的任务。

在其他的案例中，当孩子白天在家时，至少需要父母一方或其他成人监督。在白天的时间里，孩子不能受到言语或身体方面的关注。此外，要让他/她单独坐着，做无聊的家务或完成学校老师布置的作业。这样做的目的是让孩子无法通过不上学而获得关注，消磨他/她表现不当行为的动力并保证能完成作业。如果可能的话，哪怕只是让孩子上学一小时或两小时，都应该带孩子去学校。例如，治疗师可以建议父母每小时都向孩子发出“去上学”的命令，然后适当地在孩子的行为后施以奖励或惩罚。

晚间作息

如果孩子白天都不上学而在家待着，那么晚上就不能让他/她参与任何有趣的活动。在学校放学后（大约下午 3 点），一些父母会允许孩子外出玩耍。然而，这会给孩子这样一种印象：他/她所要做的就是等待父母让他/她出去玩耍。治疗师要指导父母向老师询问每天的作业，并要求孩子晚上完成作业，取消孩子的各种活动如看电视、打游戏或参加其他社交活动。

不论孩子白天是否上学，都应该为他/她规范放学后及晚上的作息。放学后的活动、家庭作业以及稍晚一点的休闲娱乐活动安排都应该确定十分精确的时间，并且和上学行为紧密联系起来。例如，如果孩子在早晨拒绝移动达十分钟，即使他/她最终上学了，晚上也可以取消他/她的休闲活动，要求他/她做一些额外的作业和/或早早地让他/她上床睡觉；还可以取消孩子的晚间活动或让他/她晚上坐在楼梯上或某个角落，时间是早晨他/她拒绝上学行为时间的两倍（如早晨发脾气 20 分钟＝晚上关禁闭 40 分钟）。相反，如果孩子上学没有问题，那么父母可以给予口头关注，并花一些额外的时间和他/她相处。孩子应该清晰地认识到上学是他/她生活的一个重要部分，因此，只要他/她不上学，就要承担相应的后果，这些后果不仅仅只在那个早晨，而是在全天、整个晚上以及周末他/她都要付出代价。例如，有些孩子在一周内就欠下父母一大笔时间“债”，那么这笔债就要在周末通过关禁闭或做额外的家务来偿还。

在对一个拒绝上学行为非常严重的孩子进行作息时间安排及实施惩罚时，一些家庭成员会觉得有些内疚或挫败，他们发现家庭就像是一个战场。而另外一些案例中的家庭成员可能会觉得本书描写的治疗程序过于机械化或不太适合他们家庭原有的交往模式。尽管应该给拒绝上学的孩子持续施加压力，但是家庭也需要保持凝聚力和应有的娱乐。例如，在一些很长时期都拒绝上学的案例中，家庭也许需要在周末的时候将治疗程序抛开，而仅仅在一起尽情地休闲娱乐。作为治疗师，你应该非常清楚家庭的具体情况，然后根据情况制定最适合的治疗方案。

强制孩子上学

如果父母采取了强制带孩子上学的方法，要继续遵循第三次和第四次会谈中的程序。如果情况并没有好转或父母开始无法忍受了，那么你可以对治疗程序进行修改或建议父母结束这种强制的方法。然而，请记住：此时停止治疗程序会传达给孩子这样的理念：极端的不当行为会迫使父母（和治疗师）放弃，这将使得将来试图让孩子上学变得更为困难。

在某些案例中，如果强制让孩子上学一整天，父母在情感上会觉得很困难；而在另外一些案例中，让孩子全天上学则是不可能的。还有一些案例中，孩子对全天上学有些焦虑，但是对一天内部分时间上学则不是那么焦虑。面对这样的案例，父母可以让孩子下午去上学，完成下午的课程。在接下来的日子里，可以慢慢地越来越早地带孩子上学（如，每天比前一天早30分钟，直到能正常地全天上学）。采取这种方法的好处在于孩子在午餐或课间休息时去上学会感到比较容易，此时他/她会和朋友们在一起，而和父母分离的过程就不会那么激烈。此外，孩子也会觉得他/她只需要在学校待不太长的时间就又可以回家了。

然而，这种方法的不利之处就是其他同学会觉得奇怪，为什么他/她会从中午开始上学，他们会问一些干扰性的问题。孩子可能需要一些技巧来应对这些情况。这些技巧包括：通过改变话题或一笑了之转移大家的注意力，作为隐私拒绝回答（如，“不关你们的事”），直接回答问题或将问题推给别人回答。

另外一种策略是在父母强制孩子进入教室之前，让他/她在学校图书馆或其他地方先待着，这就要求学校老师的配合，所以事先应跟相关老师协商好。在这些案例中，孩子可以整天都待在图书馆完成作业或帮助做一些杂事（如将书重新放回书架）。随后，孩子重新回到课堂一段时间（如，1小时），然后，时间慢慢变长。孩子在学校期间的行为问题，相关老师要反馈给父母，父母晚上对之施以惩罚。

强制孩子上学的另一个问题是学校老师可能无法或不愿意

帮助父母带孩子进教室或整天都检查孩子是否在上课。在这些案例中，父母就需要去拜访老师、学校咨询师、考勤官或其他人，看看他们能在多大程度上帮忙。如果必要的话，父母需要自己带孩子进入教室，并且监督他/她。之后，父母可以逐渐减少自己在教室的监督时间，然而，请记住，父母在学校陪读正是寻求关注的孩子想要的，因此这种方法要谨慎使用，只有当你有极大的信心保证父母到时候能逐步减少在校陪读的时间并最终完全撤离时，你才可以使用这种方法，否则，请不要使用这种方法。

过度寻求再确认

在许多案例中，孩子过度寻求再确认的行为是一个很明显的问题，这些行为有很多表现，包括：（1）反复询问同一个问题；（2）虽然上学，但是反复给父母打电话；（3）虽然上学，但是不断试图获得老师的关注或故意搞破坏以期被送回家。

孩子们有时会重复某些句子或反复询问关于某一主题的问题，这些主题通常包括：

- 请求在家学习或换老师、换学校、换班级。
- 提出交易建议以延迟上学或停止治疗（如，“如果你让我这周和你一起去上班，那么下周我就去上学”，或“如果我们不再去治疗，那么我明天就去上学”）。
- 身体不适或疲劳。
- 接送安排。
- 作业困难和作业时间安排。

为了解决孩子反复询问的问题，要遵循以下治疗程序。如果孩子提问，父母应该回答一次。如果孩子第二次问同样的问题，父母应该冷静地提醒孩子他/她已经问过这个问题并得到了答案。如果孩子再次询问这个问题，父母则应该对孩子不予理睬。例如：

C：妈妈，周一你打算让我去上学吗？

M：是的，我们在治疗时讨论过这个问题了。

（大约十分钟过去了）

C：你确定周一我必须去上学吗？难道我不能从周二开始去上学吗？

M：你知道这个问题的答案。

C：如果周一我在家写作业，周二开始去上学，怎么样？

（父母不理睬孩子，当孩子开始谈论其他的话题，或继续就学校有关的话题进行更合适的讨论时，父母再来关注孩子。）

你可能会希望对孩子询问某一特定问题的次数做出一个限定，对于年幼的过度寻求再确认的孩子来说，原则上允许他/她每个小时提问一次。在提问后，父母给予回答，直到下一个小时之前，父母都对孩子的同一问题不予理睬。这个时间的间隔慢慢地增加（如，2 小时、3 小时、4 小时）。然而，要记住的是，有时这会要求父母具有很强的意志力和选择性的“失聪”。

孩子也会以另外的方式表现过度寻求再确认的行为，他们会正常上学，但是会不断给在家或在工作的父母打电话以获得安慰。有时这是一个原发性问题，有时也是继发性问题，它出现在孩子重新上学以后。不管是哪种情况，它都是孩子试图获得关注的不恰当的方式，应该加以改变。在大多数案例中，应该允许孩子每天给父亲或母亲打一次电话，但是打电话只是他/她学校表现优秀的奖励。在严重一些的案例中，可以先从多一些电话开始，然后逐渐减少每天的电话次数。当然，要在学校老师的合作下让孩子和家长进行电话联系，孩子如果电话过多，晚上要予以惩罚，同时，不应该让试图吸引注意力的孩子接触到手机。

最后，孩子可能会上学，但是会反复寻求老师的关注，让老师送他/她到医务室或送回家，或联系父母。在另外一些案例中，孩子则会故意表现破坏性行为，试图停止上学被遣送回家。在这些案例中，治疗师要和父母、老师一起为孩子在学校里的行为建立奖惩制度。例如，可以给孩子设置一套卡片奖惩方案，孩子每破坏规则一次（包括以微小的方式干扰老师），卡片就从绿色（可接受）变成黄色（警告），再变成橙色（最后警告），最终变成红色。当孩子收到红色卡片时，他/她就会被送到校长办公室接受处分或去完成作业。对于年龄大的孩子或青少年来说，应该采取更符合他们年龄的方法（如，代币方法、关禁闭）。然而，这一方法的关键是要防止他/她离开学校，因为这只会强化不当行为。因此要和学校老师紧密合作。此外，老师每天都要给父母写报告，父母在晚上根据报告对孩子进行奖励或惩罚。

惩罚拒绝上学行为

继续回顾使用的惩罚方法，如果有必要仍然要进行修改。如果觉得合适的话，可以从孩子那里取得惩罚是否有效的反馈，并可以有根据地使用孩子的反馈。如果正在实施对孩子活动的日间规范，注意规范的有效性及父母关注的程度，必要的话，也要对这一规范进行调整。对于一些次级严重的拒绝上学行为（如，打别人和拒绝移动），合适的话要将惩罚措施扩展到这些行为。

奖励上学行为

继续回顾使用的奖励办法，必要的话，仍然要进行修改。如果觉得合适的话，可以从孩子那里收集奖励是否有效的反馈，并可以根据这些反馈调整奖励的办法。如果孩子没有表现一些特别严重的拒绝上学行为（如，没有打别人和拒绝移动的行为），可以加大奖励力度。要确定的是，所有惩罚和奖励都是事先给孩子清楚介绍过的。

家庭作业

✎ 调整给每个孩子的命令列表，参与布置能帮助防止无效命令的家庭作业。

✎ 继续实施早晨、日间和晚间作息制度，参与布置能提高对作息制度的服从性的家庭作业。

✎ 对次级严重的拒绝上学行为实施惩罚。

✎ 如果没有上述次级严重的拒绝上学行为，给予孩子奖励。

✎ 继续完成日志。

特殊话题 6.3 早晨上学迟到

许多为吸引注意力而拒绝上学的孩子经常习惯性地迟到，因为他们早晨故意表现不当行为，期望父母因此允许他们不上学，这种情况在第一种不上学的孩子中也普遍存在（见第四章）。一般来讲，这些孩子都不会缺太多的课，所以下面提供的治疗程序适合他们。

如果遇到这种情况的孩子，要告知学校老师，孩子觉得走进教学楼很困难。此外，即使孩子迟到了，也要鼓励父母带孩子去上学。早晨，学校老师可以在特定时间和地点接孩子，如果可能的话，他们还可以护送孩子进入教室，这样可以帮到孩子。如果孩子愿意让学校老师护送进教室，那么父母一定要允许老师护送，自己则要很快离开。

如果父母能把孩子送到学校，但是没法让他/她进入教学楼，他们不应该立即回家。父母立即回家会强化孩子的哭泣和拒绝上学行为。父母应该陪孩子待在学校操场或校门口或坐在车里。鼓励父母不要发怒或对孩子吹毛求疵，而是要以很客观的语调跟孩子交流。父母要允许孩子表达他/她的想法，但是还是要不断告诉孩子希望他/她去上学。大约每过 15 分钟，父母就应该鼓励孩子走进教学楼。即使这样最终花费了好几个小时孩子才进去上课，也比孩子整天不上课要好。

此处治疗的一个关键原则就是不能倒退。如果孩子能做到某些事情，那么父母决不能允许他/她在新的一天做得比之前还差。例如，如果孩子能进入教学楼的大厅，那么父母应尽可能长时间地和他/她在那儿待着，并每隔 15 分钟鼓励他/她进去上课。如果孩子能进入被监管的地方，如指导老师办公室或图书馆，那么父母应该护送他/她去这些地方，让他/她在能够进教室上课之前在那儿待一段时间。如果可能的话，父母应该离开教学楼并由老师护送孩子进教室上课。最后，如果在一段时间后孩子能够进入教室，即使迟到，也要让他/她进教室。

第七次和第八次会谈 完成治疗

会谈提纲

- 继续回顾和讨论父母的命令，如果必要进行调整
- 最后将命令定下来，并为父母提供总结
- 最后确定早晨和晚间的作息制度，并为父母提供总结
- 最后确定对拒绝上学行为的惩罚方法，并为父母提供总结
- 最后确定对孩子上学行为的奖励方法，并为父母提供总结
- 布置家庭作业

到第七次和第八次会谈时，治疗程序在某些关键的方面开始改变。首先，由于治疗接近尾声，所以治疗的安排应更接近于孩子的真实环境。例如，孩子应该能主动进入学校，而无需父母的催促或强制。另外，对孩子的奖励更多的应该是口头表扬的形式。同样，如果觉得必要和恰当，早晨和晚间的作息制度也可以稍微放松一点。然而，也不能偏离治疗程序太多。

如果孩子的拒绝上学行为全部或几乎都已经消除了，你也可以改变治疗程序以应对一些相关的问题。例如，父母可以开始更多地关注平时（如周末）的命令问题或关注孩子存在的其他问题行为。然而，父母最好是在孩子的拒绝上学行为完全得到控制之后，再将治疗中的练习扩展到其他领域。

从很多方面来看，第八次会谈能作为第七次会谈的延伸。因此，治疗师可以结束治疗程序，和父母讨论治疗终止的相关问题。同时，治疗师也应该为父母提出建议，告诉他们在接下来的一段时间怎么应对孩子表现出的一些问题行为，也要帮他们澄清一些要避免的潜在问题，还要安排一段时间的跟踪联系和支持性会谈（见第八章）。

调整家长命令

继续和父母一起回顾和讨论他们给孩子下达的命令（如果必要可以使用父母命令工作单）。如果孩子上学仍然有些麻烦或不能很好地理解父母的命令，那么要帮助父母调整他们的命令。例如，一些孩子需要更简单的命令或需要在遵守了一次某一命令后得到奖励。为了确保父母有把握下达较好的命令，可以提供给他们一个孩子不当行为的例子，并询问他们会如何作出反应。如果他们的命令很恰当，给予表扬。如果命令不是很好，则要回顾前面会谈中的材料，帮助父母调整他们的命令。

如果孩子上学情况基本接近正常状态，那么父母早晨的命令仍然要和前面会谈时保持一致。如果又出现了其他问题，父母应该开始着手解决。例如，一些孩子慢慢会开始上学，在早晨也表现很好，因为父母非常关注这段时间他们的表现。但是，这些孩子在晚上或周末仍然会有一些不当表现，这些不当行为要立即进行解决。此外，有些孩子会开始上学，但是他们会继续表现出一些寻求父母关注的行为，如在某些情况下过度询问（如在超市）。如果必要，治疗师也可以就这个问题和父母进行讨论，讨论他们在这些情况下的命令及如何做出最佳反应。如果父母在不同情境不同时间里遇到孩子表现各种不当行为时都能应用治疗中的方法应对，这一类孩子的行为复发率还是比较低的。如果父母觉得可行，这些治疗方法也可以用来应对其他孩子的问题行为。

到第八次会谈时，治疗师和父母可能希望最后确定给孩子的命令，治疗师可以给父母总结孩子可能最适合的命令方式，这一总结应该基于孩子的特殊问题和家庭的主要问题。通过总结，给父母指出如何做出清晰的命令以促进孩子回到学校。同时还要提醒父母注意命令的一些基本要素：简单、清晰、一致和对孩子的遵守与否即刻做出反应。如果觉得必要，可以为父母提供书面的列表，清楚列出适当的命令及应该避免的命令，如提问式命令、讽刺和侮辱式命令。

警告父母不要倒退回原来的行为模式。例如，当孩子回到学校上课后，有些父母就不再练习新的下达命令的技巧。不管是因为分离、自满还是受挫，父母在治疗时往往能全力以赴，但是治疗后则大大后退。另外，许多孩子会在治疗后增强他们的拒绝上学行为来挑战父母并期望迫使父母就范。因此，治疗师也应在治疗结束后的一段时间内保持和父母的联系。治疗师有关如何下达优质命令的支持和反馈能帮助减少问题行为的复发（见第八章）。

建立固定的作息

继续和父母一起为孩子建立早晨和晚间的作息制度，到目前为止，作息制度对孩子来说应该已经很熟悉了。如果孩子不遵守早晨的作息，那么父母应给予惩罚。惩罚包括早晨立即给予的口头批评和放学后或晚上给予的延迟惩罚，如关禁闭、待在房间里。如果孩子在上学方面还存在问题，要帮助父母调整这些作息制度。例如，一些孩子可能更适合安排得较粗略的作息制度，如只包括几个步骤的作息制度。

如果孩子能基本正常地上学，那么早晨的作息应保持不变。如果其他方面还存在一些问题，那么父母可以着手解决。例如，一些孩子开始上学，但是其他方面还需要一些固定的安排，比如在学校、在家或晚上、周末。可以询问孩子他/她最愿意选择的作息情况及活动安排，在制定作息制度时考虑孩子的意愿，但是最终决定权一定是在父母手里。

到第八次会谈时，治疗师和父母也许希望最终确定早晨和晚间的作息制度（此时，如果孩子能回到学校上课，日间作息也许就不必要了）。治疗师可以为父母提供总结，告诉他们怎样的作息安排是最好的，这个总结要建立在孩子的特殊问题及家庭的原有问题的基础上。在总结的过程中，治疗师应指出特定的作息是如何促使孩子重返校园的。同时，还要提醒父母注意作息的一些基本要素：规则性、可预见性、对孩子遵守或违反作息立即做出反应。如果必要，可以将目前的作息情况及应该避免的问题（如过多地受到孩子的影响，过于随意灵活，没有对孩子偏离作息的行为做出反应）都写下来交给父母。

同样，也要警告父母不能倒退回原先的行为模式。通常，只要孩子开始上学，父母对作息的安排就会松懈。例如，有时父母会允许孩子有一点懒散或对作息制度有轻微的违反，或者为不当行为找借口。不幸的是，这常常会导致一种情况，就是孩子表现了拒绝上学行为反而获得了更多关注（家庭寻求治疗的最初问题）。因此，父母应该继续严格按照作息制度办事，在推进作息制度中的活动时要客观地做出反应，并彻底解决问题行为。还要提醒父母忽略孩子过度的身体不适抱怨，当孩子拒绝上学时，要一起努力带孩子去上学，即使不是一整天，也要让他/她部分时间上学。治疗师在治疗终止后继续保持和父母的联系也能帮助防止问题的复发。

惩罚拒绝上学行为

继续回顾对孩子拒绝上学行为施加的惩罚方法，此时，孩子应该能预料到他/她会受到的惩罚。如果孩子仍然拒绝上学，要重点关注是什么使得惩罚没有效果。例如，有些孩子仅仅对更为强硬的惩罚、更为及时的惩罚、更一致的惩罚敏感。如果目前在白天也使用惩罚方法，注意这些方法的效果，如果必要，帮助父母进行调整。此时，可以给父母提供假定的不当行为情况，询问他们将如何进行惩罚和奖励。如果他们的惩罚很恰当，要对父母进行表扬。如果不恰当，回顾在之前会谈中收集的材料，帮助父母修正惩罚和奖励的方法。

如果孩子能基本正常地上学，那么惩罚应该保持确定。如果还存在其他方面的问题，父母可以开始着手解决。一些孩子虽然上学但是仍然会有一些不当行为表现，此时需要给予惩罚。例如，曾经拒绝上学的孩子总会有一些相关问题，如侵犯他人、在某些环境下不服从、不完成家庭作业、尿床和/或和父母睡在一起、发脾气、在家或课堂上表现破坏性行为、争辩、叫喊等等，这些都要给予惩罚。如果孩子还存在这些行为，就应该在治疗的时候解决这些问题。如果父母能很好地掌握惩罚的方法，并能对不同的行为问题持续使用惩罚，不当行为的复发率会比较低。

到第八次会谈时，治疗师和父母可能希望确定下来具体的惩罚方法以及需要改变的地方（此时，白天的惩罚可能不再需要）。给父母提供总结，告诉他们适合孩子的最佳惩罚方法是什么，这一总结应建立在孩子的特殊情况及家庭最初的问题的基础上，在总结的过程中，指出特殊的惩罚方法是如何促使孩子回到校园的。提醒父母注意惩罚的一些基本要素：公正、可预见性、一致性和及时执行。如果必要，将目前使用的惩罚方法及可能要避免的问题（如，在行为过后很长时间才施以惩罚、惩罚不够严厉）写下来交给父母。

警告父母如果将来不能适当地施以惩罚，情况会很危险。例如，一些父母由于内疚、羞愧、分居或冷淡而停止施加惩罚。因此，治疗师要尽量发现这一状况并解决这个问题。另外，一些父母对孩子或孩子们的不同行为有不同的反应，要再次向父母强调一致性的重要性和必要性。最后，有些父母可能只习惯或只有精力给予孩子一次严厉的惩罚，而不是在所有适当的时间给予孩子预先确定的、一致的惩罚。一些父母也许偶尔会使用严厉的体罚来控制行为问题，而这些问题其实是一次又一次堆积起来的，最终才变成了危机性的问题。因此，父母应该在孩子每次犯错时使用适当的惩罚，提醒父母注意体罚的缺陷，鼓励他们使用本书提供的治疗方法。

奖励上学行为

继续回顾对上学行为的奖励，孩子应该能清晰地预见这些奖励。如果孩子仍然有上学问题，要关注到底是什么使得奖励无效，帮助父母对奖励方法做出修改。例如，有些孩子仅仅对更大的奖励、更及时的奖励或更一致的奖励敏感。如果孩子能基本正常地上学，那么应该保持目前的奖励方法。如果还存在其他方面的问题，父母可以开始着手解决。例如，如果孩子没有表现出拒绝上学相关的行为（前面提到的几种行为），那么就应该给予孩子奖励。

到第八次会谈时，治疗师和父母希望能确定对孩子的奖励方法，并确定哪儿需要修改。警告父母不要看到孩子开始上学了就沾沾自喜而疏于对孩子的行为进行奖励。例如，有些父母一看到孩子能回学校上学就停止奖励，这样的做法几乎都会导致孩子问题行为的复发。另外，一些父母开始认为孩子上学是理所当然的，由于繁忙而忘记给予孩子奖励，而只是偶尔给予一次大的奖励。这样的做法都可能导致复发。治疗师应尽量辨别出会形成父母这些不好习惯的因素，如父母分居，并尽可能地解决这些问题。

提醒父母要明确定义其他不当行为及将来可能出现的后果，要告诉孩子他们在治疗中打算做出的任何改变。告诉父母："如果你要惩罚，那不需要任何解释；如果你想解释，那么你不应该惩罚。"换句话说，所有的规则、出现的后果及不允许的行为都应该事先确定好，孩子只需要记住就可以了。

家庭作业

✎ 继续施以适当的命令。定期回顾治疗师提供的缺陷命令列表。

✎ 继续实施早晨和晚间作息制度。定期回顾治疗师提供的有关作息制度缺陷的列表。

✎ 继续对目前的拒绝上学行为实施惩罚，注意惩罚的潜在不当之处。

✎ 如果孩子没有表现出预先确定的拒绝上学行为，继续给予孩子奖励。注意奖励的不当之处。

✎ 如果必要，联系治疗师获得支持、反馈、解答和长期跟踪，如果必要的话，还可以要求支持性会谈。

第七章 孩子为了获得校外实质利益而拒绝上学

第一次会谈 开始治疗

治疗所需材料

- 协议样本

会谈提纲

- 在父母和孩子之间协商达成协议

这一部分描述了针对为了获得校外实质利益而拒绝上学的孩子的最初治疗程序。具有这种问题的孩子一般都存在一些共同的行为问题，包括：秘密掩饰不上学行为、言语攻击和身体攻击、逃学、过多地和朋友待在一起、为了离开学校而表现破坏性行为、敌对态度、拒绝交谈、使用违禁药品以及过多的睡眠。

治疗的主要核心是相关的家庭成员，常常是父母和拒绝上学的孩子。治疗的主要目标是给家庭成员提供更好的解决问题、减少冲突、增加对上学行为的奖励、减少对不上学行为的奖励等的方法。包括：

- 确定协商解决问题的时间和地点
- 定义问题行为

- 在父母和孩子之间设计书面协议以解决问题
- 执行协议

也就是说，这一治疗计划包含有关突发性事件协议方法的关键要素，在讨论这种治疗方法时，这四个部分将继续被考察。

在这一治疗计划中，你可能需要将治疗时间平均分配给父母（或单亲家庭中的父母某方）和孩子。然而，你应该先要求孩子的参与，并分别和他/她及父母协商最初的协议。先和孩子交谈有时是让他/她认真参与治疗的关键，应该让孩子知道治疗师也会像考虑父母的意见一样认真考虑他/她的意见，换句话说，孩子必须认识到：治疗师并不是简单地和父母联合起来对付他/她。这一点对于在治疗过程中比较敌对的青少年和那些随着治疗推进被期望更积极主动地参与治疗的孩子来说很关键。此外，本治疗计划的一个关键元素就是要确保每个成员都愿意参与治疗并以坦诚的方式参与治疗。因此，你可能要在不同的时间和不同的家庭成员组成治疗联盟。这样，参与治疗的成员才可能觉得自己被赋予了更多的权利，也才更愿意贡献自己的力量或维护签订的协议。

协议的关键要素是每个人都坦诚协商，这就意味着父母和孩子都要就他们愿意做的事情以及他们觉得不公平或不能实行的事情尽量给出合理的解释。探查每个成员在治疗过程中觉得不那么容易的事情，特别要注意的是，要向父母和孩子逐条询问协议内容，确保他们的认同。最后，治疗师也需要将治疗程序即将开始的消息告知孩子的兄弟姐妹，在有些案例中，他们提供的信息也非常有价值，将他们纳入治疗也许能阻止一些来自兄弟姐妹的问题。事实上，在许多案例中，你或许会希望将其他孩子也纳入到协议之中来，这样他们可以帮助你监控问题孩子对治疗的服从情况。

确定协商解决问题的时间和地点

此时，在治疗会谈中构建解决问题/协议的过程，在这一过程中，你可以监督协议的进程，提供细致的建议并及时解决问题。值得一提的是，要注意家庭成员中的沟通障碍以及其他可能干扰问题解决的行为（如破坏、拒绝参与等）。如果这些干扰行为比较轻微，那么现在就尽量解决它们。例如，如果某个家庭成员在表达自己的需求方面有困难，那么可以给他/她一些反馈性的建议。然而，如果这些干扰行为相对来说比较严重（如打架），你也许需要先对这一行为进行评估，然后通过几次会谈来解决这个问题。

很多案例的解决问题/协议过程最初会在治疗会谈中进行，但是父母和孩子应该考虑本周内在家讨论问题的时间和地点。在后续的治疗过程中，协议过程应该在这一确定的时间在家完成，此时，没有其他紧急的事情，家庭成员很放松，也不存在令人分心的事情。通常，这一时间的选取是很困难的，然而，如果要减少家庭冲突并减少孩子的拒绝上学行为，确定解决问题的时间是很关键的。如果由于确定时间而引发问题，那么尽量在会谈中先解决这些问题。一个特别常见的问题就是某家庭成员由于恐惧而不愿意参加家庭会议，而其他家庭成员则“拉帮结派”地针对他/她。减少这种情况的发生，和被疏远的人建立良好的关系，尽可能地将他/她纳入到家庭会议/治疗过程中来都是应该最为优先考虑的事情。

定义问题行为

为了让家庭成员都熟悉协议过程，要先就一个相对比较基础和简单的问题设计协议。事实上，最先通过协议解决的问题应该和拒绝上学行为无关。尽管这看起来不符合常理，但是家庭成员应该通过这种小问题在更为简单的水平上来练习适当地解决问题的方法。这可以帮助你衡量接下来的治疗需要以多快的速度推进。如果家庭能比较轻松地解决问题，那么治疗也许可以稍微快一些。如果家庭成员即使在解决很简单的问题时都感到麻烦，那么治疗就应该更慢一点，要在多次会谈中反复进行练习。此外，在初次练习协议方法时不涉及拒绝上学行为可以减轻家庭的即刻紧张感，也可以减少对孩子的压力。如果马上就有一些紧急情况必须让孩子回到学校，那么此时要谨慎地继续后续的治疗程序（如，上学协议）。

选择一些近期发生的小问题，例如不做家务、不按时上床睡觉、回家不和父母打招呼、不完成家庭作业等。要求家庭成员一起解决一个问题，确保每个家庭成员都同意解决这个问题。避免选择那些长期存在的悬而未决的复杂问题，例如孩子一年前的纪律问题（现在还没解决）、家庭冲突问题（也许是长期存在的），或家庭财政问题（太复杂）。尽量选择简单的问题。

选择好一个问题行为后，要求每个成员定义这个问题。你也许会（或者不会）感到惊讶，因为不同的家庭成员会提供给你不同的看法，因此，切记要综合不同家庭成员的看法而得出问题的定义。例如，父母可能认为问题是“当我叫他倒垃圾时，他从来都不倒”，而孩子则可能认为“我不得不一直倒垃圾”。然而，每个人的看法都是模糊的，都涉及沟通的问题。因此，你可以折中一下，将问题描述为“垃圾没有被按时倒掉”。在这个定义中，没有人被责备，而问题却已经被清晰地勾勒了出来。

设计协议

如上所述，第一个协议应该分别和孩子、父母协商而确定。在这一过程中，你可以采取“穿梭外交”的方式来来回回地在双方之间做工作。在问题行为得到较为满意的定义后，要求孩子尽可能多地讲出潜在的解决问题的方法，即使是有如“雇一个女佣倒垃圾”这样的幽默方式也可以。尽量获得 5～10 种解决办法，并且将它们按照满意程度排序。满意程度取决于这一方法是否现实，是否可行，是否每个家庭成员都认同。和孩子完成这一过程后，要求父母提供解决方法，同样将这些方法按满意程度排序。

接下来，选择其中一个最佳的方法，确保每个成员都对这一方法坦诚地提出意见，告诉你该成员是否可以接受。可以稍微促进家庭成员接受最佳解决办法，但是不要忽视强烈的反对，集中力量让双方都稍微有所妥协。上述问题的最佳解决办法可能是：“（孩子）仅仅在周三和周六被要求倒垃圾，但是被要求时一定要倒垃圾。”如果每个家庭成员都同意这种方法，那么你可以将治疗推进到下一步。

下一步就是为遵守或未遵守协议设立奖励和惩罚。正如定义问题一样，分别和每一方探讨可能的奖励和惩罚，同样，也要重点关注那些对每个人来说最喜欢的奖励和惩罚方法。第一份协议应该非常简单，如下所示：

> 如果被要求，（孩子）同意周三和周六倒垃圾。如果（孩子）完成了这一家务，那么（孩子）周六晚上可以在宵禁时间后半个小时回家。如果（孩子）没能完成家务，那么（孩子）就要比平时早1小时回家。

正如最开始所提及的，你或家庭也许会希望让其他孩子也遵守协议。要避免协议中可能存在的任何漏洞，例如，在协议中，你要明确规定什么时候孩子倒垃圾、要完成的家务包括哪些、宵禁的时间是什么时候。在避免漏洞时，要给予父母更多权利。要意识到有些孩子会很主动地寻找漏洞来破坏或阻碍协议，要尽量识别这样的问题并立即解决。此外，协议的完成应该有时间限制——最多只是几天。这样，如果出现问题你可以很快着手解决。

执行协议

一旦设计出了协议范例，每个成员都应该阅读并表明自己是否能接受该协议。如果有成员不能接受协议，就需要重新协商。如果达成一致，那么要求各成员签字，并为每人提供一份复印件。在这一过程中，由于一些成员（包括孩子）可能会有所保留，所以你或许要多次促使他们表达自己的想法，以确认他们是否真的同意协议的规定。理想的情况是，一旦协议确定下来，应要求家庭成员将之展示出来，张贴在家里的某个区域，这样家庭成员每天都能看到和查阅它。冰箱门是一个很合适的张贴位置。

此外，治疗师要给家庭成员做“激励性谈话”：认为他们已经完成了一些任务（如，达成了解决某一问题的协议），告诉他们你对他们能执行这一协议有信心。另外，要向他们传达这样的观念：如果这一协议成功，那么解决更难的问题就是自然而然的。提醒孩子和父母，如果问题有升级的势头，请务必和你联系，同时，也告诉他们你会在会谈之间联系他们，和他们讨论突出的问题。为了尽快地解决问题，你可以每天都和家庭联系，直到下一次会谈开始。

特殊话题 7.1	504 计划和个性化教育计划

父母和孩子经常担心，如果重新回到学校，面对堆积如山的功课，孩子面临剩下的学年内学业跟不上的风险。我们推荐你和家长及学校相关人员探讨采取“504 计划”或“个性化教育计划”（IEP）的可能性。504 计划是根据联邦法律来命名的，这一法律要求学校为那些学习受到干扰的学生提供特殊的教育，其中的干扰条件包括身体疾病（如慢性疾病）或心理疾病如抑郁、焦虑、学习障碍、注意力缺陷和多动障碍。

504 计划可以用来改变课程时间、功课补习、学分或其他条件，这可能会让孩子更容易去上学。例如，如果孩子能部分时间上学，并完成一些学校功课，那么就可以纳入到 504 计划。和学校相关老师密切联系，了解有哪些选择。如果孩子有发育障碍，如精神发育迟滞、孤独症或亚斯伯格症（Asperger's disorder），那么他/她可以采取个性化教育计划。个性化教育计划也可以通过改变课程时间或其他关键点而帮助孩子重新回到学校。

家庭作业

✎ 考虑将来家庭解决问题的时间和地点。

✎ 考虑下一个协议要解决的问题和潜在的解决方法。

✎ 执行目前的协议，如果必要，和治疗师联系。

✎ 鼓励坚持正常的学习日作息制度，哪怕只是坚持早晨上学前的作息。这包括早起、穿衣服和上学准备、完成老师布置的作业。

✎ 继续完成日志，注意一周中出现的特殊情境或经历。

第二次会谈　强化治疗

会谈提纲

- 鼓励父母和孩子召开家庭会议，帮助他们确定协商解决问题的时间和地点
- 如果家庭成员成功地完成了第一个协议，协商达成新的协议

本部分描述了针对为了获得校外实质利益而拒绝上学的孩子的强化治疗程序。如前所述，治疗的重点是相关的家庭成员，常常是父母和拒绝上学的孩子。然而，其他孩子也可能要纳入到治疗中来。治疗的主要目的是提供给家庭成员解决问题、减少冲突、增加对上学行为的奖励、减少对不上学行为的奖励的更好的方法。同样，这将包括确定协商解决问题的时间和地点、定义问题行为、设计书面协议以解决问题、执行协议。

确定协商解决问题的时间和地点

此时，在治疗会谈中完成主要的解决问题/协议过程。不过家庭成员应该开始规律地在家里进行会谈，讨论目前的协议以及在下次会谈中要做的改变。这种家庭会谈时间不应受到干扰，尽量要求全部家庭成员参加。这给家庭成员提供了讨论重要问题的练习机会，能促进治疗过程。在后续的治疗中，可以在家庭会议中达成协议。

在第二次会谈和第三次会谈之间安排一两次家庭会议，家庭成员都坐在一起讨论协议和其他相关问题。开始的时候，这样的会议看起来有些别扭，所以要将时间限制在 10～15 分钟内。同时，确保每个家庭成员都有差不多的发言时间，例如，如果家庭中有四个人，那么每个人大约花 3 分钟谈谈自己想说的。如果必要，让某人计时。家庭会议的其他基本规则有：

- 提前确定谁来维持家庭会议的秩序，可能和合适的话，家庭成员轮流承担这项职责。
- 尽可能地将讨论限制在协议和家庭成员的抱怨及问题上，尽量坚持简单的陈述，避免离题，避免伤害性评论。
- 允许每个人不被打断地发表意见。如果某人想对其他人作出回应，应该等到轮到自己发言的时候再说。尽量减少提问。
- 尽量不要让家庭会议被某个家庭成员主导控制，尤其是父亲或母亲。如果某人有 3 分钟发言的时间，但是只说了 1 分钟，那么每个人在余下的两分钟内要认真思考他/她的陈述。
- 鼓励家庭成员全程参与家庭会议。如果某个成员不想发表意见，也可以坐在那里，听别人的意见。

- 表扬每个参加会议的家庭成员。
- 如果会议进行得不顺利，那么可以先结束会议，并在晚些时候重新安排一次会议。会议中可能遇到的问题有：侮辱、口头争论和身体冲突。在极端的案例中，家庭成员可能无法相处，这就要告知治疗师，在治疗会谈中讨论这些问题。
- 如果家庭会议进行顺利，成员讨论很成功，那么就可以继续。然而，如果某个成员认为会议不顺利，则可以重新安排会议。有一种例外是某个家庭成员可能故意破坏家庭会议。在这种情况下，尽可能地容忍或接纳这个故意破坏的人，但是必要的话也可以让他/她离开。治疗师应该意识到这种破坏并尽可能解决这个问题。一个基本的原则就是，尽量减少这类破坏性成员离开事件的发生率。
- 如果家庭成员有问题，可以在会议中联系治疗师。（你可以和来访者讨论能够为他们提供支持的程度和/或你在特定时间接受电话询问的安排情况）

定义问题行为

和父母一起回顾第一个协议的成功或失败情况，如果协议失败或出现了其他问题，那么要详细查明原因，家庭成员之间的争执、缺乏互动、故意破坏或其他原因都可能导致协议失败。因此，治疗师要花费相当一部分时间来消除这些影响因素，如果可能的话要重新执行协议。切记：有些案例的确需要花费更长的时间解决一个问题，因此，在解决更复杂的问题前，他们可能即使是完成简单的协议也需要更多的练习。

如果第一个协议成功了，要给予家庭成员充分的表扬，并向他们强调一个事实：问题是可以得到有效解决的。根据情境的严重性，下一个协议可以关注与拒绝上学行为无关的更复杂的问题，也可以考虑拒绝上学行为。对于比较极端或长期的拒绝上学行为案例或家庭互动有严重问题的案例，我们建议接下来的协议内容选择前者。通过这种方式，在应对复杂的拒绝上学行为之前，家庭成员将会有更多的机会来练习解决比较容易的问题。

如果来访者的拒绝上学行为的严重程度是中度到重度，或他们的家庭互动只存在中等程度的问题，那么第二次协议处理的问题可以稍微复杂一些，可以引入拒绝上学行为（如早晨上学的准备）。此外，还要和他们讨论在协议中可以包含哪些非拒绝上学行为。我们建议包括做家务，这是因为如果孩子能部分时间上学，那么后续的协议可能会关注当孩子做家务时给予报酬这一行为。同时，还需要询问家庭成员希望强调的家务、行为或问题是什么。和前面一样，要避免无法解决的、长期存在的或过于复杂的问题。

选择好问题行为后，要求每个家庭成员定义这一行为及其协议条件，并达成妥协。协议应该有所扩展，比如可以包括：（1）前一次协议中的“倒垃圾”的家务；（2）早晨上学的准备；（3）遵守宵禁规定（假定后面两条目前尚未进行）。分别对每部分进行定义。例如，“早晨上学的准备”应该包括在早晨的某个特定时间穿衣服和吃饭，“遵守宵禁规定”应该包括晚上在某个特定时间回家。确切的时间应该是每个定义的必要部分。

设计协议

和第一次会谈一样，治疗师要分别和孩子及父母协商新的协议内容。双方都应该尽可能多地提出解决问题的办法，同样，在协商的过程中要重点关注那些现实的、可行的、确切的以及双方都比较愿意采用的办法，最终选取最合适的问题解决办法。例如，对于早晨上学准备问题而言，较好的解决方法就是规定孩子完成不同活动（如穿衣服和吃饭）的时间。对于遵守宵禁规定问题来说，最好的解决方法可能就是选择孩子和父母都能接受的回家时间。

如果家庭成员对问题达成了一致意见，那么就可以为完成协议与否设立奖励和惩罚。对于奖励和惩罚，需要关注的仍然是要得到每个成员的认同。另外，跟第一次协议一样，要尽量避免协议的漏洞，并确定协议的时限。最后，要加上一项声明，即家庭成员愿意完成治疗过程。依照 Stuart（1971）的形式，图 7.1 给出了一个协议样本：

协议样本

权利	义务
概要	
为了降低家庭冲突和消除拒绝上学行为，所有的家庭成员同意	尽可能努力地遵守本协议，并投入参与治疗。
细节	
为了在周末晚上获得晚于宵禁时间半小时回家的权利，（孩子）同意	如果被要求，在周三和周六倒垃圾。
如果（孩子）没有完成上述义务，	他/她应该比平时早一个小时回家。
为了获得在房间里保留收音机和电视机的权利，（孩子）同意	早晨 7：00 起床，7：40 穿好衣服、吃完饭，8：00 洗漱完毕，8：20 完成所有上学准备。
如果（孩子）没有完成上述义务，	他/她将不能在房间里留有收音机和电视机，并取消一天的活动。
为了获得在房间里保留游戏机的权利，（孩子）同意	遵守宵禁规定，上学日晚上 9：00 前回家，周末晚上 11：00 前回家。
如果（孩子）没有完成上述义务，	他/她将失去游戏机，并取消一天的活动。

（孩子）和父母均同意上述协议的所有条款，每天都阅读并执行本协议。

（孩子）和父母签名：

____

____________________　　日期：____________________

图 7.1　协议样本

执行协议

只有当家庭成功地完成了第一个协议，家庭互动问题并不是特别严重，你也有理由确信家庭成员能够处理更为复杂的问题，而且孩子的拒绝上学行为程度只是中度到重度时，上述协议样本才是恰当的。如果你遇到的案例情况有些不同（如，第一次协议失败、拒绝上学行为和家庭互动问题非常严重），那么你的速度可以更慢一点，可以先让家庭成员在更容易的协议上取得成功或再次执行第一次协议。对于中度到重度拒绝上学行为的案例来说，这个协议也许是合适的，因为此时并不是强求孩子真正去上学。在许多这种情况的案例中，逐步增加上学行为比立刻强迫孩子上学有效得多。而对于只有轻微拒绝上学行为表现的孩子来说（如，只是部分时间不上学、缺席某一门课程），本协议或更复杂的协议也许比较适当。

一旦协议形成，家庭成员应该认真阅读，并表明是否同意该协议。如果不同意，则应再次协商。如果每个成员都同意，那么要求他们在协议上签名，并为每个人复印一份。此时，应解决最后的问题。此外，还要提醒家庭成员到目前为止他们取得的进步（如能够没有冲突地对某一问题达成一致解决意见）。同时，还应提醒他们如果出现问题可以和你取得联系，并告诉他们你也会在会谈之间联系他们，和他们讨论出现的有关协议或家庭功能方面的问题。

此时的常见问题

孩子可能会表面上接受协议，因为他/她感觉不能不同意或觉得挫折而想尽快结束治疗。因此，我们建议治疗师在会谈结束的当天晚上或第二天，在孩子思考过后再询问孩子是否要对协议做些改变或是否还有一些自己关心的治疗问题要让别人知道。通常，孩子们在此刻对这一治疗方法的认同都是摇摆不定的。如果他们感到被忽视或在某方面被背叛，那么他们将不会接受你的治疗。因此，他们应该知道：你会很认真地考虑他们的意见。在许多案例中，你可能要很好地把握双方的利益，灵活地和每一方都达成良好的治疗联盟以保证他们都积极地参与治疗。请记住：这不仅包含父母的参与和动力，也包含孩子的参与和动力。

也许你会碰到一些青少年来访者，他们觉得协议过程非常无聊或根本不起作用，或者根本就不相信父母会遵守协议。在这些不相信协议这种治疗方法，而并不是不相信治疗的案例中，你可以更多地采用不同的问题解决策略，或更多地依靠与该情况相关的治疗程序（见后续会谈）。这些治疗程序包括沟通技巧训练、监督孩子上学、拒绝同伴的技巧训练、提高学业成绩。如果必要的话，家庭治疗的其他方法（如，结构性家庭治疗、策略性家庭治疗、代际家庭治疗、经验家庭治疗）也可以用来解决损害家庭执行协议的动力的动态问题。

最后，你可能偶尔碰到这样的孩子，他们在任何条件下都操纵着整个家庭来找出他/她可以获得的利益或者找出谁并没有意图让他/她回归学校。在这样的案例中，过分地迎合孩子会导致他/她疏远父母，削弱治疗的有效性。如果可能，要在治疗早期澄清治疗目标，并让每个人（尤其是孩子）为实现长远的全部时间上学的目标而承担责任。如果这一点做不到，那么你应该探索是否有其他可接受或合适的目标，调查可供选择的学业计划的可行性及家庭成员的赞同程度，重新评估家庭情况是否真的适合进行社会心理学治疗。

家庭作业

✎ 确定家庭会议的时间和地点，在本次会谈和下次会谈之间，家庭成员应安排一到两次这种非正式的会议，坚持本书提出的会议原则，如果治疗师希望并且家庭成员都同意的话，为治疗师记录谈话内容。

✎ 考虑下一个协议要解决的问题和潜在的解决方法。

✎ 执行目前的协议，如果必要的话和治疗师联系。写下干扰协议执行的问题。

✎ 继续完成日志，注意一周中出现的特殊情境或经历。

第三次和第四次会谈 治疗成熟期

会谈提纲

■ 开始对家庭进行沟通技巧训练

■ 教会孩子拒绝同伴的技巧

在治疗的成熟期，协议应该更加集中关注孩子特定的拒绝上学行为。这也有助于在白天部分时间上学或由于破坏行为而待在家里的孩子。你可能会遇到这样的案例，你希望根据孩子不同的行为问题而改变家庭的问题解决方法。然而此时，如果你将协议集中于某一特定问题（如某一拒绝上学行为），就能利用家庭希望改变的动机，促使家庭成员使用新技巧应对现存的问题，同时通过证据告诉家庭成员治疗是有效的。早期对拒绝上学行为治疗的成功能增强家庭成员随后的治疗动力。

第三次会谈和第四次会谈十分相似，后者是前者的深入。这一部分介绍了治疗的成熟阶段，其组成部分和第一次和第二次会谈基本相同。此外，这两次会谈还重点介绍了沟通技巧训练、拒绝同伴技巧训练、二选一的协议观念以及当孩子继续缺课时可以采取的行动。

特殊话题 7.2 选择性的学校教育

当青少年拒绝上学时，缺席可能达到这样的程度：他们要恢复到全部时间都在课堂里上学也许不太可能。对于其他一些青少年来说，上高中是件苦差事，他们不愿意上学。还有一些孩子，父母和学校无法提供足够的支持以至于他们不能全部时间上学。对于上述这些孩子来说，你可以为他们考虑选择性的学校教育方式。

当然，每个地区的情况是不同的，所以，如果你打算为你的来访者考虑选择性的学校教育方式，你应该和学校相关工作人员沟通，了解适合孩子的选择途径。有些地区开设有部分时间授课的学校，这些学校仅仅在早上、晚上或周末上课。其他选择还有职业学校、家庭教育计划和学校教育计划、暑期课程等。如果孩子不愿意全部时间都上学或你面临来自家长和其他人的阻碍，那么上述某种教育方式也许是孩子最佳的选择。

确定协商解决问题的时间和地点

家庭成员应该定期在家召开会议讨论目前的协议以及下次治疗会谈中应该采取的改变，这种会议每周应召开一次或两次。治疗师应询问家庭成员这种非正式会议的进展情况，重点关注家庭会议是否真正如期召开、会议中的沟通情况、冲突、达成一致或不一致的地方、赞扬和侮辱、某个成员的沉默或不参与情况以及需要提高的方面。如果出现严重的问题，就要听会议的录音并分析、核查恶意的沟通。此外，要求家庭成员改变或停止家庭会议，或者进行更深层次的家庭治疗。如果家庭会议进展顺利，就要求他们一如既往地坚持。到第四次会谈时，如果合适的话，鼓励家庭成员像你和他们在治疗会谈中那样练习相互协商，这将会促进问题解决，也有利于沟通技巧训练。

沟通技巧训练

在这一阶段的治疗中，治疗师可以鼓励家庭成员练习协商技巧，这可以促进问题解决，也可以为沟通技巧训练奠定基础。在沟通技巧训练中，治疗师要教导家庭成员保持良性交流过程，不要发生言语辱骂、敌对、认知扭曲、粗暴打断或不顾对方意见等情况。此时，如果家庭成员的频繁争论或错误表达干扰了协议的推进，就可以让家庭成员进行沟通技巧训练。

沟通技巧训练常常采用角色扮演和及时反馈的方法。最基本的做法是，先让一个家庭成员发表评论，或向另一个家庭成员提问，此时，被动方要安静聆听。在第一个家庭成员发表评论或提问完成后，要求第二个家庭成员重复或解释第一个人的意思，确保所理解的信息是正确的。在下面的示例中，C代表孩子，F代表父亲。

C：我觉得我不能和朋友们在一起做任何事。

F：听起来你想跟朋友们有更多时间在一起。

在第一个步骤中，集中力量解决沟通中最基础的问题，这包括：打断、错误的理解、拒绝执行任务、沉默和逐步升级的负面互动。表7.1列举出了一些常见的说话者和聆听者的问题，并给出了相应的建议（参见Foster & Robin，1997）。一旦出现不适当的沟通就立即打断他们，依据需要给予修正性的反馈。之后，要求他们继续进行沟通训练。

在本阶段，重点要求家庭成员表达简短而清晰的信息，倾听和正确地作出解释。家庭成员可以在会谈中以及会谈结束后的家庭会议上进行这一训练。如果可能的话，要求家庭成员给沟通训练中沟通过的主要问题列表。

表 7.1　　常见的说话者和聆听者的问题行为及调整建议

问题行为	可能的调整建议
说话者行为	
指责、谴责及防御性表达 例：你快把我弄疯了！你根本就不遵守宵禁。	我句型（当________发生时，我觉得________。） 例：当你在宵禁时间后回家时，我觉得有点恼火。
贬低、攻击、羞辱 例：你永远也做不成任何事。	接受责任，我句型 例：我很担心你这样不及格的分数。
打断	聆听，想说的时候举手或做手势，鼓励说话者使用简单的描述
过分概括化、灾难化、极端的表达 例：我不喜欢你这样，你从来不帮我做点事情。	限定，尝试性表达（“有时”，“也许”），精确的数量化表达 例：我不喜欢你不做家务。
说教、道德说教 例：我想让你清醒地意识到和妹妹好好相处的重要性。在家庭里，兄妹关系是非常重要的，如果不能和你妹妹好好相处，你就得不到那些东西。我年轻的时候……	简单、直率的问题表达（我希望________。） 例：我希望你和 Susie 少吵架。
通过第三方表达 例：医生，我希望 Susie 能打扫她自己的房间。	直接向对方表达 例：Susie，我希望你能自己打扫房间。
跑题	尽量抓住自己的思维，回归到目前讨论的问题，将其他问题列在将来讨论的日程表上
要求、命令 例：周末晚上你必须 11 点前到家，平时 9 点前到家。	可供选择的建议 例：在回家时间这个问题上，我的建议是周末可以晚上 11 点前回家，平时 9 点前回家。
垄断谈话过程	轮流谈话，简单表达

续前表

问题行为	可能的调整建议
过分关注过去的情况 例：上周，你根本就没写作业。 根本就不是那样！上周一我写了作业，之后几天没写。	关注现在和将来，建议做些改变以使问题能得到解决 例：我们要一起找出能帮助你按时完成作业的方法。
理性化、抽象表达 例：问题是你缺乏对父母的尊重。	以清晰、简单的语言表达，便于青少年听懂；只谈论行为，不上纲上线 例：你生气时就会将矛头指向我们，这让我感到很受伤害，也很生气。
读心术 例：妈妈就是不想让我娱乐。	反思、解释、验证 例：妈妈，我觉得你不想让我有些乐子，是吗？
心理分析 例：我想他一定会顶嘴，因为他总是对被收养这个问题感到很不安全。	询问引发行为的情况及行为的后果 例：Joe，到底是什么原因让你发脾气？关于这些事情是什么让你感到烦恼？
威胁 例：如果你还继续说谎，我就把你送到你爸爸那儿去。	提供可选建议 例：如果你说实话，就减少对你的惩罚。
聆听者行为	
嘲笑、不相信 例：雇一个女佣真是一个愚蠢的想法。	反思、验证 雇一个女佣可以解决你的问题，但是我负担不起。
以嘲讽的音调说话	采取中性的语调
避免眼神交流	看着说话者
聆听时烦躁不安，不停扭动或变换各种姿势	放松地坐着，如果感到不安可以向说话者致歉
语言表达和身体表达不一致	心口如一，直接根据自己的感受表达
保持沉默，不做反应	反思、验证、表达负面情绪

定义问题行为

和前面的过程一样，首先和家庭成员回顾前一个协议的实施情况。如果协议失败，要详细调查原因，查明诸如故意破坏、不当的家庭互动、缺乏动力或其他危害因素等原因。花时间和他们一起解决发现的问题，如果可能也可行，要重新实施这个协议。例如，某个青少年可能会抱怨父母不按照协议给予他/她应有的奖励，原因是他/她表现出了与协议无关的某种其他不当行为。在这一案例中，先允许所有的家庭成员表达自己的意见，然后提醒他们每个协议是和某一特殊行为相联系的。根据实际情况，应有的奖励应该在当天给予，或者治疗师可以要求家庭成员重新实施该协议。

如果前一个协议成功完成，那么要给予家庭成员充分的表扬，并提醒他们问题是可以通过和平的方式有效解决的。和前面相同，根据情况的严重程度，下一个协议既可以选择更为复杂的与拒绝上学行为无关的问题，也可以介绍拒绝上学行为。正如前面提到过的，孩子的拒绝上学行为越严重或者家庭互动问题越严重，就越应该在下一个协议更为优先考虑与拒绝上学行为无关的问题。

如果家庭在推进协议方面进展很顺利，下一个协议可以更为复杂，也可以更多地关注孩子的上学行为。一个最佳的方法是将家务劳动、金钱和上学联系起来。采取这种方法，并不是直接用钱激励孩子上学，而是让孩子赢得做家务赚钱的机会。当然，这一方法也要谨慎实行，它会受到诸多因素制约，如父母的认同程度、家庭经济状况、父母和孩子是否接受这些额外的工作和奖励等。和家庭成员一起建立一个家务劳动和问题行为的列表，使用这个列表来设立新协议的各种条件。如果家庭成员反对使用家务劳动和金钱，那么要探索其他的强化物和任务。重点关注孩子比较期望的奖励。

在第四次会谈中，和家庭成员回顾这个涉及上学表现的协议。因为这是第一个明确解决上学问题的协议，因此要详细了解阻碍协议成功的问题。前面已经提到，这些问题可能包括家庭成员间的争吵、缺乏动力、故意破坏或其他原因。

还有一种情况，也许很多孩子在开始的时候遵守协议，而一旦协议涉及要求他们上学的内容，他们就不再遵守了。此时，孩子们可能开始说一套做一套。例如，孩子可能在你的办公室里同意去上学，但是第二天他/她仍然没有上学。更有甚者，一些孩子和青少年声称他们去上学了，但是事实上他们只是更加熟练地掩盖他们的缺席情况。要保持对这一问题的清醒意识，并找出导致协议失败的确切原因。

拒绝同伴技巧训练

协议失败的一个常见原因可能来自同伴的压力，换句话说，孩子可能可以全部时间去上学，但是，上学后，他/她可能会被同伴诱惑或煽动从而缺课。因此，你可以教给孩子拒绝同伴的技巧，这样他/她可以用来抵制同伴的压力。拒绝同伴技巧训练和沟通技巧训练非常契合，因为它们的核心都是以更有建设性的方式和他人交谈。首先，要求孩子描述他/她的同伴在诱惑他/她不上学时说了些什么。在下面的案例中，T代表治疗师，C代表孩子。

案例节选

T：好的，Justin，你刚才说你想要去上学，但是你的朋友昨天下午迫使你逃课？

C：是的。他们在走廊找到我，让我跟着他们，和他们一起在午餐时间离开学校。然后，我们就在外面游荡，没上下午的课程。

T：你的朋友让你逃课时对你说了些什么？

C：我不知道，他们只是戏弄我。他们一直说我们一起去玩，然后再回来学习。他们说只是午餐时间出去玩，但是最后就是整个下午都没回学校。

随后，你可以和孩子一起设计不同的表达，坚定但恰当地拒绝同伴的逃课提议，使用角色扮演和反馈的方法讨论不同的情境。当然，你必须考虑到孩子对这种拒绝的焦虑，要帮助他/

她找到最佳的反应方式，不至于让孩子丢脸。我们发现，让孩子将上学说成是父母或治疗师的要求，可以使得他们免于被同伴责怪（仅仅只是暂时的），这种方法对孩子来说有帮助。此外，孩子还可以跟同伴说他/她对某一课程感兴趣、想做尚未完成的作业、想获得上学带来的奖励、或不是很想缺课等来拒绝同伴的诱惑。此时，你可以将这些应对同伴压力的方法都列出来，如果必要，可以要求孩子在学校尝试这些方法。例如：

T：好，Justin，刚才我们讨论了一些方法可以帮助你避免陷入同伴诱惑的困境中。我们也可以考虑改变午餐的时间，比如早一点去吃午餐，这样看见他们的机会就少一点。但是我们还得考虑一下极端的情况，假如你的朋友们整天跟着你，一定要迫使你逃课，你会怎么跟他们说呢？

C：我不知道怎么说。也许说我不想逃课或不能逃课？

T：嗯，你可以那么说，但是并没有给出确切的原因。我担心如果你说“我不想逃课”，他们会认为你还在考虑逃课的事情，所以可能会继续给你施加压力。你觉得你告诉他们一些确切的原因，如你父母的关心或要完成作业，怎么样？

C：我想我可以说我爸妈真的非常关心我上学的事情，我不能逃课。或者我可以说我要完成科学课的作业，因为快要交了。或者我还可以说“下次吧”，然后就走开。

T：很好！我们来练习一下，这样你碰到要你逃课的同学就能应付自如了。我们一起来看看在接下来的几天内会出现什么情况，我会打电话来询问的。

如果同伴压力是干扰孩子遵守上学行为协议的主要因素，那么拒绝同伴技巧训练可能会有很大的帮助。另外，这些技巧也可以帮助孩子拒绝同伴提供的毒品，这一问题同样和缺课有关联。然而，如果协议失败仅仅是因为孩子在会谈中对你和父母只是“口头应承”，那么拒绝同伴技巧训练可能不会有作用，需要更强效的治疗方法。

设计协议

和前面的过程一样，集中力量于协商、折中的过程，确保家庭里每个成员都接受协议，重点找寻清晰而适当的解决方法、有效的奖励和惩罚方法、防止协议漏洞、设置协议时限，并承诺可以有所改变。本次会谈设计的协议要反映出前一个协议的内容，但必要时也要做出改变。同样，尽可能将沟通技巧训练和解决问题/协议程序连接起来。例如，你可能想把家庭成员召集到一起，形成下一个协议，并练习倾听和解释。图 7.2 是根据前面讨论过的问题（参见定义问题行为部分）而设计的协议样本。

协议样本

权利	义务
概要	
为了降低家庭冲突和消除拒绝上学行为，所有的家庭成员同意	尽可能努力地遵守本协议，并投入参与治疗。
细节	
为了在本次会谈和下次会谈间获得完成家务的奖励，（孩子）同意	本次会谈和下次会谈间全部时间都上学。
如果（孩子）没有完成上述义务，	他/她应该完成相应的家务而不能获得奖励。
为了获得在房间里保留收音机和电视机的权利，（孩子）同意	早晨 7：00 起床，7：40 穿好衣服、吃完饭，8：00 洗漱完毕，8：20 完成所有上学准备。
如果（孩子）没有完成上述义务，	他/她将不能在房间里留有收音机和电视机，并取消一天的活动。
为了获得 5 美元的酬劳，（孩子）同意	在本次会谈和下次会谈期间，给卧室吸尘，并清洗浴室。
如果（孩子）没有完成上述义务，或任务完成得不彻底（由父母决定是否彻底），	他/她将不会得到酬劳。

（孩子）和父母均同意上述协议的所有条款，每天都阅读并执行本协议。

（孩子）和父母签名

____

________________　　日期：________________

图 7.2　协议样本

请记住，此时还不一定要求孩子全部时间都上学。有时，仅仅只是要求孩子去上一些他/她喜欢的课程也许已是一个很好的开端。例如，可以要求孩子上午 10 点到校学习，下午 2 点就可以离开。这样，就为以后全部时间上学设定了一个基线水平，这对于每个孩子，尤其是那些有一段时间完全不上学的孩子来说，都是一个很好的选择。当然，你必须和学校相关人员进行联系，确认学校允许孩子迟到或早退。

如果父母不愿意使用金钱作为完成家务和上学的奖励，那么要另外选择合适的方法。常见的方法包括：延长宵禁时间、增加和朋友相处的时间、减少家务要求、独自吃饭或和朋友一起吃饭、购物、玩电脑游戏和看电影、开车上学以及某种特定的食物等。

执行协议

只有当你感觉家庭成员已经进步到比较令人满意的程度时，上述协议样本才是适当的。如果你觉得家庭成员还没有足够令人满意的进步，那么，要重复第一次和第二次会谈中的程序。这一协议的时间安排本来就是很短的，下一次会谈应该在 3 到 5 天之内就进行。这会给家庭成员留出执行协议的时间，同样也允许你在出现问题时给予干预。在许多案例中，第一个解决上学问题的协议执行起来是很困难的。因此，此时你对家庭成员给予的支持性反馈非常关键。如果合适的话，以前协议中的内容（如，宵禁）也可以加入到这一阶段的协议中来。

监督孩子上学

尽管有协议，但你也许会发现孩子在实施的过程中仍然不能完全履行他/她的承诺。例如，许多孩子同意上学，但是即使没有同伴压力，他们也可能用各种方法逃学。因此，孩子永远也得不到协议中的奖励，他们仍然会从学校外寻求不恰当的利益。

在这些案例中，你可能希望某个人能监督孩子在学校一天的学习情况。学校工作人员是无法做到整天监督孩子的，所以需要父母的一方（或其他某个父母信任的成人）来做这件事情。很明显，这一任务要求付出相当多的努力和时间，然而，它是一个非常有效的方法，因为这一方法不但能确保孩子每天在学校上学，同时还能让孩子获得适当的奖励。在本阶段的治疗中，如果接下来的一些解决上学问题的协议没有取得成功，你可以只是建议来访者（包括孩子）将上述这种方法作为一种选择来考虑。有时，仅仅只是提及要采取这种方法都能促使孩子更好地遵守协议，这是因为该方法包含潜在的社交尴尬（孩子觉得有人在学校监督自己上学是很尴尬的）。不过如果现在有一些紧急的情况要求孩子上学，那么监督应该立即实施。在实施这个方法之前，提醒父母和你进行相关讨论。

特殊话题 7.3 通知警察

如果孩子们早退，父母可能会询问你他们是否应该联系学校相关人员或通知警察。如果还是上小学的孩子，这一行为肯定是必要的。对于初中或高中的孩子来说，情况可能会复杂一些，这就要求进行实际判断。然而，如果父母不知道孩子的去处，或者如果孩子可能做一些危险的事情，如使用毒品、进行无保护性行为、飙车或非法活动，我们建议父母联系学校老师或通知警察。

当孩子早退时，如果父母知道他/她在哪儿，我们建议父母先找到孩子，如果可能的话把他/她带回学校。阻止孩子上学时间在校外娱乐的行为是十分重要的，同样，父母应根据协议对孩子的这种行为进行惩罚。如果孩子继续逃课，可以考虑让某人监督孩子的在校学习情况。

家庭作业

✎ 在本次会谈和下次会谈之间继续安排一到两次家庭成员间的非正式会议，讨论目前协议中仍然存在问题的部分以及最有效果的部分。同时，还要讨论家庭成员之间如何更好地沟通以及应该做出的改变。如果愿意的话，为治疗师记录会议内容。适当地进行沟通技巧训练。

✎ 考虑下一个协议要解决的问题和潜在的解决方法。

✎ 执行目前的协议，如果必要，和治疗师取得联系。

✎ 如果合适的话，开始使用拒绝同伴技巧和监督孩子上学的方法。

✎ 继续完成日志，注意一周中出现的特殊情境或事件。

✎ 逐步增加上学的时间。阅读第四章特殊话题 4.6，熟悉各种让孩子逐步回到校园的方法。这些方法包括：(1) 先从上午某段时间开始让孩子回到学校上学，然后逐步推进到全天；(2) 先从下午 2 点到放学这段时间让孩子上学，然后往上午逐步推进；(3) 先让孩子回到学校午餐，从午餐时间开始逐步增加上午和下午的在校时间；(4) 仅仅从孩子最喜欢的课或时间段开始，然后逐步推进到更多的课和所有的时间；(5) 先从学校的某个地点，如图书馆而不是教室开始，逐步推进到所有教室所有地点。

第五次和第六次会谈　治疗深入期

会谈提纲

■ 回顾家庭会议的情况

第五次会谈和第六次会谈是治疗的深入阶段，这一阶段包括详细地分析目前家庭里的各种情况及仍然存在的问题。到目前为止，各种日常的治疗程序（如家庭会议、协议、拒绝技巧）都应该顺利推进，并要根据家庭的实际情况进行细致的调整。此刻，你应该很有“指导性”地告诉父母需要做哪些事。另外，要果断改变那些阻碍治疗成功的事情（这部分包括了一些可能的原因）。后期的治疗会谈需要更多的创造性，你和家庭成员要对本书提供的各种治疗方法进行创造性的修改和拓展。例如，你和家庭成员可能要对协议的某个特定方面进行灵活的改变，创意地增加或增强家庭的沟通，或者有效地帮助孩子拒绝同伴的逃课诱惑。

第五次会谈和第六次会谈非常相似，后者是前者的深化。这两次会谈将要继续关注的问题是协议的基本部分：定义问题行为和协商解决问题。同样，其他的治疗程序，如沟通技巧训练和拒绝同伴技巧训练也将继续扩展使用。对于那些进步比较缓慢的孩子来说，可能要重复以前的治疗过程。

确定协商解决问题的时间和地点

回顾家庭会议的情况，要特别注意的是，要细致探究家庭成员在问题解决时的协商情况。如果必要的话，可以分析家庭会议的录音磁带，核查家庭成员是否能较好地倾听并正确重复或解释对方的口头言语信息。和前面的治疗过程一样，要检查家庭成员沟通中的中断情况、不正确的解释情况、沉默和恶性的互动情况。如果家庭成员列出了沟通时出现的问题，要和他们一起回顾其中的主要问题并立即解决这些问题。倘若家庭成员在沟通技巧训练的初期阶段仍然存在困难，要重新集中精力让他们进行倾听和解释的练习。如果家庭成员在沟通方面存在极端困难的情况，那么要适当地增加更多的家庭治疗和对其他问题的探讨，将之补充到治疗程序中。

高级沟通技巧训练

技巧

如果过去的一些天或几次会谈中家庭成员能较好地运用倾听和解释技巧，那么你可以开始进行下一阶段的沟通技巧训练。这将包括练习无敌意的谈话。开始的时候，要提出一些规则，确定谈话中应该避免的问题。鼓励家庭成员避免骂人、侮辱、讽刺、不恰当的提议、尖叫等行为。如果家庭成员中不存在这些问题，那么可以要求他们避免一些更轻微的问题，如缺乏眼神交流或发音不清晰等。

一开始，家庭成员之间的谈话应该尽可能简短，参与人数也先定为只有两个，并且你要密切监督。此时，可以使用前面提到过的角色扮演和反馈程序。在家庭成员开始沟通之前，你可以先逐个和家庭成员进行一对一的谈话。在下面的示例中，治疗师将扮演父亲的角色和儿子进行沟通。如果家庭成员存在严重的沟通问题，或者他们已经有很长时间没有沟通过了，那么强烈建议治疗师采取逐个和家庭成员对话的方式，这种方式的主要目的就是让另一方（在本案例中，另一方即父亲）和其他家庭成员能模仿恰当的谈话方式。

案例节选

C：我不理解为什么我必须去上学。我已经 16 岁了，但是每个人都把我当小孩子看待。

T：（扮演父亲，直接看着孩子）看起来你有些生气。

C：是的，我是有些生气。大家为什么不能让我自己来决定做什么？

T：你能更详细一点说说吗？我不太确定你指的是什么。

C：我想更多地和朋友们在一起。如果我想外出，我应该能随意出去。

T：好的，听起来你是觉得自己被限制了自由，你觉得和朋友们待在一起的时间不够，是这样吗？

C：是的。为什么我做完在家应该做的事情后不能随意地外出呢？

在这个简短的角色扮演后，要就会谈中出现的适当行为给予每个家庭成员细致的反馈，需要考虑的重点是平静的语气、避免打断、认同对方的观点、正确的解释、避免侮辱以及其他贬损性的评论。在这一示例中，治疗师/父亲从儿子那里收集到了信息，这一过程没有评判，也没有防御。通过这种方式，问题（如，和朋友相处的时间）就能得到清晰的识别和准确的定义，同时，负面情绪也能恰当地得以释放。

在反馈过程中，要解决家庭成员可能存在的问题。你可以通过这种一对一的谈话练习向孩子强化一些观点，如认真倾听。随后，你可以要求这两个家庭成员（如父亲和孩子）直接进行一个简短的谈话。观察他们的谈话，如果出现问题，你可以立即打断并给予反馈。示例如下：

案例节选

C：嗯，就像前面我说的那样，我总是跟你们为外出的问题争吵，我觉得和朋友们相处的时间不够长。

F：我不这样认为！你一直都和你的朋友们待在一起。

T：Williams先生，尽量复述您儿子刚才说的东西就可以了。

F：他说他和朋友们相处的时间不够长。

T：很好。我们一起来仔细找找你儿子关心的问题吧。(开始这么做)

F：好的，你到底关心什么事呢？

C：我做了家务，也完成了作业，之后我应该可以去看我的朋友。既然现在我必须花更多时间上学，我就没有办法那么频繁地去看朋友们了。

F：好的，那你觉得你需要和朋友们在一起待多长时间呢？(治疗师点头赞许这一句话)

C：我不知道。也许每晚几个小时。这个很重要吗？

T：嗯，John，回答这个问题吧。我们现在不要做出讽刺性或过于负面的评论或提问。

C：好。我想每晚至少和朋友们一起待几个小时吧。周末的时候应该时间更长。(治疗师点头)

F：嗯，平常每天做完家务、作业，吃完饭后，晚上和朋友们一起待两个小时怎样？这样可以吗？

C：可以。

在两个家庭成员对话的过程中引入不同的问题，帮助他们练习进行适当的沟通。在进行下一个治疗步骤之前，你可能要给家庭成员建议，告诉他们这种简短的对话应该持续练习多久。下一个步骤可能包括另外两人之间的一对一谈话（如母亲和孩子），或者增加参加讨论的人员。例如，一旦这种父母一方和孩子的对话能较好进行，那么就可以让父母的另一方也加入进来。然而，要避免可能损害沟通过程的过分明显的联盟（如父母联合对付孩子）。如果出现敌意等问题，治疗师应稍微进行干预并给予反馈。示例如下：

案例节选

C：当我和朋友们在一起时，我应该可以做我想做的事情。

F：好，听起来你想要更多的自由，是吗？

C：是的，我觉得是这样。我差不多已经成年了。

F：嗯，你正在长大……

M：（对父亲）Frank，他还没有成年。

F：我知道，但是John似乎觉得他就快成年了。（对孩子）是吗？

C：是的，因此我应该可以做我想做的事。

M：你不能随心所欲做你想做的事，你爸爸和我会讨论你可以做什么，不可以做什么。

T：好的，Williams夫人，注意尽量只是解释John刚刚说的话，从中收集信息就可以了。

M：好吧，他说他要做自己想做的事。（对孩子）你想做什么样的事情呢？（治疗师点头）

如果家庭成员能很好地完成倾听、解释，就一些问题进行简短的沟通练习，那么就可以进行更高级的沟通技巧训练，包括进行更为扩展的谈话，这些谈话在本质上更具有建设性。和前面一样，作为治疗师，你可以先和某个家庭成员通过角色扮演和反馈进行更为扩展的建设性的谈话。在家庭成员练习谈话的过程中，要密切关注不当沟通并予以解决。此外，家庭成员可以将精力较多地放在增加赞美及其他幽默方面，你可以花一些时间和家庭成员一起以更积极的方式重新对事物进行评论。例如，这样一个评论“你刚刚才完成家庭作业”可以变为“我很高兴地发现，你准时完成了家庭作业”。

潜在问题

许多因素会阻碍沟通技巧训练的推进，这些因素包括：悲观、谈话者的惩罚、沉默。在许多严重的拒绝上学行为案例中，家庭成员已经与此抗争了好几个月甚至好几年。因此，负面交谈模式已经根深蒂固，家庭成员对于改变也变得非常悲观。在这种情况下，应该让他们看到他们可以在一个基本的水平上进行较好的沟通，这一信号也是未来改变的希望。因此，在基本水平上进行较多的练习是必要的，同时，简单积极的谈话也可能是比较现实的最终目标。当一个家庭成员一直在沟通中批评另一个成员时，上面提到的第二个问题就可能会发生。在这种情况下，治疗师可以做一个调停者，先允许一个成员表达，然后治疗师自己解释信息，并将信息呈现给另一家庭成员。这样的方法可以解决导致家庭成员间敌意的谈话的家庭问题。最后，如果沉默是阻碍沟通的问题，可以关注愿意说话的成员，让沉默者观察谈话。在和沉默者进行一对一交谈练习时，和他们建立友好关系，传达积极参与治疗的意义，尽可能地将他/她纳入到治疗中来。

值得提醒的是，家庭成员不能在短时期内完全改变所有敌意的谈话，然而，当治疗推进到此阶段时，家庭成员应该能够知道怎样会使情况好转，怎样会阻碍治疗的进展。家庭成员应该在倾听和正确解释对方谈话的能力方面有很大的提高，此外，家庭成员还应该在召开家庭会议及设计新协议时使用这些技巧。此时，如果家庭成员还达不到这个程度，那么要重复前面会谈中的治疗程序。另外，治疗师还可以使用其他的家庭治疗方法来继续探寻可能阻碍家庭成员积极沟通的其他问题和家庭动力问题。

定义问题行为

和家庭成员一起回顾前一个协议的成功或失败情况。和前面过程相似，详细探索阻碍协议成功的问题。例如，一个常常阻碍协议成功的因素就是孩子在校外和朋友们进行的活动。阻碍协议成功的活动各式各样，它们可能是很微小的（如，中午很短的一段时间在某个快餐店吃午餐），可能是中等程度的事件（如，整个下午都在购物中心闲逛），也可能是很严重的事件（如，白天聚会、使用毒品、性行为、赌博，而且时间较长）。

此时，你和家长应该清楚到底是什么阻碍了协议的执行，白天孩子到底在哪儿，在做什么。如果不清楚这些，要详细讨论可能的原因及孩子的活动。例如，父母应该更加密切地监视孩子的行为，并立即做出反应。

如果上述行为持续干扰上学协议的执行，那么需要采取更严格的治疗步骤。这包括：增加对上学行为的奖励，对不上学行为施加更严格的惩罚（如果孩子和父母都同意），加强父母对孩子白天上学情况的监督，法律干预（如，联系警察制止聚会中的非法毒品使用）。然而，法律干预的方法要谨慎使用，不但要考虑到该方法对治疗效果的影响，还要考虑到可能造成的其他影响。如果适当又可行，你可以联系当地的警察或律师（得到家庭的允许），获得关于你的来访者的相关信息。当然，如果家庭出现虐待儿童的情况，你也应该考虑向有关机构报告。

另一个干扰上学协议执行的原因是孩子早晨睡眠过多的问题，或者说无法起床。这种情况对于那些已经很长时间没有上学和没有形成早起习惯的孩子来说尤为严重。对许多青少年来讲，起床难是普遍和正常的行为。在另一些案例中，可能孩子存在生理问题或睡眠障碍（如果情况属实，你可以咨询医生或睡眠障碍临床医生获得评估和治疗的方法）。表 7.2 列举了儿童和青少年睡眠障碍的常见治疗方法（来自 Durand，Mindell，Mapstone & Gernert-Dott，1998）。

表 7.2　　睡眠障碍治疗方法精选

治疗方法	描述
就寝时间逐渐提前法	对于就寝时间不规律或入睡和起床时间紊乱的情况，可以使用这种方法。父母先确定一个时间，孩子在这个时间入睡没有任何困难（如，晚上 11：30），然后逐步将就寝时间提前 15 分钟，直到孩子的就寝时间达到理想的时间。
认知法	这种方法主要用来改变关于睡眠的不现实预期及信念（如，“每晚我必须保证 8 小时睡眠”，“如果我不能保证每晚 8 小时睡眠，我就会生病”）。治疗师通过提供一些相关信息（如，关于正常睡眠时间和个体睡眠补偿的能力）尝试改变个体有关睡眠的信念和态度。这种方法对于年龄大的孩子和青少年更合适。
认知放松	出现睡眠困难时，有些人会变得焦虑，这一方法是用冥想或想象来帮助个体放松。这种方法对于年龄大的孩子和青少年更合适。

续前表

治疗方法	描述
建立就寝惯例	创建一个就寝时间前的就寝惯例，大约持续30分钟，包括安抚活动（如，洗澡、读故事），通过这一固定惯例来促进孩子入睡。对各年龄阶段孩子的入睡困难问题都有作用。
忽视法	本方法主要对在就寝时发脾气或者晚上醒来哭闹的孩子使用，这种方法指示父母先让孩子发脾气或哭闹，直到他/她自己睡着再去查看孩子的情况。
相反行为法	这种方法主要是指导个体朝与希望达到的行为相反的方向行动。让睡眠困难者躺在床上，让他们尽可能地保持清醒，以此减轻他们由于迫切想要睡着而带来的焦虑，从而帮助他们入睡。
渐进放松法	这种方法通过放松身体的肌肉来引发睡意。
固定时间唤醒法	这种方法主要针对晚上频繁醒来的孩子使用，在晚上孩子常常醒来的时间前大约60分钟唤醒孩子，由于他/她是在比较深的睡眠阶段被唤醒的，所以这样能帮助他/她学会如何很快地重新睡着。
睡眠卫生	一些人的日常习惯会干扰夜间的睡眠。这种方法主要提示他们某些行为习惯对睡眠的影响，如摄入咖啡因、尼古丁、饮酒、睡觉前运动、特定食物以及药物。
睡眠限制法	这种方法将个人在床上的时间限制到接近全部睡眠时间，该方法帮助孩子将在床上的时间调节为睡眠时间，而不是玩耍翻滚的时间，尽量让孩子入睡。
刺激控制法	这种方法要求孩子只有在困的时候才上床睡觉，床的作用只是用来睡觉（不要在床上阅读、看电视或吃东西），如果不能睡着干脆就起床，每天早晨不管睡了多久都在同一时间起床。

在其他案例中，孩子不起床仅仅是因为熬夜和没有足够的睡眠，或者假装疲劳以逃避上学。遇到这种情况，你和家庭成员要一起设计新颖的方法让孩子起床，为上学做好准备。家庭可以尝试如下一些方法来应对孩子的问题：设置规律的早晨和晚间作息时间（参见第六章）；增加对按时起床行为的奖励；早晨将闹钟定得早一点；家长不断提醒孩子早起；允许孩子晚起床，但是让他/她独自走路去上学。当然，上述最后一个方法需要更严密的监督。有些家长可能会采取更为激烈的方式，如把孩子从床上拖起来或往床上撒点冷水，但是我们不推荐这些方法或其他任何强制性方法。相反，我们建议尽量和孩子协商解决问题的办法，并将之整合到下一个协议中。

到本治疗阶段时，家庭成员应该能很熟练地定义问题行为。每个家庭成员都应该就怎样定义问题行为（如，不上学、缺乏和朋友们相处的时间、早晨迟到）给出自己的意见，同样也要对适当的奖励和惩罚方式提出自己的意见。如果家庭成员此时还无法做到这些，那么应该重复前面几次会谈的治疗程序。

最后，要和家长、孩子一起确定一些方法来弥补落下的课程并维持学业成绩。这些方法有：课后计划、额外辅导、监督家庭作业、报告卡、每周进步报告、重新安排课程时间表、和老师会谈了解作业情况等。继续上学的一个很好的预期因素是良好的学业成绩。觉得布置的作业有吸引力或在学校有良好表现的孩子更可能待在学校学习。随着治疗的推进，鼓励家庭成员对不同学业问题进行识别和定义，找寻问题的解决方法，并将这些问题也整合到独立的协议中进行解决。

拒绝同伴技巧训练

此时，孩子应该知道如何对鼓动他/她逃课的同伴做出有效反应，应该知道详细的拒绝语句和谈话方式，这样才能较好地拒绝同伴的要求而不会被嘲笑或排斥。此外，孩子还应该能意识到并避免可能存在逃学诱惑的情境。

然而，如果同伴压力一直是一个问题，那么要检查孩子的拒绝技巧，了解他/她是如何应用这些技巧的。如果必要和可能的话，还应强调其他一些应对技巧，如回避学校的某些场所、不和某些同伴谈话、在图书馆完成作业等。此外，你还可以通过使用认知重建策略来修正孩子有关同伴或有关拒绝诱惑的一些错误思维。例如，孩子们常常会担心，如果拒绝同伴的逃课要求，他们可能会失去朋友，可能会被嘲笑或觉得丢脸。如果上述情况存在，那么认知重建方法也许并不会有效果。不过，如果孩子只是担心没有合理的原因拒绝同伴，那么患有社交焦虑的孩子需要的认知方法（见第五章）可能会有帮助。

设计协议

如果前一个有关上学行为的协议没有成功，要详细核查阻碍协议成功的突出问题。如果协议成功实行了，你可以要求家庭成员更新上一个协议。然而，如果每个家庭成员都同意，可以按照他们的要求对协议进行修改。此外，家庭成员也可以设计第二个协议来解决其他的问题，如和朋友们相处的时间和活动（图 7.3）、睡眠过多和学业问题等。在设计新协议的过程中，应该详细定义每个问题，并从家庭成员提出的方法中获得解决问题的方法。

治疗推进到此阶段时，家庭成员应该能针对特定问题设计出较好的协议。如果可能，要促进每个家庭成员在协议设计过程中练习良好的沟通技巧。例如，家庭成员可以就即将实施的协议中的可能变化进行一对一的交谈，如果可能，在这一过程中，尽可能地将家庭成员都纳入进来。

协议样本

权利	义务
为了在本次会谈和下次会谈间获得平时每晚 2 小时（18：30～20：30）、周末晚上 3 小时（19：30～22：30）和朋友相处的权利，（孩子）同意	遵守上学协议各个方面的规定，在离家之前告知父母他/她的去向，如果和朋友们一起时改变了活动地点，也要及时告知父母。
如果（孩子）没有完成上述义务，	他/她在接下来的两个晚上不能外出。
和朋友们在一起时，（孩子）同意不参与任何非法活动。如果（孩子）没有完成该义务，	本协议将终止，（孩子）晚上都不能外出，直到下一次治疗会谈为止。

（孩子）和父母均同意上述协议的所有条款，每天都阅读并执行本协议。

（孩子）和父母签名

____

____________________　　日期：____________________

图 7.3　协议样本

特殊话题 7.4 起床困难

一些青少年不上学是因为他们早晨起床感到非常困难。如果你的来访者出现这个问题，那么要确保他/她有充足的睡眠。下面的方法可能会有作用：

- 确保孩子在床上仅仅只是睡觉，而不是做其他的事情，如阅读、看电视、打电话或完成作业。
- 确保孩子早睡，上床后关灯，在起床前至少保证 8 到 9 小时的睡眠。
- 睡前避免咖啡因、尼古丁、酒精以及运动。
- 临近就寝时间进行放松练习（参见第四章）。
- 在就寝前遵循同样的行为惯例，在熄灯前 30 分钟开始按惯例行动。
- 至少将就寝前 2 小时规定为宵禁时间。
- 如果必要，让父母咨询儿科医生有关睡眠药物问题。

我们建议父母起早一些，像连续的闹钟一样按时间唤醒孩子。例如，如果孩子必须 6:00 起床，父母可以在 5:15 起床，然后分别在 5:30、5:40、5:50、5:55 和 5:59 叫醒孩子。父母应该告诉孩子他/她还有几分钟就必须起床。另外，还要在房间里设置一个声音很大的闹钟。如果孩子仍然不能起床，那么父母应该每隔五分钟跟孩子讲话，让他/她无法睡觉。同样，要设计协议奖励孩子按时起床的行为，惩罚不起床行为。最后，父母不应该放弃而让孩子睡到很晚，最后完全不上学。如果孩子最终起床了，但是上学却迟到了一个小时，这也比整天不上学的情况好。

执行协议

根据前面所描述的方法执行上学协议或其他协议。到第六次会谈结束的时候，家庭成员应该能够意识到会对坚持协议造成影响的问题，并相应地解决这些问题。如果不能，应该在会谈中帮他们提升这方面的技能，因为这一问题将会导致将来的复发。讨论任何阻碍协议实施的因素，特别要探查缺乏动力及父母默许的问题。

监督孩子上学

如果父母每天都在学校监督孩子的上学情况，那么要确保孩子会因为上学而得到应有的奖励。此外，指导父母在孩子离开学校时找到合适的人询问情况，并指导他们逐渐从监督孩子上学的行为中撤离。此时，让父母这么做是对他们动力的一个很好的测试，同时，也增加了他们的独立性，让他们不是完全依赖你。一般来说，父母应该更加依赖学校相关人员（如老师、咨询师、学生处老师、巡视老师等）来监督孩子的情况，并把孩子的情况报告给他们。通过这种方式，孩子事先知道总是有人监督他/她的上学情况。一定要记住的是，父母应该奖励孩子的上学行为，如果孩子拒绝上学，立即给予惩罚。

在一些持久的拒绝上学行为的案例中，家长发现，想要坚持执行完整的协议、给出惩罚、监督孩子去学校和班级，都非常困难。在这种案例中，一些家庭成员会感觉内疚或挫败，觉得他们的家庭像一个战场。因此，在一周的时间里，应该更集中精力解决拒绝上学行为问题。然而，家庭也要保持凝聚力和乐趣。例如，在一些持久顽固的拒绝上学行为案例中，家庭在周末的时候应该将治疗放在一边，一起享受娱乐活动。作为治疗师，此刻你应该已经非常了解家庭的情况，你可以运用你的临床判断告诉他们什么方法是最适合他们的。

家庭作业

✎ 在本次会谈和下次会谈之间继续安排一到两次家庭成员间的非正式会议，如果家庭成员同意，为治疗师记录会议内容。讨论目前协议中仍然存在问题的部分以及有效果的部分，如果合适而家庭成员也愿意的话，可以进行沟通技巧训练。

✎ 考虑下一个协议要解决的问题和潜在的解决方法，坚持治疗程序，减少阻碍协议成功的因素。

- 如果适当的话，继续使用拒绝同伴的技巧。
- 执行目前的协议，如果必要的话，联系治疗师。
- 继续完成日志。

第七次和第八次会谈 完成治疗

到第七次会谈的时候，治疗程序也许会在一些关键的方面开始发生改变。首先，当治疗接近尾声的时候，治疗程序应该更多地模仿孩子的真实环境。例如，孩子应该自己上学而不是被“催促”或强制上学，也不能再要求父母陪伴。如果可能，给予孩子的奖励也应当更为自然、普通。同样，家庭成员应该更加独立于咨询师而练习协议协商过程。不过，家庭成员不能太偏离引导孩子回到学校的治疗程序。

其次，如果孩子的拒绝上学行为全部或几乎被解决，那么治疗程序应该扩展到其他问题行为领域。例如协议的方法可以运用到其他时间段（如周末）或其他行为上（如争吵）。然而，也不要过早地将治疗方法运用到其他问题上，要到孩子的拒绝上学行为得到控制以后才可以。

在许多方面，第八次会谈都是第七次会谈的深入。因此，可以结束治疗程序，同时也讨论治疗终止的相关问题。此外，也要给家庭成员推荐将来应对孩子的行为问题和其他问题的最佳方法。列出应当避免的潜在不足也是必要的，此外，还要安排长时期的跟踪访问和支持性会谈（参见第八章）。

确定协商解决问题的时间和地点

继续和家庭成员一起回顾家庭会议的情况，特别要了解家庭成员练习协商和沟通的情况。如果家庭成员列出了在沟通中出现的问题，和他们一起探讨主要的问题并立即解决这些问题。如果家庭成员一直存在解决问题或设计协议方面的困难，那么要回顾以前会谈的内容，帮助他们提高协商或沟通等不同方面的能力。

为了确保家庭成员牢固地掌握协商和沟通技巧，可以给他们一个假定的问题，让他们就此展开讨论。查看是否某个特定的家庭成员控制了讨论过程，是否遗漏了某些问题，是否有打断或其他沟通问题出现，或是否有家庭成员不愿提出问题。如果遇到问题，一定要解决它们。

即使孩子将要规律地上学，也仍然要坚持家庭会议/协商/沟通过程。如果还存在其他方面的问题，也可以开始着手解决。例如，一些家庭擅长解决有关拒绝上学行为方面的冲突，但是对于其他领域的问题则束手无策，比如在婚姻问题、孩子其他行为问题、户外活动问题、经济问题和兄弟姐妹交往问题方面，家庭成员往往争吵不休。如果家庭成员愿意的话，可以将协商和沟通技巧训练扩展到这些行为领域。治疗师也要告知家庭成员，如果这些问题得不到适当解决，那么孩子的拒绝上学行为很可能复发。

到第八次会谈时，你可能希望结束对家庭会议和有关家庭协商和沟通技巧细节的回顾。你应该就如何适当地和别人沟通为家庭成员总结一些规则（如，不骂人、不讽刺、不侮辱，集中精力倾听，不打断、不解释、不低声说话）。将这些规则运用到第三次和第四次会谈中提出的沟通问题上，同时也运用到家庭的特殊问题及最初问题上。在此过程中，指出特定的协商和沟通模式是如何促进孩子重返校园的。提醒家庭成员注意协商和沟通的基本要素：简单、清晰、尊重和站在他人角度考虑。

告诫家庭成员：一旦家庭恢复到相对比较平静的氛围，他们可能又会回到原有的沟通模式中。特别值得注意的是，家庭成员可能回复到沉默状态，或者是大喊大叫地表达自己的意见。同样，父母也会开始认为孩子的良好表现是理所当然的，因此忘记给予奖励，或在出现重大行为问题时才考虑施以惩罚。为了防止这种倒退，要求家庭成员继续定期召开家庭会议，练习在治疗中学到的协商和沟通技巧。

定义问题行为

和家庭成员一起回顾前一个协议的成功和失败之处。和前面一样，仔细探索阻碍协议成功的因素。如果同伴压力仍然是一个问题，应该核查孩子的拒绝同伴技巧训练的进展，看看孩子是否使用了相应的技巧。如果必要，除了关注孩子的拒绝同伴技巧以外，还可以将注意力扩展到其他应对技巧方面。如果家庭成员在解决问题或设计协议方面仍然存在困难，那么要帮助他们重新定义问题行为，并选择奖励和惩罚方法。如果必要，可以先将治疗后退一步，回到更简单、时间限制更多的协议。为了确保家庭成员能够牢固地掌握定义问题行为的方法，可以给他们提供一个模糊的问题，要求他们明确地定义该问题，并监督和解决相关问题。

如果孩子能基本正常地开始上学，那么应该继续使用协议程序。如果存在其他方面的问题，家庭成员可以开始着手解决它们。例如，许多家庭都存在其他问题，这些问题行为并没有像拒绝上学行为那样被定义从而通过协议解决。现在，集中力量关注这些问题将帮助家庭成员在未来的几周内解决它们。要求家庭成员列举出这些可以解决的问题。跟拒绝上学相关的问题包括：侵犯行为、在其他环境中不服从、不能完成作业、社交退缩、发脾气、要赖、家里或课堂上的一般性破坏行为、争吵和大喊大叫等。如果这些问题以及其他问题仍然存在，在家庭成员希望以后再解决这些问题时，要求他们现在就对其进行明确的定义。

另外，一些父母可能仍然会对孩子有些嘀咕抱怨，如："Joshua 在学校少了些自信"，"Sarah 不太能尊重别人"，或者"Andrew 就是个坏孩子"。鼓励家庭成员避免这样的侮辱性评论，让他们以积极而清晰的方式重新组织负面的评论。例如，对于上面的评论，我们建议家庭成员使用下面的这些评论方式："Joshua 需要将成绩提高到 B 级水平"，"Sarah 在和父母沟通时应该使用更礼貌的语气"，"Andrew 应该更积极地参加课外活动"。提醒家庭成员注意，含糊、惩罚性的评论比明确、积极的评论效果差很多。

到第八次会谈时，你和家庭成员会希望完成最后的问题行为定义过程。治疗师可以就如何定义关键问题行为给家庭成员总结示例和核心方法，并将这个总结应用到特殊问题及家庭的最初问题上。尽量预测将来可能出现的问题，如果适当的话，为他们提供示范性定义。同样，指出如何明确地定义问题能更好地促进孩子回到校园。提醒家庭成员注意定义问题行为的基本要素：简单、明确、一次针对一个问题、允许所有家庭成员都提出自己的定义。

告诫家庭成员：一旦家庭恢复到相对比较平静的氛围时，他们可能又会回到旧有的、无效的问题行为定义的模式中。特别值得注意的是，家庭成员也许能明确地定义问题行为（如，孩子应该在学校上学），但是定义并不完整（如，在学校多长时间）。此外，家庭成员应该考虑到孩子经常需要持续的支持来抵制同伴提出的逃课诱惑。最后，他们要记住防止孩子将来再出现拒绝上学行为的关键因素是一定要维持孩子的学业成绩。为了解决这些问题，家庭成员应该继续练习治疗中学到的各种技巧，并和学校老师保持联系。

设计协议

和前面的治疗程序相同，帮助家庭成员设计新的协议以满足目前情境的需求，在这个过程中，尽可能地让他们独立完成。可以适当地将协议的实施时限扩展一些（如，从一周扩展到两周）。此时，可以将沟通技巧训练整合进来，尽量囊括所有家庭成员。如果家庭成员在设计协议方面仍然存在问题，那么要回顾前面会谈的内容来帮助他们提升设计协议的能力。

为了确保家庭成员牢固地掌握了设计协议的过程和方法，可以给他们一个假设的模糊问题，看看他们是如何设计协议的。此外，也要关注家庭成员是如何将新的沟通技巧训练整合到设计协议过程里的。尽量解决将来可能妨碍协议成功的问题。

如果孩子能基本规律地上学，那么家庭设计协议的方式应该继续保持。如果存在其他方面的问题，他们可以开始解决这些问题。例如，可以就相关问题为家庭成员草拟示范性的协议，一旦他们将来要用即可照此来设计协议。

到第八次会谈时，你和家庭成员会希望完成最后一份协议。此时，要为家庭成员就设计协议的方法总结出范例和规则，将这一总结应用到特殊的问题及家庭的最初问题上。提醒家庭成员记住设计协议的一些基本要素：所有成员都同意、明确和严格地定义条件、给予足够的奖励和惩罚、限制实施时限、签名、所有成员每天核对协议。在这一过程中，指出明确的协议是如何促进孩子回到校园的。

由于设计协议的过程需要家庭成员付出时间和努力，所以他们有时会放弃这一过程。特别值得注意的是，有些家庭可能会开始使用“口头协议”，这时就会随便定下一些协议，即如果孩子做了“A”，那么父母就会做“B”。这种方式包括两方面的问题：首先，家庭成员并没有认真花时间来设计协议，这样可能会导致漏洞、曲解和遗漏。其次，这种方法暗含的假设是，父母贿赂孩子让他们做出某些行为（如，上学），但是对缺乏这个行为（如，不上学）则不给予惩罚。为了防止这些情况发生，治疗师应鼓励家庭成员严格遵守协议设定的过程。

执行协议

家庭成员应该使用以前描述的方法执行新的协议。如果他们在执行协议方面仍然存在问题，那么应该回顾以前会谈的内容以帮助他们提升对协议的服从性。同样，如果父母采取了送孩子上学并在学校监督的方式，那么可行的话要求他们减少在学校监督的时间。要求父母更多地依赖学校老师来监控孩子并获得孩子在校情况的报告。

如果孩子能比较规律地上学，那么要求家庭成员坚持执行协议。如果还存在其他方面的问题，那么他们可以开始着手解决它们。例如，你可以在协议里增加某个家庭成员提出的问题，但是不要在协议里增加太多的内容，尤其是可能出现中等程度的复发几率时。最后，提醒和鼓励家庭成员每天都阅读协议。

到第八次会谈时，家庭成员应该在执行会谈中共同制定的最后的协议。协议应该按照之前描述的方法来执行，和他们讨论干扰协议执行的残留问题，特别要讨论那些结束治疗后常见的干扰家庭的问题。例如，一些家庭可能会在协议开始和结束之间改变协议。如果这样做的目的是为了防止漏洞，那么这个改变很好，然而，一些孩子往往纠缠父母，让父母放松要求从而使协议更符合自己的需求。此外，家庭有时也可能在没有深入讨论的情况下延长协议的时限。这可能没有考虑到孩子的偏好或生活的变化，从而使协议荒废。因此，要鼓励家庭成员将所有的协议都坚持到底，并且至少每周重新检查一次协议。

家庭作业

第七次会谈和第八次会谈后的家庭作业包括：

✎ 家庭成员至少每周两次召开正式会议讨论各种问题，练习沟通技巧。如果某个家庭成员想提出问题加以解决，让每个家庭成员都尽可能明确地定义该问题。

✎ 在这些会议中，如果可能的话，就所定义的问题设计协议。在一个时限内执行该协议。讨论该协议存在问题的部分和有效的部分。减少阻碍协议成功的问题。

✎ 继续使用拒绝同伴的技巧，如果合适的话，帮孩子弥补落下的功课。

✎ 阶段性地回顾治疗师提供的治疗过程中的缺陷列表。

✎ 如果必要，联系治疗师获得支持、反馈和相关问题的答案、长期跟踪和支持性会谈。

第八章 预防倒退和复发

本章详细说明了治疗效果倒退和复发的问题，并简单提供了对如何帮助孩子和家庭防止拒绝上学行为复发的总体看法。正如第一章提及的，长期的拒绝上学行为会随着孩子年龄的增长导致长期的问题。因此，应尽可能地防止治疗效果倒退，并尽可能快地解决新出现的问题。尽管本书描述了一些基本的方法，但是治疗师应根据来访者的特殊情况提出更多独特的方法。

倒退和复发

倒退是指治疗后出现一个单一的错误或一些倒退。倒退包括轻微地回归到原有的行为，仅仅只是轻微地干扰到家庭的日常功能。倒退包括：缺席某天课程、一两天高压状态、短期逃避某门课、突然却短暂地从学校逃回家的行为。倒退情况并不罕见，尤其是在周末、假期结束后可能经常出现，或者在以学年为教学周期的学校，孩子们为了获得休息而倒退。

复发则是指完全回归到旧有的问题行为或几乎回到治疗开始时的状态。因此，在拒绝上学行为人群中，复发可能包括：几天甚至是几个星期不上学、持续高水平的痛苦感、回避学校的社交情境或评价情境、为获得关注或其他实质利益而表现明显的不当行为、由于孩子的拒绝上学行为而产生过多家庭冲突。

如果出现倒退

如果倒退情况发生，可能是孩子“考验”父母的决心，那么可以重新开始按照本书提供的方法完成治疗性任务，并回顾每种类型拒绝上学行为的关键治疗方法（参见第四章、第五章、第六章、第七章）。如果必要的话，你可以和来访者一起回顾下述方法的关键点：暴露、放松和深呼吸、冲突解决和认知重建练习、家长命令、父母对上学和拒绝上学行为的坚定和一致的意见、强制孩子上学、协议、沟通技巧、其他相关的治疗方法。一个最佳的做法是和你的来访者一起设计“复发预防单”，这个表单用来提醒家长和孩子在既定的情境下应该做的事情。这些表单可以阶段性地提供给家长和孩子以供参考。

表 8.1 列举了对四种不同的拒绝上学行为进行治疗所可能遗留的问题，当然，要记住的是，这个表单并没有穷尽所有问题，甚至有时你的来访者并不一定存在这些问题。因此，许多案例的复发预防单需要根据家庭的历史和问题来特别设计。一般来讲，复发预防单可以包括以下一些问题：孩子应对特定焦虑情境的策略、获得家庭作业和出勤记录的程序、家庭规则、协议和对孩子不同行为的适当反应（如，如果孩子逃学或缺课，家庭该如何应对）。

表 8.1　　复发预防提醒示例

针对为了逃避引发痛苦/负面情绪的事物或情境而拒绝上学的孩子

1. 必要时或每周进行一次放松练习和深呼吸练习。
2. 记录每天感受到的压力，并在晚上和父母回顾。
3. 放弃安全信号和方法，每天完成一个有压力的活动。
4. 在暴露发生时，练习自我强化。

针对为了逃避令人苦恼的社交和/或评价情境而拒绝上学的孩子

1. 每天感到苦恼、痛苦的时候记录下自己的自动思维。
2. 必要时练习改变思维来应对情境。
3. 每天接触三个人，和他们交谈五分钟。
4. 每学期参与一种课外活动。

针对为了获得关注而拒绝上学的孩子

1. 每天回顾给孩子的命令。
2. 无论孩子在任何情境、任何时间表现出不当行为，给其施以惩罚；在孩子发脾气时也坚持为他/她做上学的准备。
3. 保持孩子早晨作息的规律性和可预见性。
4. 允许孩子每小时就一个主题提问一次。

针对为了获得校外实质利益而拒绝上学的孩子

1. 每天监督孩子的上学情况。
2. 每周一次和老师及学校其他相关人员联系，了解孩子的学习表现。
3. 每周安排一次解决问题的家庭会议。
4. 每月设计和执行一个协议。

当倒退情况发生时，告诉家庭成员不必感到太灰心。一些家庭成员错误地认为，如果孩子再次拒绝上学或变得有些焦虑，那么整个治疗过程就白费了。这种想法是不对的。倒退往往是松懈的结果，并不是失败。相反，可以引导父母和孩子将之视为一次机会，这可以帮助他们练习在治疗中学到的各种技巧。此外，要确保父母继续保持和学校老师的密切联系以监督孩子的情况，每天和孩子沟通 10 分钟，就阻碍他/她上学的潜在因素进行交流，即使在放假期间也认真练习治疗中学到的各种方法，忽视孩子有关上学的抱怨，除特殊情况外，要尽量表达出对孩子每天都上学的期望，尽可能地减少倒退情况的发生。

如果倒退情况持续发生，或者如果父母和孩子都对重新出现的拒绝上学行为有越来越多的挫折感，那么他们应该联系你。事实上，我们建议你在治疗结束后偶尔和来访者进行电话联系。在电话里，你们可以讨论孩子的进步情况以及新出现的可能引发倒退的问题（如，课程时间安排的变动、学业问题、其他压力源）。不过，父母和孩子不应该过分依赖你的反馈，相反的，要鼓励他们自己利用在治疗中学到的方法来解决新问题，防止倒退。

如果出现复发

如果倒退情况发生得特别频繁，孩子的拒绝上学行为复发，家庭必须要和你讨论这个问题。你也许能提供一些反馈，告诉他们怎么做，或者安排父母或家庭进行额外的治疗会谈。告诫父母千万不要等到下一个学年再来解决复发的问题。如果孩子是在春季学期的后期开始拒绝上学，有些父母会感到失望并且只是单纯地等待这个学期结束，或是觉得时间已经太晚，来不及解决孩子拒绝上学的问题。然而，如果孩子在春季学期末拒绝上学成功，那么他/她可能会好几个月都不上学（如，春季和夏季学期），这无疑也会影响秋季学期上学。对于父母来说，一个更好的方法就是即使是在春季学期末，也要让孩子立即上学（可能需要治疗师的帮助），让孩子坚持夏季学期上学，或采取其他方法让孩子保持积极状态。这种方法也会给孩子传达这种信息：拒绝上学行为必须马上杜绝。

如果出现复发，告诉父母不要太灰心。复发是可能发生的，尤其在一些严重的案例中比较常见。毅力和治疗技巧同样重要。告诉家庭成员，不断地努力就能通向最终的成功。下一部分将讨论预防倒退和复发的方法。

预防倒退和复发

你可以采取不同的方法来预防倒退和复发。有些方法在治疗结束时就可以使用，有些方法则可能在将来使用。

照片和返回校园的故事书

一个预防复发的方法就是在进行现场暴露或脱敏练习的时候拍照。这种方法对于那些对上学感到痛苦或社交焦虑的孩子尤其有效，也可能对因正强化而拒绝上学的孩子以及第一次自己上学的孩子有用。不论原因是什么，图片都是对孩子强化其所取得的成就的好方法。父母可以在家里的某一显著位置展示图片（如，冰箱门上或卧室门上），诸如一个报告卡片、一幅画或孩子进步的照片。通过这种方式，孩子能不断提醒自己在进步。

另一个能强化孩子的进步的方法就是制作海报、日志或故事书，可以在其中使用孩子暴露练习时的照片以展示孩子的进步情况。一般来说，照片包括：孩子坐在课桌前、和老师交谈、和朋友们交流、乘坐校车、在班里做口头报告等。父母应该帮助孩子在每张照片上加上说明或加上对该场景的描述，包括当时孩子的想法、感受和行为表现。将照片和孩子自己的话联系起来，以此来提醒和鼓励孩子应对特殊的情境。

宣传节目

另一个预防复发的技巧是制作一个节目，要求孩子帮助你录制一个“宣传节目”录像，目的在于教导其他孩子克服拒绝上学行为问题。这种方法常常在治疗结束阶段来做。Philip

Kendall 博士是这种方法的创始人，他最先提出了这种成功防止倒退和复发的理念。在制作宣传节目的过程中，治疗师担任这个节目的导演，孩子是这个问题的专家，也是出演的明星。这种方法促使孩子成为克服拒绝上学行为问题的专家，这能大大提升孩子的自尊和力量感。

作为治疗师，要指导孩子的表演，确保所有治疗的关键要素都在录像中呈现出来。例如，如果孩子的治疗包括放松和深呼吸练习，这些方法的展示就应该包含在录像中。指导孩子描述焦虑情绪的三种成分（生理感受、思维和行为）以及这三种成分在压力情境中相互作用的方式。在录像中还应该描述认知方法（STOP），由孩子提出相关的例证。如果有便携式录像机，可以要求父母录下孩子在现场 STIC 任务中的行为表现，如乘坐校车或在餐厅吃饭。

有些孩子能录制出非常有创意的片段。例如，有个孩子自己演“游戏脱口秀主持人”，他给家庭成员和治疗师出各种有关克服负面情绪的方法的测验题。另一个孩子出演了一个调查拒绝上学行为问题的研究者，在录像中她以报告者的身份揭示了负面思维和回避带来的行为恶化。即使这样的录像看起来只是教导其他孩子如何克服某些问题，但孩子保留这些录像却有很多作用。通过这种方法，父母可以定期将录像播放给孩子看，提醒他/她记住曾经的治疗方法，防止在高压力情境中出现反弹(如，在开学之前和在重大考试阶段)。

有组织的家庭外活动

在暑假或寒假这样较长的假期之后，孩子比较容易倒退到不适当的习惯或焦虑情绪中。出现复发的孩子往往都有负面情绪和焦虑。一般来说，治疗中学到的方法和计划在假期中都已被忘掉或放在一边置之不理了，家庭成员都有一种趋势，即听之任之，根本就不再坚持练习重要的方法和技能。因此，为了防止复发，鼓励父母让孩子在假期中也和上学时一样坚持规律的作息安排。这就意味着早晨按时起床，坚持早晨的作息制度，晚上按规定就寝。这样就确保了孩子的正常睡眠模式，也能让他/她获得充足的睡眠。如果是暑假，父母应该在开学前三个星期就开始按上学时的要求规范孩子的行为，对于为了获得校外实质利益而拒绝上学的孩子来说，也要在此时逐步开始设定宵禁的时间以及限制孩子和朋友们相处的时间。通过这种方式，孩子每天的行为能慢慢适应随后上学的要求。

在暑假，父母也应该尽量让孩子参加有组织的家庭外活动，和其他孩子或成人交流。例如，夏令营、志愿者服务、体育运动、青少年组织以及图书馆项目都能让孩子和家庭外的人进行交流，这都能继续让孩子练习和锻炼焦虑管理技巧。此外，更多独立的活动能够帮助防止孩子出现过分依赖父母的倒退情况，对于寻求关注的孩子来说尤其是如此。如果无法提供有组织的家庭外活动，那么父母可以组织社区内的其他父母，形成一个游戏小组或活动计划，这样轮流为孩子提供活动。这种活动能轻微地“强迫”孩子和他人保持沟通交流，实际上也是自然的脱敏和暴露过程。对于存在分离焦虑的孩子来说，这样能帮助他们练习离开最重要的照料者而独立地进行活动。

支持性会谈

一些治疗师和学校会为以前拒绝上学的孩子提供支持性项目。支持性会谈可能会由个人或团体提供。这些会谈常常安排在每年的高压力时间段，如，开学前的 8 月上旬、学期中的假期或者考试阶段。支持性会谈的目的主要是回顾学到的技巧，讨论孩子担心的问题。通过预测这些问题并在发生前进行干预，孩子更可能成功地返回学校上学。对于从小学升入初中、从初中升入高中阶段的孩子来说，也许支持性会谈会特别重要。对于过去有过拒绝上学行为表现和曾经对学校情境有过焦虑、抑郁情绪的孩子来说，升学阶段可能特别困难，因此应建议他们参加一些支持性项目。通常来讲，这些支持性项目都是较有组织的、短期的，也是非常个性化的，能满足不同孩子的需求。

新学校介绍

由于很多孩子在应对变化的社会和学习情境时存在困难，尤其是升入新学校（如，初中、高中）时存在很多适应问题，因此要让他们在开学之前提前熟悉新学校，这一活动可以在开学前几天来做，也可以跟孩子新学校的辅导员一起合作（不过，父母应该注意，孩子可能并不会把辅导员及辅导员的办公室看作安全信号）。在熟悉学校的过程中，特别值得关注的地方包括储物柜、特定教室、餐厅、图书馆、体育馆、教师办公室和指导老师办公室、出口、校车出发处等。此时，学校地图可以起到一定的帮助作用，但是父母应尽可能地鼓励孩子独立地去了解学校的情况。因为存在拒绝上学行为的孩子往往会担心迷路或看起来非常愚蠢，所以带他们熟悉新学校环境可以降低他们的预期焦虑，增加自我效能感，防止复发。孩子也应该获得有关他们愿意参加的学校社团或运动队的情况。父母可以慢慢地鼓励孩子在这些团体中更积极一些。

长期拒绝上学的孩子

对于长期拒绝上学的孩子以及有严重拒绝上学行为的孩子来说，预防复发非常有挑战性。一般来说，相对于短期拒绝上学的孩子而言，对长期拒绝上学的孩子的跟踪要更频繁、更深入。预防长期拒绝上学的孩子复发，可能要更多地依赖各方面的条件，如减少家庭冲突、减少孩子的不服从行为和破坏行为、改变父母态度、促进孩子参与课外活动、建立孩子和社会的联系、激发孩子上学的动机以及坚持药物治疗（如果合适）。因此，父母要警惕在某些方面的倒退，这和简单的缺课是不同的。对于这类来访者，治疗师也可以在治疗结束后和他们保持更紧密的联系。

还要记住的是，因为长期拒绝上学的孩子经常参与一些可选择性的或部分时间上学的课程计划，因此，父母应该意识到随之而来的变化可能会干扰孩子的上学情况。例如，一个有财政困难的地区可能会被迫撤销放学后的课程计划，而刚好孩子正在这个计划中接受教育。在这一案例中，孩子可以选择其他的安排，他/她可能得在白天、晚上或者暑期上课。另外，父母也可能发现孩子会出现新的干扰上学的行为（如，药物滥用、抑郁）。在这种情况下，父母应该联系治疗师获得支持，重新安排治疗会谈，或者找其他的专家进行治疗。

总的来说，长期拒绝上学行为的预防是一个比较艰巨的任务，它取决于对孩子上学情况以及相关行为的密切监控，这个过程至少要持续好几个月。父母应该和治疗师以及学校相关人员（如老师、咨询师、考勤官）保持良好的关系，这样他们能尽可能早地帮助识别和解决孩子的问题。通过这种方法，父母可以和其他人一起降低孩子的复发可能性。

其他特殊情况

你可能会遇到和前面几章提到的家庭情况很不一样的家庭，一种特殊情况就是，在孩子上学之前父母已经离家上班了。在这种情况下，父母应该安排另外一个成人和孩子待在一起，确保孩子能去上学。如果实在没有人帮忙，那么可以给孩子安排一辆计程车或有人监督的车。父母应该确保孩子真正去上学了，如果没去，要知道是出了什么问题。如果孩子持续存在上学问题，父母也没办法找别人护送孩子上学，那么他们需要考虑自己的工作安排，以保证父母一方能在送完孩子上学后再去工作。

另外一种特殊情况就是一个家庭有好几个孩子都拒绝上学。这个问题在第六章里简单地讨论过，此处再次进行讲解。如果家里有两个或三个孩子都拒绝上学，那么我们建议父母重点关注那个缺课时间最多或拒绝上学行为最严重的孩子，这个孩子往往是年龄最大的孩子。在这种情况下，使用本书提供的方法，重点解决这个孩子的问题。理想的情况是，其他孩子都会模仿这个年龄最大的孩子而增加上学时间。即使不是这样，如果父母能让问题最严重的孩子去上学，也能让父母腾出大量的时间来应对其他孩子的问题。最后，父母必须寻求其他成人的帮助，让他们帮孩子按照早晨作息制度来行动，并送孩子们上学。

还有一种特殊情况是拒绝上学的孩子存在发育障碍。可能孩子有学习障碍，这让他/她对学业感到很挫败而不愿上学。或者孩子存在更严重的发育障碍，如孤独症或精神发育迟滞。在这些情况下，治疗师应和学校相关人员密切合作，为孩子设计504计划或个性化教育计划（参见第七章），这些方法中都包含有提升孩子上学表现的方法（第七章中有描述）。对于有这种情况的孩子来说，设计部分时间上学的计划尤为重要。此外，治疗师应向学校相关人员咨询，查看学校可以解决哪些问题。例如，如果一个有阅读障碍的孩子觉得没什么动力，那么一些以奖励为基础的方法可能会有所帮助。

最后一种特殊情况就是：由于孩子不上学，家庭可能陷入司法程序。如果孩子缺席学校课程，学校相关人员可能会起诉家庭忽视孩子教育（或相关法律问题）。如果发生了这种情况，治疗师要尽可能多地获得关于事情进展的信息。父母可能要向律师咨询，会见少年管教所官员或上“逃学”法庭。每种情况都是不同的，所以治疗师自己要熟悉相关的法律问题。一般来说，我们建议治疗师和父母、学校及相关法律官员密切联系，至少让孩子能部分时间上学。从我们的经验来看，学校和相关法律官员的主要目的也是让孩子能上学，而不是让父母接受制裁。

最后述评

对于父母、孩子和治疗师而言，解决拒绝上学行为问题都是一个尝试性的经历。即使如此，我们已经尽可能地在本书中提供了识别主要的拒绝上学行为以及治疗这些行为的指导方法。我们希望您能在实际工作中尝试这些方法，希望它们有助于您的治疗，我们也诚恳地希望您能对我们的这些方法提供宝贵的意见。

附录
评估工具

儿童用拒绝上学行为评估量表（修订版）（SRAS-C）

孩子们有时会因为不同原因而不上学，有些孩子是因为在学校感觉很差，有些则是无法和别人相处，有些仅仅是想和家人待在一起而不愿上学，还有些孩子则是喜欢在学校外做一些好玩的事情而不上学。

这个表格会询问你关于为什么不上学的一些问题。对每一个问题，请根据最近的情况选择最适合你的数字。回答完一个问题后，继续回答下一个，不要遗漏任何问题。

答案没有对错之分，只要选择最符合你的上学情况的答案就可以，请在数字上画圈。

下面是一个示例，试一试，选出最符合你情况的数字，并画上圆圈。

示例：

你多长时间去购物一次？

从不	几乎不	有时	一半时间	经常	几乎总是	总是
0	1	2	3	4	5	6

现在请翻到下一页，开始回答问题。

儿童用拒绝上学行为评估量表（修订版）

姓名：

年龄：

日期：

请圈出最适合你自己的答案：

1. 你是否会因为害怕学校相关的事情（如，考试、乘坐校车、老师、火警）而经常对上学产生不好的情绪？

从不	几乎不	有时	一半时间	经常	几乎总是	总是
0	1	2	3	4	5	6

2. 你是否会因为在学校很难和其他孩子交流而经常旷课？

从不	几乎不	有时	一半时间	经常	几乎总是	总是
0	1	2	3	4	5	6

3. 你是否经常觉得宁愿和父母待在一起也不愿去上学？

从不	几乎不	有时	一半时间	经常	几乎总是	总是
0	1	2	3	4	5	6

4. 当你一周时间（周一到周五）都不上学时，你是否经常会离开家去做一些有趣的事情？

从不	几乎不	有时	一半时间	经常	几乎总是	总是
0	1	2	3	4	5	6

5. 如果你去上学，你是否会因为感到难过或抑郁而经常旷课？

从不	几乎不	有时	一半时间	经常	几乎总是	总是
0	1	2	3	4	5	6

6. 你是否因为在学校其他人面前感到尴尬而经常旷课？

从不	几乎不	有时	一半时间	经常	几乎总是	总是
0	1	2	3	4	5	6

7. 在学校上学的时候，你是否常常会想起你的父母或家人？

从不	几乎不	有时	一半时间	经常	几乎总是	总是
0	1	2	3	4	5	6

8. 当你一周时间（周一到周五）都不上学时，你是否经常会和其他人

交谈或去见其他人（不包括你的家人）？

从不　几乎不　有时　一半时间　经常　几乎总是　总是

0　1　2　3　4　5　6

9. 相比于在家和朋友们相处的感觉而言，你在学校是否经常会感到更糟糕（如，恐惧、紧张或悲伤）？

从不　几乎不　有时　一半时间　经常　几乎总是　总是

0　1　2　3　4　5　6

10. 你是否会因为在学校没有什么朋友而经常旷课？

从不　几乎不　有时　一半时间　经常　几乎总是　总是

0　1　2　3　4　5　6

11. 你有多强烈的愿望宁肯和家人待在一起也不愿上学？

从不　几乎不　有时　一半时间　经常　几乎总是　总是

0　1　2　3　4　5　6

12. 当你一周时间（周一到周五）都不上学时，你在多大程度上会享受于做一些不同的事情（如，和朋友们待在一起，去某些地方）？

从不　几乎不　有时　一半时间　经常　几乎总是　总是

0　1　2　3　4　5　6

13. 当你在周六和周日想起学校时，你是否经常会对学校产生不好的情绪（如恐惧、紧张或悲伤）？

从不　几乎不　有时　一半时间　经常　几乎总是　总是

0　1　2　3　4　5　6

14. 你是否经常会回避学校的某个特定地方（如走廊、某些人常出现的地方），因为在那儿你不得不和某人说话？

从不　几乎不　有时　一半时间　经常　几乎总是　总是

0　1　2　3　4　5　6

15. 你有多强烈的愿望宁愿在家接受父母的教育也不愿上学接受老师的教育？

从不　几乎不　有时　一半时间　经常　几乎总是　总是

0　1　2　3　4　5　6

16. 你是否经常因为想在学校外玩而拒绝上学？

从不　几乎不　有时　一半时间　经常　几乎总是　总是

0　1　2　3　4　5　6

17. 如果你对学校的情绪没那么糟糕（如恐惧、紧张或悲伤），去上学对你来说会不会更容易一些？

从不	几乎不	有时	一半时间	经常	几乎总是	总是
0	1	2	3	4	5	6

18. 如果交新朋友对你来说自如一点，是不是去上学会更容易一些？

从不	几乎不	有时	一半时间	经常	几乎总是	总是
0	1	2	3	4	5	6

19. 如果父母和你一起去上学，是不是去上学会更容易一些？

从不	几乎不	有时	一半时间	经常	几乎总是	总是
0	1	2	3	4	5	6

20. 如果在放学后的时间里能做更多喜欢的事情，是不是去上学对你来说会更容易一些？

从不	几乎不	有时	一半时间	经常	几乎总是	总是
0	1	2	3	4	5	6

21. 相比于同龄孩子而言，你对学校的不好的情绪（如，恐惧、紧张或悲伤）会多多少？

从不	几乎不	有时	一半时间	经常	几乎总是	总是
0	1	2	3	4	5	6

22. 相比于同龄孩子而言，你在学校会有多少时间一个人待着？

从不	几乎不	有时	一半时间	经常	几乎总是	总是
0	1	2	3	4	5	6

23. 相比于同龄孩子而言，你更愿意和父母待在家里吗？

从不	几乎不	有时	一半时间	经常	几乎总是	总是
0	1	2	3	4	5	6

24. 相比于大多数同龄孩子而言，你是否更愿意在校外找些有趣的事情来做？

从不	几乎不	有时	一半时间	经常	几乎总是	总是
0	1	2	3	4	5	6

请勿在此线下面写字

---

1. ________ 2. ________ 3. ________ 4. ________

5. ________ 6. ________ 7. ________ 8. ________
9. ________ 10. ________ 11. ________ 12. ________
13. ________ 14. ________ 15. ________ 16. ________
17. ________ 18. ________ 19. ________ 20. ________
21. ________ 22. ________ 23. ________ 24. ________

总　　分=________ ________ ________ ________

平 均 分=________ ________ ________ ________

相对等级=________ ________ ________ ________

父母用拒绝上学行为评估量表（修订版）（SRAS-P）

姓名：________________________________

日期：________________________________

请圈出最适合的答案：

1. 因为害怕学校相关的事情（如，考试、乘坐校车、老师、火警），孩子是否经常会对上学产生不好的情绪？

从不	几乎不	有时	一半时间	经常	几乎总是	总是
0	1	2	3	4	5	6

2. 因为在学校很难和其他孩子交流，您的孩子是否经常会旷课？

从不	几乎不	有时	一半时间	经常	几乎总是	总是
0	1	2	3	4	5	6

3. 孩子是否经常会觉得宁愿和您或您的配偶待在一起也不愿去上学？

从不	几乎不	有时	一半时间	经常	几乎总是	总是
0	1	2	3	4	5	6

4. 当孩子一周时间（周一到周五）都不上学时，他/她是否经常会离开家去做一些有趣的事情？

从不	几乎不	有时	一半时间	经常	几乎总是	总是
0	1	2	3	4	5	6

5. 如果孩子去上学，他/她是否经常会因为感到难过或抑郁而旷课？

从不	几乎不	有时	一半时间	经常	几乎总是	总是
0	1	2	3	4	5	6

6. 孩子是否经常会因为在学校其他人面前感到尴尬而旷课？

从不	几乎不	有时	一半时间	经常	几乎总是	总是
0	1	2	3	4	5	6

7. 在学校上学的时候，孩子是否经常会想起您、您的配偶或其他家庭成员？

从不	几乎不	有时	一半时间	经常	几乎总是	总是
0	1	2	3	4	5	6

8. 当孩子一周时间（周一到周五）都不上学时，他/她是否经常会和其他人交谈或去会见其他人（非家庭成员）？

从不　　几乎不　　有时　　一半时间　　经常　　几乎总是　　总是

0　　1　　2　　3　　4　　5　　6

9. 相比于在家和朋友们相处的感觉而言，孩子在学校是否经常会感到更糟糕（如，恐惧、紧张或悲伤）?

从不　　几乎不　　有时　　一半时间　　经常　　几乎总是　　总是

0　　1　　2　　3　　4　　5　　6

10. 孩子是否经常会因为在学校没有什么朋友而旷课?

从不　　几乎不　　有时　　一半时间　　经常　　几乎总是　　总是

0　　1　　2　　3　　4　　5　　6

11. 孩子有多强烈的愿望宁肯和家人待在一起也不愿上学?

从不　　几乎不　　有时　　一半时间　　经常　　几乎总是　　总是

0　　1　　2　　3　　4　　5　　6

12. 当孩子一周时间（周一到周五）都不上学时，他/她在多大程度上会享受于做一些不同的事情（如，和朋友们待在一起，去某些地方）?

从不　　几乎不　　有时　　一半时间　　经常　　几乎总是　　总是

0　　1　　2　　3　　4　　5　　6

13. 当孩子在周六和周日想起学校时，他/她是否经常会对学校产生不好的情绪（如恐惧、紧张或悲伤）?

从不　　几乎不　　有时　　一半时间　　经常　　几乎总是　　总是

0　　1　　2　　3　　4　　5　　6

14. 孩子是否经常会回避学校的某个特定地方（如走廊、某些人常出现的地方），因为在那儿他/她不得不和某人说话?

从不　　几乎不　　有时　　一半时间　　经常　　几乎总是　　总是

0　　1　　2　　3　　4　　5　　6

15. 孩子有多强烈的愿望宁愿在家接受您或您配偶的教育也不愿上学接受老师的教育?

从不　　几乎不　　有时　　一半时间　　经常　　几乎总是　　总是

0　　1　　2　　3　　4　　5　　6

16. 孩子是否经常会因为想在学校外玩而拒绝上学?

从不　　几乎不　　有时　　一半时间　　经常　　几乎总是　　总是

0　　1　　2　　3　　4　　5　　6

17. 如果孩子对学校的情绪没那么糟糕（如恐惧、紧张或悲伤），去上学对他/她来说会不会更容易一些?

从不　几乎不　有时　一半时间　经常　几乎总是　总是
0　1　2　3　4　5　6

18. 如果交新朋友对孩子来说自如一点，是不是他/她去上学会更容易一些？

从不　几乎不　有时　一半时间　经常　几乎总是　总是
0　1　2　3　4　5　6

19. 如果你或你的配偶和孩子一起去上学，是不是他/她去上学会更容易一些？

从不　几乎不　有时　一半时间　经常　几乎总是　总是
0　1　2　3　4　5　6

20. 如果孩子在放学后的时间里能做更多喜欢的事情，是不是去上学对他/她来说会更容易一些？

从不　几乎不　有时　一半时间　经常　几乎总是　总是
0　1　2　3　4　5　6

21. 相比于同龄孩子而言，孩子对学校的不好的情绪（如，恐惧、紧张或悲伤）会多多少？

从不　几乎不　有时　一半时间　经常　几乎总是　总是
0　1　2　3　4　5　6

22. 相比于同龄孩子而言，孩子在学校会有多少时间一个人待着？

从不　几乎不　有时　一半时间　经常　几乎总是　总是
0　1　2　3　4　5　6

23. 相比于同龄孩子而言，孩子更愿意和您或您的配偶待在家里吗？

从不　几乎不　有时　一半时间　经常　几乎总是　总是
0　1　2　3　4　5　6

24. 相比于大多数同龄孩子而言，孩子是否更愿意在校外找些有趣的事情来做？

从不　几乎不　有时　一半时间　经常　几乎总是　总是
0　1　2　3　4　5　6

请勿在此线下面写字

---

1. ________ 2. ________ 3. ________ 4. ________
5. ________ 6. ________ 7. ________ 8. ________
9. ________ 10. ________ 11. ________ 12. ________
13. ________ 14. ________ 15. ________ 16. ________
17. ________ 18. ________ 19. ________ 20. ________
21. ________ 22. ________ 23. ________ 24. ________

总　　分=________ ________ ________ ________
平 均 分=________ ________ ________ ________
相对等级=________ ________ ________ ________

Achenbach, T. M. (1991a). *Manual for the Child Behavior Checklist 4–18 & 1991 Profile.* Burlington: University of Vermont Department of Psychiatry.

Achenbach, T. M. (1991b). *Manual for the Teacher's Report Form & 1991 Profile.* Burlington: University of Vermont Department of Psychiatry.

Achenbach, T.M. (1991c). *Manual for the Youth Self-Report & 1991 Profile.* Burlington: University of Vermont Department of Psychiatry.

Achenbach, T. M., & Rescorla, L. A. (2001). *Manual for the ASEBA school-age forms & profiles.* Burlington: University of Vermont Research Center for Children, Youth, & Families.

Albano, A. M., Detweiler, M. F., & Logsdon-Conradsen, S. (1999). Cognitive-behaviorial interventions with socially phobic children. In S. W. Russ & T. H. Ollendick (Eds.), *Handbook of psychotherapies with children and families* (pp. 255–280). New York: Plenum Press.

Beck, A. Ta., Rush, A. J., Shaw, B. F., & Emery, G. (1979). *Cognitive therapy of depression.* New York: Guilford Press.

Beidel, D. C., & Turner, S. M. (1998). *Shy children, phobic adults: nature and treatment of social phobia.* Washington, DC: American Psychological Association.

Benson, H. (1975). *The relaxation response.* New York: Avon Books.

Berney, T., Kolvin, I., Bhate, S. R., Garside, R. F., Jeans, J., Kay, B., & Scarth, L. (1981). School phobia: A therapeutic trial with clomipramine and short-term outcome. *British Journal of Psychiatry, 138,* 110–118.

Bernstein, G. A., Garfinkel, B. D., & Borchardt, C. M. (1990). Comparative studies of pharmacotherapy for school refusal. *Journal of the American Academy of Child and Adolescent Psychiatry, 29* (5), 773–781.

Chorpita, B. F., Albano, A. M., Heimberg, R. G., & Barlow, D. H. (1996). A systematic replication of the prescriptive treatment of school refusal behavior in a single subject. *Journal of Behavior Therapy and Experimental Psychiatry, 27*(3), 281–290.

Church, J., & Edwards, B. (1984). Helping pupils who refuse school. *Special Education Forward Trends, 11*(2), 28–31.

Conners, C. K. (1990). *Manual for Conners' Rating Scales.* North Tonawanda, NY: Multi-Health Systems.

Conners, C. K. (1997). *Conners Rating Scales—Revised.* North Tonawanda, NY: Multi-Health Systems.

Durand, V. M., Mindell, J., Mapstone, E., & Gernert-Dott, P. (1998). Sleep problems. In T. S. Watson & F. M. Gresham (Eds.), *Handbook of child behavior therapy* (pp. 203–219). New York: Plenum Press.

Forehand, R. L., & McMahon, R. J. (1981). *Helping the noncompliant child: A clinician's guide to parent training.* New York: Guilford Press.

Foster, S. L., & Robin, A. L. (1997). Family conflict and communication in adolescence. In E. J. Mash & L. G. Terdal (Eds.), *Assessment of childhood disorders* (3rd ed., pp. 627–682). New York: Guilford Press.

Ginsburg, G. S., Silverman, W. K., & Kurtines, W. S. (1995). Cognitive-behavioral group therapy. In A. R. Eisen, C. A. Kearney, & C. E. Schaefer (Eds), *Clinical handbook of anxiety disorders in children and adolescents* (pp. 521–549). Northvale, NJ: Jason Aronson.

Kearney, C. A. (1995). School refusal behavior. In A. R. Eisen, C. A. Kearney, & C. E. Schaefer (Eds.), *Clinical handbook of anxiety disorders in children and adolescents* (pp. 19–52). Northvale, NJ: Jason Aronson.

Kearney, C. A. (2001). *School refusal behavior in youth: A functional approach to assessment and treatment.* Washington, DC: American Psychological Association.

Kearney, C. A. (2002a). Case study of the assessment and treatment of a youth with multifunction school refusal behavior. *Clinical Case Studies, 1,* 67–80.

Kearney, C. A. (2002b). Identifying the function of school refusal behavior: A revision of the School Refusal Assessment Scale. *Journal of Psychopathology and Behavioral Assessment, 24,* 235–245.

Kearney, C. A. (2005). *Social anxiety and social phobia in youth: Characteristics, assessment, and psychological treatment.* New York: Springer.

Kearney, C. A. (2006). Confirmatory factor analysis of the School Refusal Assessment Scale-Revised: Child and parent versions. *Journal of Psychopathology and Behavioral Assessment, 28,* 139–143.

Kearney, C. A., Drabman, R. S., & Beasley, J. F. (1993). The trials of childhood: The development, reliability, and validity of the Daily Life Stressors Scale. *Journal of Child and Family Studies, 2*(4), 371–388.

Kearney, C. A., Pursell, C., & Alvarez, K. (2001). Treatment of school refusal behavior in children with mixed functional profiles. *Cognitive and Behavioral Practice, 8,* 3–11.

Kearney, C. A., & Silverman, W. K. (1990). A preliminary analysis of a functional model of assessment and treatment for school refusal behavior. *Behavior Modification, 14*(3), 340–366.

Kearney, C. A., & Silverman, W. K. (1993). Measuring the function of school refusal behavior: The School Refusal Assessment Scale. *Journal of Clinical Child Psychology, 22*(1), 85–96.

Kearney, C. A., & Silverman, W. K. (1995). Family environment of youngsters with school refusal behavior: A synopsis with implications for assessment and treatment. *American Journal of Family Therapy, 23*(1), 59–72.

Kearney, C. A., & Silverman, W. K. (1996). The evolution and reconciliation of taxonomic strategies for school refusal behavior. *Clinical Psychology: Science and Practice, 3*(4), 339–354.

Kearney, C. A., & Silverman, W. K. (1999). Functionally-based prescriptive and nonprescriptive treatment for children and adolescents with school refusal behavior. *Behavior Therapy, 30,* 673–695.

Kendall, P. C., Chansky, T. E., Kane, M. T., Kim, R. S., Kortlander, E., Ronan, K. R., Sessa, F. M., & Siqueland, L. (1992). *Anxiety disorders in youth: Cognitive-behavioral interventions.* Boston: Allyn and Bacon.

Kennedy, W. A. (1965). School phobia: Rapid treatment of fifty cases. *Journal of Abnormal Psychology, 70*(4), 285–289.

Kovacs, M. (1992). *Children's Depression Inventory.* North Tonawanda, NY: Multi-Health Systems.

La Greca, A. M., & Stone, W. L. (1993). Social Anxiety Scale for Children—Revised: Factor structure and concurrent validity. *Journal of Clinical Child Psychology, 22*(1), 17–27.

Lazarus, A. A., Davison, G. C., & Polefka, D. A. (1965). Classical and operant factors in the treatment of a school phobia. *Journal of Abnormal Psychology, 70*(3), 225–229.

Leventhal, T., & Skills, M. (1964). Self-image in school phobia. *American Journal of Orthopsychiatry, 34,* 685–695.

Mash, E. J., & Barkley, R. A. (Eds.). (2006). *Treatment of childhood disorders* (3rd ed.). New York: Guilford.

Moos, R. H., & Moos, B. S. (1986). *Family Environment Scale manual* (2nd ed.). Palo Alto, CA: Consulting Psychologists Press.

Ollendick, T. H. (1983). Reliability and validity of the Revised Fear Survey

Schedule for Children (FSSC–R). *Behaviour Research and Therapy, 21*(6), 685–692.

Ollendick, T. H., & Cerny, J. A. (1981). *Clinical behavior therapy with children.* New York: Plenum Press.

Patterson, G. R. (1982). *Coercive family process: A social learning approach.* Eugene, OR: Castalia.

Reynolds, C. R., & Paget, K. D. (1983). National normative and reliability data for the Revised Children's Manifest Anxiety Scale. *School Psychology Review, 12*(3), 324–336.

Ronan, K. R., Kendall, P. C., & Rowe, M. (1994). Negative affectivity in children: Development and validation of a self-statement questionnaire. *Cognitive Therapy and Research, 18*(6), 509–528.

Silverman, W. K., & Albano, A. M. (1996). *Anxiety Disorders Interview Schedule for DSM–IV: Child Version, Parent Interview Schedule.* San Antonio, TX: The Psychological Corporation.

Silverman, W. K., & Kurtines, W. M. (1996). *Anxiety and phobic disorders: A pragmatic approach.* New York: Plenum Press.

Silverman, W. K., & Nelles, W. B. (1988). The Anxiety Disorders Interview Schedule for Children. *Journal of the American Academy of Child and Adolescent Psychiatry, 27*(6), 772–778.

Sperling, M. (1967). School phobias: Classification, dynamics, and treatment. *Psychoanalytic Study of the Child,* 22, 375–401.

Spielberger, C. D. (1973). *State-Trait Anxiety Inventory for Children ("How I Feel Questionnaire").* Palo Alto, CA: Consulting Psychologists Press.

Stallings, P., & March, J. S. (1995). Assessment. In J. S. March (Ed.), *Anxiety disorders in children and adolescents* (pp. 125–147). New York: Guilford Press.

Stuart, R. B. (1971). Behavioral contracting within the families of delinquents. *Journal of Behavior Therapy & Experimental Psychiatry, 2,* 1–11.

Wolpe, J. (1969). *The practice of behavior therapy.* New York: Pergamon Press.

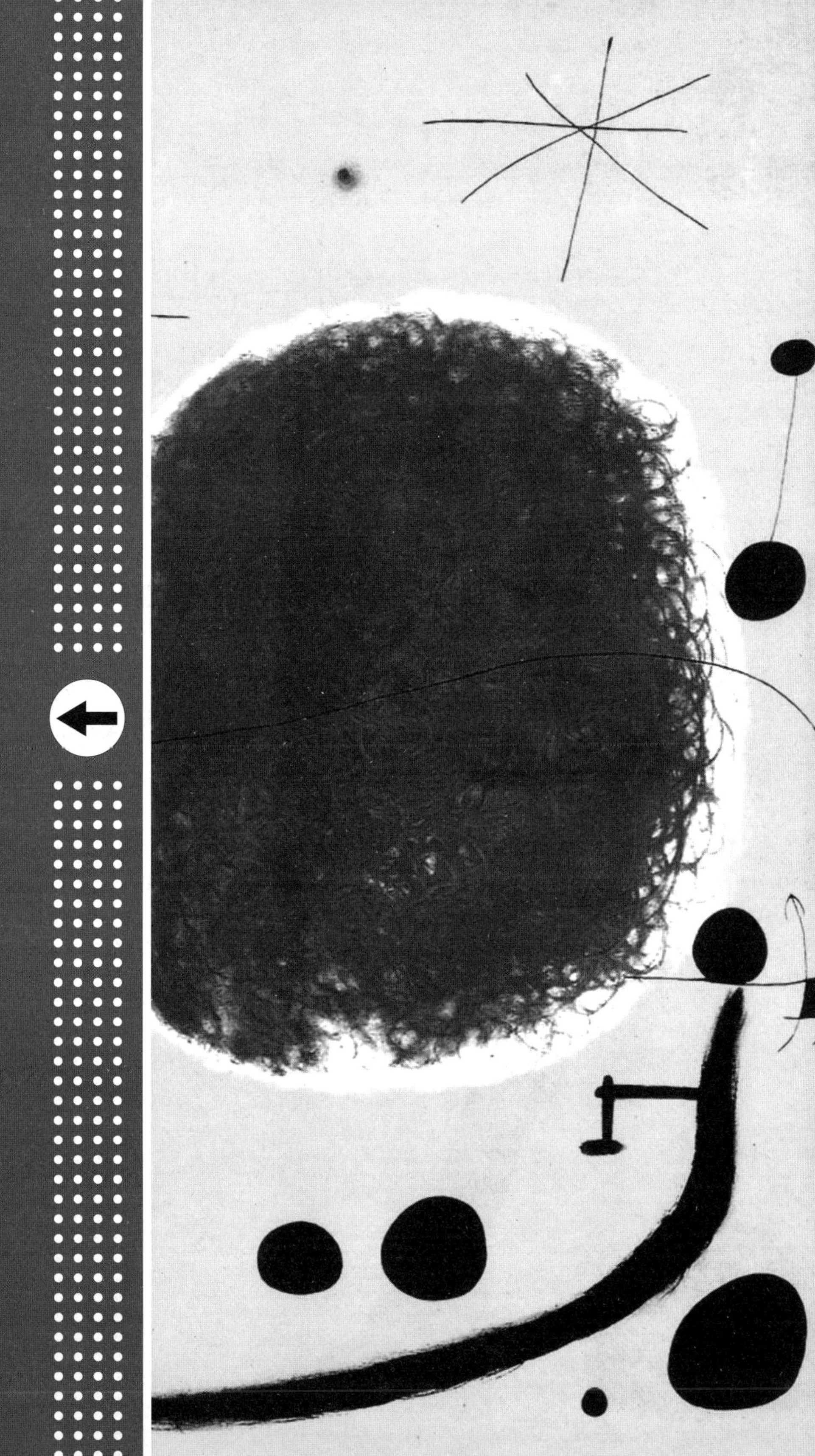

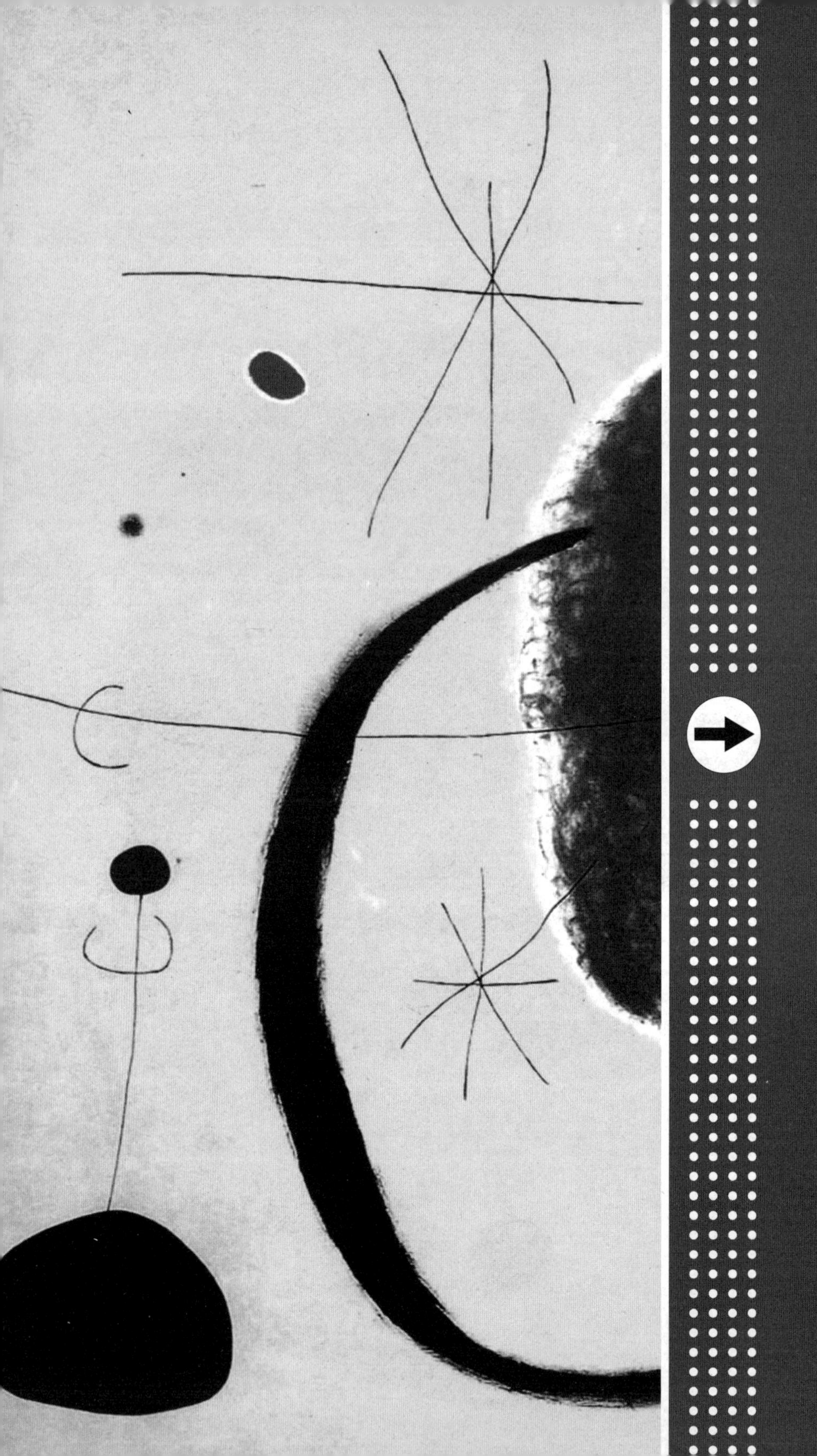